조범환

서강대학교 재학 중 부전공으로 선택한 역사학에 매료되어 1986년 같은 대학 사학과 대학원에 입학하였다. 한국고대사를 전공하여 석사와 박사 학위를 취득하였다. 현재 서강대 사학과 교수로 재직 중이다. 공부를 시작하면서 나말여초 선종 불교 사상에 관심을 두어 『新羅禪宗研究』(一潮閣, 2001), 『羅末麗初 禪宗山門 開創 研究』(景仁文化社, 2008), 『羅末麗初 南宗禪 研究』(一潮閣, 2013) 등의 저서를 발간하였다. 그리고 나말여초 정치사와 관련한 『중세로 가는 길목 신라하대사』(새문사, 2018)도 세상에 보탰다. 최근에는 고대 삼국의 정치 및 사회사 등의 연구에 치중하고 있으며, 특히 재당 유이민 묘지명에도 많은 관심을 가지고 연구를 진행 중에 있다. 학술지에 처음으로 『新羅末 朴氏王의 登場과 그 政治的 性格』을 발표한 이후 다수의 논문이 있다.

신라 중대 혼인 정치사

서강대학교
인문과학연구소
인문연구전간
58

신라 중대 혼인 정치사

조범환 지음

일조각

Humanities Monographs No. 58
Research Institute for Humanities
Sogang University

A Study on the Political History of the Royal Family's Marriage in the Middle Period of Silla

by

Cho, Bumhwan

ILCHOKAK
Seoul, 2022

책머리에

필자가 본격적으로 한국 고대사 연구를 시작하였을 때 주된 관심 분야는 나말여초羅末麗初의 정치와 사회, 그리고 선종禪宗 불교에 관한 것이었다. 여러 편의 논문과 책을 발표하는 과정에서 자연스럽게 신라 중대의 정치와 사회에 대해서도 적잖은 관심이 생겼다. 그 이유는 신문왕神文王의 왕비인 신목태후神睦太后가 무엇보다 필자의 호기심을 불러일으켰기 때문이다.

신목태후는 태종무열왕의 외손녀이자 신문왕의 고종사촌 여동생으로 신문왕의 후비가 된 인물이다. 신목태후는 신문왕이 사망하자 어린 효소왕孝昭王을 대신하여 섭정하였다고 알려져 있다. 물론 신목태후가 섭정하였다는 기록을 찾을 수는 없으나, 정황상 어린 왕을 대신해서 정국을 주도하였을 가능성이 농후하다. 신라 중고기 진흥왕眞興王의 어머니인 지소태후只召太后와 중대 말 혜공왕惠恭王의 어머니인 만월부인滿月夫人을 떠올려볼 때 신목태후도 그에 버금가는 정치적 영향력을 행사했을 것임은 합당한 추론이라 하겠다.

이에 필자는 신목태후가 신문왕과 혼인하게 된 배경과 어린 효소왕을 대신하여 정국을 이끄는 과정에서 갑작스럽게 죽음을 맞게 된 배경 등에 대하여 논문을 작성하였다. 그 과정에서 신라 중대의 왕실을 중심으로 한 국왕의 혼인에 눈길을 두게 되었다. 신문왕뿐만 아니라 성덕왕聖德王, 효성왕孝成王, 경덕왕景德王 등 여러 명의 왕이 선비先妃와 헤어지고 후비後妃를 맞이한 정치적 이유도 궁금해졌다. 그런데 지금까지 이루어진 많은 연구에서 태자 시절 혹은 왕으로 즉위한 다음 맞아들인 왕비를 살아 있는 실체가 아니라 왕에 종속된 인물로 보는 경향을 발견하였다. 『삼국사기』 기록에 보이는 '출궁出宮'이 바로 그것으로, 왕비는 왕이 왕궁을 떠나라고 하면 아무런 이의 제기나 저항도 하지 못하고 순순히 떠나가는 존재로만 설명되고 있다. 과연 실제로 그러하였을까 하는 의문이 머릿속의 한 부분을 차지하게 되자 이를 새로운 각도에서 살펴볼 필요를 느꼈다. 여왕이 존재한 신라 사회에서 여성의 지위가 높았음을 염두에 두면 왕비의 위상 혹은 그녀와 관련된 세력에 대해서도 생각해볼 필요성이 요구되었기 때문이다.

신목태후에 관한 논문을 발표한 이후 효성왕이 첫 번째로 맞이한 박씨 왕비에 대해서도 관심이 생겼을 뿐만 아니라 성덕왕과 경덕왕의 혼인 및 후비를 들이게 된 정치적 배경 등에도 주목하게 되었다. 이어서 혜공왕이 두 번이나 혼인한 이유에 대해서도 논문을 작성하였다. 이와 같은 논문을 연이어 발표하다 보니 신라 중대 왕실혼에 관한 연구를 한 권의 책으로 정리해 보는 것도 좋겠다고 생각하게 되었다. 또 한편으로는 고도의 정치적 행위인 왕실혼과 신라 중대 정치사를 어떻게 연결하여 설명할 것인가라는 문제가 머릿속에서 떠나지 않았다. 신라 중대 정치사 연구에서 '전제왕권專制王權' 혹은 '전제적專制的 왕권王權'이 통설로 자리 잡고 있으나 과연 이러한 견해를 그대로 수용해도 되는가를 고민하며 불면의 시간을 보냈기 때문이다.

이렇게 시간을 보내는 과정에서 조심스럽지만 신라 중대 정치사의 성격에 대하여 새로운 견해를 제시하는 것도 나름대로 의미 있는 일이라는 생각이 들었다. 읽는 사람에 따라서는 새로운 견해라기보다는 기존의 연구 성과를 더 보강하는 것으로 이해할 수도 있을 것이다. 그렇다고 하더라도 이 책에는 신라 중대 정치사를 새롭게 보는 데에 조그마한 디딤돌을 마련하겠다는 필자의 의지가 담겨 있다. 논지를 전개하는 과정에서 논리적 비약이 있음을 부인할 수는 없지만, 기왕의 견해들을 새롭게 돌아볼 기회를 학계에 제공하였다는 점을 위안으로 삼고자 한다.

이 책을 쓰기 위하여 학술지에 발표한 논문들을 다시 읽고 정리하는 과정에서 수정할 부분이 적잖음을 깨달았다. 신라 중대 왕실의 혼인을 둘러싼 여러 가지 정치적 문제와 관련하여 그동안 새로운 연구 성과가 많이 발표되었고, 필자가 학술지에 게재한 논문 내용 가운데 생각이 달라진 부분도 있었다. 이에 새로운 연구 성과를 수용 또는 비판하면서 기존의 원고를 수정하였고, 태종무열왕 김춘추의 혼인과 그 자녀들에 대한 내용과 아울러 문무왕의 혼인 및 동왕대의 정국 동향에 대한 원고를 새로 작성하였다. 이렇게 해서 마무리한 책인 만큼 이 책이 신라 중대 정치사에 새롭게 접근하는 기회의 창구가 되길 바랄 뿐이다.

이 책은 서강대학교 인문과학연구소의 지원에 힘입은 바가 크다. 이미 오래전에 연구비를 받았으나 여러 가지 일을 하다 보니 제대로 정리할 시간을 가지지 못하였다. 항상 마음에 부담을 안고 살았는데 2차 안식 학기를 맞아 부족하나마 논문을 정리하여 책을 내게 되었다. 오랫동안 기다려준 서강대 인문과학연구소에 감사할 따름이다. 또한 이 책의 출판을 맡아주신 일조각 김시연 사장님과 편집부 여러분께 진심으로 감사드린다.

이 책을 쓰면서 은사인 이종욱 선생님이 떠올랐다. 코로나로 자주 뵙지 못하고 전화로만 간단하게 인사를 드렸기에 죄송한 마음만 앞선다. 항상 건강하시기를 기원한다. 이 책을 끝까지 읽고 여러 가지 조언을 해주신 김희만, 한준수 선생님께도 이 지면을 빌려서 고맙다는 인사를 드린다.

2022년 5월
서강대 정하상관 9층에서
저자

차례

일러두기

인용문에서 각 사료의 細註는 〈 〉로 표시하였다.

신라 중대 정치사 새롭게 보기

신라 중대(654~780)는 태종무열왕太宗武烈王의 즉위와 함께 시작되었으며 그 끝이 혜공왕惠恭王이었음은 잘 알려져 있다. 흔히 무열왕계라 불리는 이 시기는 김춘추金春秋의 혈통이 끊어짐 없이 이어졌다는 점에서 무엇보다 눈길을 끈다. 상대나 하대에는 특정한 인물의 혈통이 계속해서 이어지지 못하였을 뿐만 아니라 여러 가지 변수가 작용하여 복잡한 왕위 계승이 이루어졌기 때문에 중대와는 확연한 차이가 있다. 그런 만큼, 현재 역사가들의 눈에 비친 신라 중대는 상대나 하대보다 더 관심을 끄는 시기라고 해도 좋을 것이다.

그런데 현재 이 시기의 정치사를 어떻게 이해할 것인가에 대해서는 여전히 이견이 분분한 실정이다. 여러 견해가 난무하는 가운데 현재까지도 '전제왕권專制王權' 혹은 '전제적專制的 왕권王權'이라는 관점이 주류를 차지하고 있다.[1] 그렇지만 과연 이러한 이해가 옳은 것일까 하는 의문이

1 김수태는 專制政治와 관련한 여러 연구자의 문제 제기를 비판한 다음 '전제정치'로 보는 것이 옳다고 하였고, 전제정치론은 수정 보완되면서 여전히 유효하게 남을 학설이라 하

여전히 지속되고 있으며,[2] 이 책을 쓰게 된 배경도 여기에서 비롯되었다. 신라 중대 왕실에서 이루어진 태자나 왕의 혼인을 검토해 보면 기존의 이해 방식으로는 수긍하기 어려운 부분이 있기 때문이다.

예컨대 경덕왕景德王이 아들이 없다는 이유로 선비 삼모부인三毛夫人을 출궁시키고 재위 2년째 되던 해에 후비인 만월부인滿月夫人을 맞이한 사실을 설명하는 과정이 그러하다. 기존 연구에서는 왕위를 계승할 아들을 얻고자 하는 노력이 강하게 나타난 것을 신라 중대 전제왕권의 특징적 현상으로 이해하고 있다. 그런데 후비인 만월부인은 경덕왕과 혼인한 지 약 15년 만에 혜공왕惠恭王을 낳았다. 아들을 얻는 것이 선비를 출궁시킨 이유라면 후비의 경우에는 왜 15년이나 기다렸을까? 이와 같은 의문을 곱씹어 보다가, 경덕왕이 전 왕비를 출궁시키고 후비를 맞이한 데에는 전제왕권 추구가 아니라 다른 정치적 의도가 있었을 것이라는 생각을 하게 되었다. 경덕왕의 왕비 교체는 당시의 정치 상황과 서로 맞물려 있었다고 보는 것이 옳으며, 더 나아가 그와 같은 혼인을 한 이유를 검토할 필요가 있다.

이와 같은 이해가 잘못된 것이 아니라면, 신라 중대 왕실에서 이루어진 왕이나 태자의 혼인을 새로운 접근 방법으로 해석하거나 다양한 관점에서 바라보도록 노력해야 할 것이다. 왜냐하면 현재 개설서에서 주류를 차지하는 학설의 틀에서 벗어나야만 그 당시 사회를 더 깊이 이해할 수 있고 새롭게 볼 수 있기 때문이다. 따라서 신라 중대 왕실혼은 당시의 정치사에

였다(김수태, 「신라사에서의 전제정치론과 왕권」, 『역사와 담론』 85, 2018).

2 이종욱은 '전제왕권이 있었나?'라는 의문을 제기하면서 金欽突의 난에 대한 해석에서 비롯된 신라 전제왕권에 대한 견해가 생각보다 많은 문제를 담고 있다고 하였다(이종욱, 『신라의 역사 2』, 김영사, 2002, 97쪽의 각주 40) 참고). 최영진은 「신라 중대 전제왕정론에 대한 비판적 검토: 역사적 허구의 해체」, 『한국정치외교사논총』 41-2, 2020에서 현재 남아 있는 기록들은 신라 국왕들이 전제적이지 않았음을 보여 준다고 하면서, 신라 중대 정치를 전제정치로 규정하거나 이 시기의 정치적 역동을 전제왕정과 귀족세력의 대립으로 보는 것은 역사적 허구에 가깝다고 주장하였다.

새로운 시각으로 접근하는 창구 역할을 한다고 볼 수 있다.

전통사회에서 왕이나 태자의 혼인은 정치적으로 매우 중요한 일로서 당시의 정치 상황을 이해하는 데 있어 중요한 열쇠가 된다. 신라 중대 왕실 혼도 이와 다르지 않았다. 신라 중대 왕실에서 태자의 혼인은 대개 책봉 전후에 이루어졌으며, 왕위에 오른 다음 왕비를 맞이한 경우도 있다. 그런데 먼저 맞이한 왕비를 궁궐 밖으로 내보낸 다음 후비를 새로 맞이한 경우가 여럿 있었다. 이러한 상황은 당시의 정국과 불가분의 관계에 있었다고 생각할 수밖에 없다. 왕실의 혼인은 정국의 흐름과 깊이 연관되었으므로 왕이든 진골 귀족이든 권력의 향방을 움직이려는 주체들에게 혼인과 결별은 중요한 정치적 행위였다.

신라 중대 왕실 혼인의 특징은 신라사 전체를 통하여 유례를 찾기 어려울 정도로 왕비의 지위를 둘러싼 지배집단 간의 치열한 권력 쟁탈이라는 견해가 주목된다.[3] 이와 같은 지적은 신라 중대에 지배집단의 규모가 축소되는 가운데 권력을 잡기 위하여 왕비 자리를 놓고 쟁탈전이 벌어졌다고 본다. 지배집단 간의 권력 쟁탈이 왕비 자리를 두고 격화되었다면 이는 신라 중대 정치사를 기존의 이해 방식과는 다른 방식으로 이해할 수 있음을 의미한다.

김춘추는 왕위에 오르기 전에 두 번이나 혼인하였으므로 중혼重婚을 했다고 할 수 있다. 그는 왕위에 오른 후 문희文姬를 정비正妃로 책봉하였다. 이는 신라 중대 왕실의 혼인과 관련하여 시사하는 바가 적잖다. 물론 신라 상대와 하대에도 왕이 두 명의 왕비를 둔 경우가 있다. 그렇지만 신라 중대에는 거의 모든 왕이 후비를 맞이했는데 그 시작이 김춘추이다. 그 시기 문무왕文武王만이 예외적으로 왕비를 한 명만 둔 것으로 나타난

3 주보돈, 「남북국시대의 지배체제와 정치」, 『한국사 3』, 한길사, 1994, 324쪽.

다. 이는 국내외 사정과 맞물린 경우로, 특히 전쟁 기간이었으므로 그럴 수밖에 없었을 것이다. 그를 이어 왕위를 계승한 신문왕神文王, 성덕왕聖德王, 효성왕孝成王, 경덕왕景德王 등은 각각 선비와 후비가 있었다. 이들은 선비가 출궁한 다음 후비를 맞이하였는데, 이는 신라 중대 왕실이 일부일처제一夫一妻制 원칙을 유지하였음을 알려 준다. 다만 효소왕孝昭王의 경우 혼인 여부를 알 수 없고, 예외적으로 혜공왕은 동시에 두 명의 왕비를 두었다.

이와 같은 사실을 볼 때 선비의 출궁과 후비의 입궁 사이에는 유기적 관련성이 있음을 알 수 있다. 이는 신라 상대나 하대 왕실에서는 찾아볼 수 없는 독특한 혼인 방식이다.[4]

신라 중대 왕실의 혼인과 관련하여 기왕의 연구 성과를 살펴보면 다음과 같다. 우선 신라 중대에 두 명의 왕비를 두는 제도가 생겨났다고 하는 연구자가 있고,[5] 후비제가 시행되었다고 하는 견해도 찾아볼 수 있다.[6] 그렇지만 이상과 같은 이해에는 문제가 있다.[7] 선비의 출궁과 더불어 후비의 입궁이 이루어졌으며, 성덕왕과 효성왕의 경우에는 선비를 출궁시킨 다음 특정한 집안으로부터 왕비를 맞이하였기 때문이다. 이는 신라 중대 왕실의 혼인에서 드러나는 특징이다.[8]

---

4 주보돈은 "특정한 시기에 한정하여 국왕이 그처럼 빈번하게 이혼하였다는 사실은 어느 시대에도 찾기 힘든 유별난 사례에 속한다"라고 하였다(주보돈, 「한국 고대사회 속 여성의 지위」, 『계명사학』 21, 2010, 47쪽).

5 井上秀雄, 「新羅朴氏王系の成立－骨品制の再檢討－」, 『朝鮮學報』 47, 1968; 『新羅史基礎研究』, 1974, 354쪽에서 신라 중대에 前後의 두 왕비를 두는 2왕비제가 실시되었다고 주장하면서 그 이유로 혼인을 통한 왕권 확립을 들었다.

6 김창현, 「신라왕실과 고려왕실의 칭호」, 『한국고대사연구』 55, 2009, 284~285쪽; 안주홍, 「통일기 신라 왕실의 후비제 검토」, 한국고대사학회 제 132회 발표문, 2013 참조.

7 김수태, 「신라 신문왕대 국왕 친영례의 시행」, 『신라사학보』 29, 2013, 311쪽에서 두 견해에 대한 비판이 잘 드러나 있으므로 참고할 만하다.

8 이기백, 「통일신라와 발해의 사회」, 『한국사강좌 I －고대편』, 일조각, 1982, 311~315쪽. 그는 中侍 출신 인물의 딸이 왕비가 되었다는 점에 주목하여 이들 가문이 혼인을 통

그 외에도 왕비의 출궁을 혼인 관습적 측면에서 검토하여 이혼離婚이라는 현대적 개념을 적용한 연구를 찾아볼 수 있다.[9] 이 같은 이해는 국왕이 왕비를 일방적으로 출궁시킨 것으로 이해한 연구에 대한 반성에서 비롯되었다는 측면에서 주목된다. 그렇지만 현재 통용되는 이혼이라는 개념을 전통사회의 왕실에 그대로 적용한 것은 무리한 시도라고 하지 않을 수 없다.[10]

성덕왕이 성정왕후成貞王后를 출궁시키면서 머물 곳과 아울러 많은 재산을 준 사실을 근거로 그것을 현대의 위자료慰藉料와 같은 개념으로 이해한 연구자도 있다.[11] 그러나 이를 위자료로 보기에는 문제가 있다. 왕실의 혼인과 출궁이 정치적 행위라면 성덕왕과 경덕왕의 그 같은 조치도 당시의 정치적 사정과 연관되었을 것으로 보는 시각이 합리적이다.

전 왕비와 헤어진 국왕이 후비를 맞아들인 행위는 현재의 관점에서 보면 재혼再婚이라 할 수 있다. 국왕이 아닌 왕비 측의 재혼을 다룬 연구가 있으나,[12] 이에 대해서는 이미 반론이 제기된 바 있다. 혼인한 여성이 남편과 헤어진 다음 국왕과 혼인할 수 있었겠느냐는 것이다.[13] 이 연구는 신목태후神穆太后를 예로 들어 설명하였는데, 신라 중대의 후비 가운데서 이러한 경우가 여럿 있었다면 그 주장을 수용할 수 있겠지만 단 하나의 예를 일반화하는 것은 무리라고 보인다.[14]

해서 신진귀족 세력으로 성장하였다는 사실을 지적하였다(이기백, 「신라 집사부의 성립」, 『신라정치사회사연구』, 일조각, 1974, 167~169쪽).

9 주보돈, 앞의 논문, 2010, 46~47쪽.

10 김수태는 앞의 논문, 2013, 312쪽에서 "국왕이 왕비를 강제적으로 출궁시킨 것으로 이해하면서 이를 이혼으로 이해할 수 있을지 의문이다"라고 하였다.

11 주보돈, 앞의 논문, 2010, 48쪽.

12 이영호, 「통일신라시대의 王과 王妃」, 『신라사학보』 22, 2011, 54쪽; 주보돈, 앞의 논문, 2010, 49쪽.

13 김수태, 앞의 논문, 2013, 312쪽.

14 이 책의 제3장에서 밝히겠지만, 신목태후는 신문왕과 혼인하기 전부터 그와 애정 관계에

다음으로 신라 중대 왕실의 혼인 방식과 관련하여 주목할 점은 신문왕대에 친영례親迎禮를 시행하였다는 사실이다. 신문왕은 김흠돌의 딸을 출궁시킨 다음 신목왕후를 왕비로 맞아들이는 과정에서 그동안 신라 왕실에서 한 번도 치르지 않은 의례儀禮를 시행하였다.[15] 일반적으로 태자나 왕자의 혼인 방식은 서류부가혼壻留婦家婚이었다. 하지만 신문왕은 신목왕후를 왕비로 맞이하면서 당唐에서 받아들인 새로운 의례인 친영례를 치렀다. 신문왕이 전제왕권을 강화하기 위하여 새로운 의례를 시행하였다는 설명이 있으나, 이에 대해서는 좀 더 연구가 필요하다. 다만 친영례가 그 후로도 계속된 것으로 짐작되며, 왕실 혼인의 중요한 의례 중 하나로 확고하게 자리 잡은 듯하다.

지금까지 살펴보았듯이 신라 중대 태자나 국왕의 혼인에 대하여 여러 각도에서 검토한 연구들이 적잖이 발표되었으나 아직까지는 여러 설명이 혼재한 상황이다. 신라 중대 왕실의 혼인을 여러 각도에서 살펴보는 장은 펼쳐졌으나 만족할 만한 답변을 얻지 못한 것이다. 또한 기왕의 연구에서 적잖은 문제점이 드러나고 있으므로 신라 중대 왕실의 혼인을 새로운 시각에서 바라보고 설명할 필요가 있다.

이 책은 이러한 필요성에 부응하고자 신라 중대 왕실혼에서 선비를 출궁시키고 후비를 맞이하는 상황이 계속 일어나게 된 이유를 알아내고자 하였다. 그리하여 신라 중대 정치사를 새롭게 조명해 보는 시각을 제시하는 것이 이 책의 궁극적 목적이다.

있었으므로 다른 사람과 혼인하였을 가능성은 거의 없다.

15 김수태, 앞의 논문, 2013, 314~321쪽.

제 I 편

신라 중대 왕실의 족내혼과 정치

제1장

신라 중대를 연 태종무열왕의 혼인

Ⅰ. 문제 제기

태종무열왕太宗武烈王 김춘추金春秋는 임금이 되기 전에 김유신金庾信의 여동생인 문희文姬(문명왕후文明王后)와 혼인하였다. 지금도 전해지는 재미난 일화에 따르면 두 사람의 혼인에는 김유신의 정치적 의도가 개입되었다고 한다. 이후 왕이 된 김춘추는 그의 딸 지소知炤를 김유신에게 시집보냈다. 그러니까 무열왕은 처남인 김유신에게 딸을 내려준 것이다. 김춘추-문희, 김유신-지소의 매우 정략적인 혼인은 신라 중대 왕실의 출발점이자 중대 왕실 혼인의 특징을 보여 준다.

김춘추가 문희와 혼인한 시기와 관련하여 여러 가지 설명이 있고,[1] 김춘

1 김춘추와 문희의 혼인 시기가 『삼국유사』 권1, 기이 2, 태종춘추공조에는 선덕왕대로 기록되어 있다. 하지만 김춘추의 아들인 김법민이 태어난 해가 626년(진평왕 48)이므로 진평왕대의 사실로 이해하기도 한다(末松保和, 「新羅三代考」, 『新羅史の諸問題』, 東洋文庫, 1954, 13쪽). 한편 정중환은 김춘추와 문희의 혼인 시기를 선덕왕대(정중환, 「김유신(595~673)론」, 『역사와 인간의 대응—한국사편』, 한울, 1985, 26~27쪽)로, 박순교는 623년

추와 문희의 혼인이 가진 정치적 의미에 대한 평가도 이루어져[2] 신라 중대의 출발점에 대해서도 잘 알게 되었다.

그렇지만 김춘추의 혼인 및 그의 딸들의 혼인에 대하여 좀 더 살펴볼 필요가 있다. 왜냐하면 전통사회, 특히 고대사회로 갈수록 왕실과 관련된 혼인에서 정치적 측면을 고려할 수밖에 없으므로 김춘추와 그의 자식들의 혼인을 결코 가볍게 보아 넘길 수 없기 때문이다.[3]

김춘추가 문희와 혼인하기 전에 이미 부인을 두었을 가능성이 제기되었는데,[4] 과연 문희 이외에 또 다른 부인이 있었는지를 알아볼 필요가 있다.[5] 그 연장선상에서 김춘추의 딸들을 검토해야 하는데, 고타소랑古陀炤娘을 문희의 딸이라고 주장한 연구도 있고 첫 번째 부인의 자식이라고 한 연구

(진평왕 45)으로 보았다(박순교, 「김춘추의 집권과정 연구」, 경북대 박사학위논문, 1999, 66~67쪽). 정구복은 김춘추가 25세 무렵에 혼인한 것으로 추측하였다(정구복, 「김유신(595~673)의 정신세계」, 『유산강인구교수정년기념 동북아고문화논총』, 민창문화사, 2002, 603쪽 각주 35) 참조). 김덕원은 문무왕릉비에 김춘추의 장남이자 후에 문무왕으로 즉위한 법민이 626년(진평왕 48)에 출생하였다고 기록된 것을 근거로 두 사람의 혼인 시기를 김유신이 31세가 된 625년(진평왕 47) 무렵으로 보았다(김덕원, 「신라 진평왕대 김유신의 활동」, 신라사학회 편, 『흥무대왕 김유신 연구』, 경인문화사, 2011, 59쪽).

2 김덕원, 앞의 논문, 2011, 57~61쪽.

3 물론 김춘추가 왕으로 즉위하기 전에 혼인하였으므로 그의 혼인에 이 같은 논리를 적용하기 어렵다고 볼 수도 있으나, 그가 왕실과 혈연적으로 밀접히 관련된 인물이므로 그의 혼인도 왕실 혼인에 버금가는 것이었음에 틀림없다.

4 이덕성, 「신라왕계와 골품의 형성과정」, 『조선고대사회연구』, 정음사, 1949, 136쪽; 황선영, 「신라 무열왕가와 김유신가의 적서문제」, 『부산사학』 9, 1985, 2~4쪽 참조. 문경현은 김춘추의 둘째 아들인 金仁問의 출생 연도와 활동을 고려하여 김춘추가 30세 전후에 문희와 혼인한 것으로 파악하여 재혼일 가능성을 언급하였다(문경현, 「신라왕족의 골제」, 『대구사학』 11, 1976: 『증보 신라사연구』, 도서출판 춤, 2000, 232쪽). 또한 이영호, 『신라 중대의 정치와 권력구조』, 지식산업사, 2014, 46쪽에서 김춘추와 문희의 혼인을 재혼이라 하였다. 선석열도 『신라 왕위계승 원리 연구』, 혜안, 2015, 179쪽에서 김춘추와 문희의 혼인이 첫 결혼이 아니라고 하였다.

5 김춘추의 혼인에 관심을 가진 연구자들이 여럿 있지만 그중 윤진석, 「태종무열왕 김춘추의 재조명」, 『경주문화』 17, 2011이 가장 참고할 만하다.

도 있기 때문이다.[6] 김유신과 혼인한 지소부인智炤夫人을 문희가 아니라 첫 번째 부인의 소생으로 보는 견해도 있다.[7] 따라서 이 문제를 좀 더 구체적으로 검토해야 하는 상황이다. 김춘추의 아들 가운데 서자庶子에 관해서도 살펴볼 필요가 있는데, 현재 학계에서 차득공에 대한 이해가 혼란스럽기 때문이다.

이에 본 장에서는 먼저 김춘추의 혼인에 대해서 살펴보고자 한다. 문희를 만나기 전에 누구와 혼인하였는지, 문희와 혼인한 이유는 무엇인지에 대해서 알아볼 것이다. 다음으로 김춘추의 적자嫡子와 서자에 대하여 검토하고자 한다. 특히 서자들에 대한 검토는 그동안 잘못된 이해를 바로잡는 데에 도움을 줄 것이다. 마지막으로 김춘추의 딸들인 고타소랑, 지소, 요석공주[8]의 혼인 관계를 검토해볼 예정이다.

Ⅱ. 김춘추의 혼인에 대한 재검토

김춘추가 김유신의 여동생인 문희와 혼인하기 전에 이미 부인이 있었다고 하는 견해부터 살펴보자. 이 견해는 김춘추와 문희의 혼인을 중혼重

6 윤진석, 앞의 논문, 2011, 145쪽에서 김춘추와 문희의 혼인을 初婚으로 파악하였으며 고타소랑도 문희의 딸이라고 하였다.

7 전길희는 지소부인을 문희보다 앞서 김춘추와 혼인한 여자의 소생으로 파악하여 태종의 서녀라고 하였다(전길희, 「신라시대 庶族에 대한 小考」, 『이대사원』 2, 1960, 75쪽). 최근에 선석열은 앞의 책, 2015, 179쪽에서 "지소부인이 문명부인의 딸이라면 외삼촌과 결혼하게 되므로, 이와 같은 패륜적인 혼인은 성사될 수 없고"라고 하여 첫 번째 부인의 소생일 가능성을 넌지시 제시하였다.

8 서정목, 『향가 모죽지랑가 연구』, 서강대학교 출판부, 2014; 『요석』, 글누림, 2016 등에서 요석공주의 역할이 크게 부각되어 있는데 논지를 진행하는 과정에서 이 부분을 자세하게 살펴보겠다.

婚으로 파악한다.[9] 김춘추는 661년에 59세로 사망하였는데, 역산해 보면 603년생이다. 김춘추의 장남인 법민法敏이 태어난 해가 진평왕眞平王 48년인 626년이므로 두 사람은 625년 혹은 빨라도 624년 말에 처음 만났을 가능성이 크다. 이렇게 볼 때 김춘추는 대략 22세 혹은 늦어도 23세에 문희와 관계하였음을 알 수 있다. 김춘추와 문무왕의 생몰년이 정확하므로 이 같은 시기 추정에는 거의 문제가 없다.

고대사회에서 남녀가 혼인이 가능한 연령은 대체로 15~16세라고 하므로[10] 이에 따르면 김춘추는 20세 이전에 혼인하였을 가능성이 매우 크다.[11] 그러니까 기존 연구에서 밝혔듯이 김춘추가 문희와의 혼인을 주저할 수밖에 없었던 것은 이미 혼인하여 부인을 두고 있었기 때문으로 추측된다.[12]

그렇지만 김춘추의 첫 번째 부인과 관련된 기록은 전혀 찾아볼 수 없다. 아무래도 무열왕계가 지속되면서 문명태후를 정통으로 보는 관념을 명확하게 세우기 위하여 첫 번째 부인에 대한 기록을 남기지 않았을 것으로 짐작된다. 다만 김춘추의 할아버지가 진지왕眞智王이고 어머니가 진평왕의 딸인 천명부인天明夫人이니 당대 최고 집안의 딸을 맞이하였음에는 틀림없다. 왕실의 근친인 김춘추의 부모는 당연히 아들이 조정에서 정치 활동을 하는 데 도움이 될 유력한 집안의 딸과 혼인시켰을 것이고,[13] 아마도 왕

---

9 이영호는 「통일신라시대의 王과 王妃」, 『신라사학보』 22, 2011, 9쪽에서 重婚이라 하였고, 앞의 책, 2014, 46쪽에서는 再婚이라 하였다. 중혼은 배우자가 있는 상태에서 다른 사람과 혼인하는 것이고, 재혼은 배우자가 사망하거나 이혼하여 배우자가 없는 상태에서 혼인하는 것을 말한다. 따라서 여기서는 중혼이라는 용어를 사용한다.

10 권순형, 「혼인제도의 형성과 사료에 대한 검토」, 『고려의 혼인제와 여성의 삶』, 혜안, 2006, 30쪽에서 고대에는 남녀를 불문하고 15~16세 이상이면 혼인할 수 있었다고 한다.

11 이영호는 앞의 논문, 2011, 12쪽에서 중대 대부분의 왕자들은 15~18세에 혼인하였다고 하였다.

12 이덕성, 앞의 책, 1949, 136쪽.

13 진평왕 44년(622)의 기록에 따르면 2월에 용수를 내성사신으로 삼았다고 한다. 따라서

실의 피를 타고난 여인을 배필로 삼도록 하였을 것이다.[14] 따라서 김춘추와 문희의 혼인이 초혼初婚이라는 견해는 수용하기가 어렵다.

그렇지만 김춘추와 문희의 혼인을 굳이 초혼이라고 하는 연구도 있으므로[15] 이 주장의 문제점을 살펴보자. 김춘추와 문희의 혼인을 초혼이라고 주장하는 첫 번째 근거는 귀족 남자의 혼인 적령기가 20대 중반이라는 것이다.[16] 그 근거로 김용수金龍樹와 천명부인의 혼인 및 김서현金舒玄과 만명부인萬明夫人의 혼인을 제시한다. 하지만 그들이 몇 살에 혼인하였는지를 알려 주는 기록은 전혀 없다. 게다가 귀족 남자의 혼인 적령기가 20대 중반이라는 주장도 하나의 가능성일 뿐이지 확실한 근거가 없다.[17]

김춘추와 문희의 혼인이 초혼이라는 주장의 두 번째 근거는 고타소랑과 관련된 기록이다. 나당연합군이 백제를 침공하여 부여융扶餘隆(615~682)을 사로잡았을 때 김법민이 그의 무릎을 꿇리고 얼굴에 침을 뱉으면서 '전일에 너의 아비가 나의 누이(妹)를 원통히 죽여 옥중에 파묻은 일이 있었다'라고 한 것을 근거로 삼는다. 즉 누이라는 표현을 근거로 고타소랑을 김법민의 여동생으로 파악하고,[18] 더 나아가 훗날 김유신이 김품석金品釋 부처夫妻의 시신을 백제 포로들과 바꾼 것도 김품석의 부인이 김유신의 생질녀甥姪女이기 때문이라고 주장한다.[19] 이 설명의 문제점은, 누이라

김춘추는 친부인 김용수가 살아 있을 때 혼인하였을 가능성이 크다.

14 필사본 『화랑세기』에 따르면 김춘추에게는 정궁부인인 보라궁주가 있었고 두 사람 사이가 매우 좋았다고 한다.

15 윤진석, 앞의 논문, 2011, 145~146쪽.

16 윤진석, 위의 논문, 2011, 145쪽.

17 고대사회에서 유력한 집안의 자식들이 20세 전에 혼인하였음을 알려 주는 기록을 찾을 수 있다. 예컨대 고구려 泉男生은 20세 전에 혼인하여 18세 무렵에 아들 泉獻誠을 얻었다(정호섭, 「고구려 연개소문 가문의 궤적과 복원」, 『동방학지』 185, 2018, 94쪽). 이와 같은 사실로 미루어 볼 때 유력한 집안의 자식들은 20세 전에 혼인하였다고 헤아려볼 수 있다. 이러한 사실은 삼국에서 공통적으로 찾아지므로 쉽게 수용 가능하다.

18 윤진석, 앞의 논문, 2011, 145쪽.

19 윤진석, 위의 논문, 2011, 145쪽.

는 기록만으로 고타소랑을 김법민의 여동생이라고 파악하는 해석을 쉽사리 따르기가 힘들다는 것이다.[20] 고타소랑과 관련된 기록을 전부 검토하면 이 같은 이해가 무리임을 알 수 있다.[21] 또한 김유신이 백제 포로와 김품석 부처의 시신을 교환한 것은 왕실의 권위를 드러내려는 상징적 행위라고 생각되므로 이것을 문희의 초혼과 연결하는 것은 억지스러워 보인다. 그러므로 기존 연구에서 찾아볼 수 있듯이 김춘추가 부인이 있었음에도 불구하고 문희를 새로운 아내로 맞아들였다는 데 더 무게를 두는 것이 합리적이다.[22]

김춘추와 문희 사이에 자식이 많았음을 염두에 두면 김춘추의 첫 번째 부인에게도 자식이 있었을 가능성이 크다. 이에 대해서는 제3장에서 검토하기로 하고, 김춘추와 문희의 혼인에 대해서 좀 더 자세하게 살펴보자.

A. 그런 지 10일 만에 유신庾信은 춘추공春秋公과 더불어 정월 오기일午忌日〈위의 사금갑조射琴匣條에 보였으니 최치원崔致遠의 설이다.〉에 자기 집 앞에서 공을 차다가〈신라 사람은 공차기를 농주弄珠의 희戱라고 한다.〉 짐짓 춘추의 옷자락을 밟아 옷끈을 떼어 버리고 말하기를 "우리 집에 들어가서 꿰맵시다"라고 하니, 춘추공은 그 말을 따랐다. 유신이 아해阿海(보희寶姬)에게 꿰매 드리라고 하니 아해가 말하기를 "어찌 사소한 일로써 귀공자에게 가벼이 가까이할 수 있겠습니까?"라 하고 사양하였다〈고본古本에는 병으로〔因病〕 나오지 않았다고 한다〉. 이에 아지阿之(문희文姬)에게 시켰더니 춘추공이 유신의 뜻을 알고 드디어 관계하여 이로부터는 자주 내왕하였다. 유신이 누이가 아이를 밴 것을 알고 꾸짖어 말하기를 "네가 부모에게

20 판각하는 과정에서 姊자를 妹자로 잘못 새겼을 가능성도 얼마든지 있기 때문이다.
21 이에 대해서는 본 장의 Ⅲ절에서 자세하게 검토할 예정이다.
22 물론 김춘추가 중혼하였다고 해서 첫 번째 부인과 헤어졌다고는 생각되지 않는다. 서자가 여럿 있었다는 사실로 보건대 김춘추는 성덕왕이나 효성왕처럼 부인을 출궁시키지는 않았던 것 같다.

고하지도 않고 아이를 배었으니, 어찌 된 일이냐?"라 하고, 이에 온 나라에 말을 퍼뜨리고 그 누이를 태워 죽인다고 하였다. 어느 날 선덕왕善德王이 남산南山에 놀러 가는 것을 기다려 마당 가운데에 장작을 쌓아 놓고 불을 지르자 연기가 일어났다. 왕이 바라보고 "무슨 연기냐?"라고 물으니, 신하들이 아뢰기를 "아마 유신이 그의 누이를 태워 죽이는 것 같습니다"라고 하였다. 왕이 그 까닭을 물으니, 대답하기를 "그의 누이가 남편도 없이 몰래 임신하였기 때문입니다"라고 하니, 왕이 말하기를 "이것이 누구의 짓이냐?"라고 물었다. 때마침 춘추공이 왕을 모시고 앞에 있다가 안색이 크게 변하였다. 왕이 말하기를 "이것이 너의 짓이구나. 어서 가서 구원하라!"라고 하였다. 공이 명을 받고 말을 달려가 왕명을 전하여 죽이지 못하게 하고, 그 후에 공공연히 혼례를 행하였다(『三國遺事』 권1, 紀異 1, 太宗春秋公).

위의 기록을 보면, 김춘추와 문희가 혼인하기 이전부터 김춘추와 김유신이 서로 잘 알고 지냈음을 알 수 있다. 비록 김유신이 김춘추보다 여덟 살 연상이었으나 그것이 크게 문제가 되지는 않았던 것 같다. 두 집안은 김춘추와 문희가 혼인함으로써 인척이 되었고 더욱 강한 결속력을 가지게 되었다. 하지만 김춘추가 문희와 혼인하는 과정에 상당한 진통이 따랐다. 김춘추가 문희와의 혼인에 적극적이지 않았기 때문이다. 이와 관련하여 기존의 연구들은 김춘추에게 이미 부인이 있었다는 견해와 가야계 출신이라는 혈통상의 한계로 인해 김춘추가 문희와의 혼인을 탐탁지 않게 생각하였다는 견해로 나뉜다.[23] 전자에 대해서는 이미 설명하였으므로 다음에서는 후자를 살펴보겠다. 이 견해에 대해서는 의문을 제기하지 않을

23 박남수는 「통일주도세력의 형성과 정치개혁」, 『統一期의 新羅社會 硏究』, 동국대학교 신라문화연구소, 1987, 111쪽에서 "서현과 그의 딸 문희의 혼인 형태를 주시할 때, 新金氏家門은 비록 진골이라 하더라도 신라의 王骨과는 일정하게 차이가 있는 身分이었으며, 이로 말미암아 新金氏는 그들의 부단한 무력을 통한 官職에서의 승진과 王室과의 혼인을 통하여 그들의 신분적 상승을 공인받고자 노력했음을 알 수 있다"라고 하였다.

수 없는데, 바로 다음의 기록들 때문이다.

B-1. 법흥왕法興王이 왕위에 올랐다. 이름은 원종原宗이다. 지증왕智證王의 맏아들로 어머니는 연제부인延帝夫人이고 왕비는 박씨 보도부인保刀夫人이다(『三國史記』 권4, 法興王 즉위년).

B-2. 아버지는 곧 법흥왕의 동생 입종立宗 갈문왕葛文王이고, 어머니는 지소부인只召夫人으로 또는 식도부인息道夫人이라고도 하며 박씨로 모량리 영실英失 각간의 딸이다(『三國遺事』 권1, 王曆篇, 24대 眞興王).

B-3. 제24대 진흥왕眞興王이 즉위할 때의 나이가 열다섯 살이었으므로 태후가 섭정하였다. 태후는 곧 법흥왕의 딸로서 입종 갈문왕의 비이다(『三國遺事』 권1, 紀異 2, 眞興王).

B-4. 진흥왕이 왕위에 올랐다. 이름은 삼맥종三麥宗이다. 그때 나이가 일곱 살이다. 법흥왕 동생 갈문왕 입종의 아들이다. 어머니는 김씨로 법흥왕의 딸이고, 왕비는 박씨 사도부인思道夫人이다. 왕이 어렸으므로 왕태후가 섭정하였다(『三國史記』 권4, 眞興王 즉위년).

B-5. 일찍이 서현舒玄이 길에서 갈문왕 입종의 아들인 숙흘종肅訖宗의 딸 만명萬明을 보고 마음에 들어 눈짓으로 꾀어, 중매를 거치지 않고 결합하였다(『三國史記』 권41, 列傳 1, 金庾信 上).

B-1의 기록을 보면, 법흥왕은 지증왕의 맏아들로 왕위에 올랐으며 왕비는 박씨 보도부인이다. 그리고 B-2의 기록을 보면, 입종 갈문왕은 법흥왕의 동생이다. 법흥왕은 지증왕의 맏아들이므로 입종 갈문왕도 지증왕의 아들임을 알 수 있다. 법흥왕은 지증왕을 이어 왕위를 계승하였기 때문에 동생인 입종은 갈문왕으로 봉해졌다.[24] 입종은 법흥왕의 딸과 결혼하였는데 B-3과 B-4의 기록에 보이는 태후, 곧 진흥왕의 어머니가 바로 그

24 이기백, 「신라시대의 갈문왕」, 앞의 책, 1974, 12쪽.

사람이다. 즉 입종 갈문왕은 조카와 결혼하여 진흥왕과 숙흘종을 낳았다(B-5). 그리고 숙흘종의 딸이 바로 김유신의 어머니인 만명부인이다. 이를 그림으로 작성하면 아래와 같다.

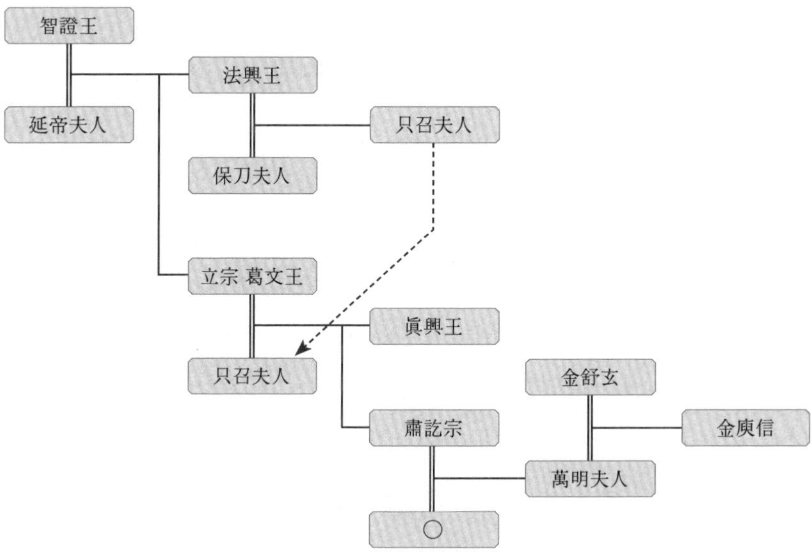

〈그림 1-1〉 김유신의 모계도

〈그림 1-1〉을 보면 김유신의 어머니 만명부인은 진흥왕의 질녀姪女가 된다. 조부는 입종 갈문왕이고 증조는 지증왕이다. 즉 만명부인은 신라 최고 신분의 집안에서 출생하였다.

이처럼 명백한 사실이 기록에 남아 있음에도 불구하고[25] 이 점을 구체적

25 정중환, 앞의 논문, 1985, 17쪽에서 김유신의 모계를 표로 설명하였지만 모계의 중요성에 대해서는 언급하지 않고 다만 만명부인이 신라왕실 至親의 딸이라고만 하였다. 또한 그는 같은 논문, 1985, 18쪽에서 "모계로 볼 때 비록 정상적인 혼인은 아니라고 하더라도 김유신 형제자매에게는 이미 신라 왕실의 피가 흐르고 있다"라고 간단히 언급하는 데 그쳤다. 선석열, 「신라사 속의 가야인들」, 『한국 고대사 속의 가야』, 혜안, 2001, 532쪽에서

으로 언급한 연구자는 그다지 많지 않다.[26] 굳이 김유신의 부계를 따지지 않더라도 모계를 보면 더할 나위 없이 신라 왕실과 밀접한 가계임을 알 수 있다. 가야왕족의 후예라는 콤플렉스를 항상 안고 살았다는 견해는 김유신의 모계만 보아도 아무런 근거가 없는 것임을 헤아릴 수 있다. 더 나아가 김유신이 문희를 김춘추와 결혼시킨 이유가 가야계 출신 콤플렉스를 해소하기 위한 것이라고 설명한 연구[27]에는 이제 더 이상 관심을 두지 않아도 좋다.

김춘추와 문희의 혼인에 대하여 김춘추의 아버지 김용수金龍樹가 두 사람의 결혼을 반대하자 김춘추와 김유신이 이를 타개하기 위해 덕만공주의 권위를 빌렸다는 견해가 있다.[28] 이 견해는 당시 정계에서 두 집안의 위상이 그다지 높지 않았음을 염두에 둔 결과이다. 그렇지만 김용수가 내성사신內省私臣으로 임명된 사실과 더불어 김유신의 아버지 김서현이 왕성하게 활동하였던 점을 볼 때 수용하기 힘든 견해라 할 수 있다.

김춘추와 문희의 혼인은 김춘추와 김유신이 더욱 밀착하는 계기가 되었

는 모계의 계보를 숙흘종에서 멈추었다. 문경현, 「김유신의 혼인과 가족」, 『문화사학』 27, 2007, 377쪽에서도 모계에 대한 언급이 없다. 그만큼 김유신의 모계에 관심이 적었거나 혹은 무시하였던 것이다.

26 김태식, 「월경과 폭무, 두 키워드로 본 '모략가' 김유신」, 『백산학보』 70, 2004; 「김유신의 흥무대왕 추봉 시기」, 『신라사학보』 6, 2006에 이 같은 사실이 간단히 언급되어 있다. 또한 박문옥은 「『화랑세기』로 본 김유신의 세계, 인통과 혼인—신라 골품제하에서의 지위—」, 『한국상고사학보』 43, 2004에서 김유신의 姻統을 필사본 『화랑세기』에서 찾았다.

27 스에마쓰 야스카즈는 신라 왕족인 김춘추가 가야 왕계의 문희와 혼인한다는 것은 당시 신라 왕족의 혼인 틀을 깨뜨리는 파격적 결혼이므로 결혼이 성립되기까지 그토록 험난한 과정을 거쳐야 했다고 하였다(末松保和, 앞의 책, 1954, 13~15쪽). 이러한 견해는 현재 김춘추와 문희의 혼인에 대한 통설로 자리 잡았다. 주보돈도 "김유신은 가야계 출신이라는 태생적 한계로 말미암아 (중략) 그의 동생 문희와 김춘추의 혼사가 예사롭지 않은(非常的) 방법이 동원되고 나서야 비로소 공인을 받게 되었다"라고 하였다(주보돈, 『김춘추와 그의 사람들』, 지식산업사, 2018, 290쪽).

28 윤진석, 앞의 논문, 2011, 144~145쪽.

다. 김춘추가 고구려에 청병하러 갈 때 김유신과 한 약속은 잘 알려져 있다. 김춘추는 떠나기에 앞서 김유신과 함께 손가락을 깨물어 피를 마시면서 앞날을 맹서하였다. 그리고 김춘추가 고구려에 들어간 뒤 약속한 60일이 지나도 오지 않자 김유신은 용사 3천 명을 선발하여 김춘추 구출 계획을 실천하려 하였다.[29] 김춘추가 기지를 발휘하여 무사히 신라로 돌아와 계획이 실행되지는 않았지만, 이 일로써 두 사람이 얼마나 가까운 사이였는지를 확인할 수 있다.

진덕왕眞德王 사후에 왕위를 이을 후계자를 선정하는 과정에서 적잖은 수의 신료들이 상대등 알천에게 섭정을 요청하였으나 그는 사양하였을 뿐만 아니라 김유신과 논의하여 김춘추를 왕으로 추대하였다.[30] 이는 김유신이 김춘추가 왕위를 계승하는 과정에서 중요한 역할을 하였음을 알려 준다.

654년 태종무열왕으로 즉위한 김춘추는 다음 해인 655년 3월에 문희 소생인 법민을 태자로 책봉하였으며,[31] 10월에는 딸 지소를 대각간 김유신에게 시집보냈다.[32] 이로써 김춘추와 김유신의 결합은 절정에 이르렀다. 김춘추와 문희의 혼인은 결국 김춘추가 진덕왕을 이어 태종무열왕으로 왕위를 계승하는 데 중요한 고리 역할을 하였다고 해도 과언이 아니다. 더 나아가 두 사람의 혼인이 신라 중대 왕실혼의 특징을 말해 주는 이정표가 되었다는 사실도 잊어서는 안 될 것이다.

29 『삼국사기』 권41, 열전 1, 김유신 상.
30 『삼국사기』 권5, 태종무열왕 즉위년.
31 『삼국사기』 권5, 태종무열왕 2년 3월.
32 『삼국사기』 권5, 태종무열왕 2년 10월.

Ⅲ. 김춘추의 적자와 서자에 대한 검토

김춘추는 여러 명의 아들을 두었다. 먼저 그의 적자에 대하여 살펴보자.

C-1. 원자元子 법민法敏을 태자로 삼고, 나머지 여러 아들(庶子) 중에 문왕文王을 이찬으로, 노차老且를 해찬으로, 인태仁泰를 각찬으로, 지경智鏡과 개원愷元을 각각 이찬으로 삼았다(『三國史記』 권5, 太宗武烈王 2년).

C-2. 태자 법민法敏과 각간 인문仁問·각간 문왕文王·각간 노차老且·각간 지종智鏡·각간 개원愷元 등이 모두 문희의 소생이니, 당시 꿈을 산 징조가 여기에 나타났다(『三國遺事』 권1, 紀異 2, 太宗春秋公).

C-3. 춘추가 당주에게 말하기를, "신臣에게 일곱 아들이 있으니 성상聖上의 곁에서 숙위宿衛케 하여 주소서" 하고, 곧 그 아들 문왕文王과 대감大監 □□를 머물러 두게 하였다(『三國史記』 권5, 眞德王 2년).

C군의 기록을 보면, 김춘추와 문희 사이에서 태어난 아들의 수와 그들의 관등까지도 알 수 있다. C-1에는 원자 법민을 필두로 하여 여섯 명의 아들 이름과 그들의 관등이 열거되어 있고, C-2에는 태자 법민을 포함하여 여섯 명의 아들이 있었다고 나타나 있다.[33] 그런데 C-1에는 태자 법민을 제외하고 나머지가 서자庶子로 기록되어 있으나, C-2의 기록을 보면 그들이 서자가 아니라 문희 소생임을 알 수 있다.[34]

다만 C-1의 기록과 C-2의 기록에 약간 차이가 있는데, C-1에는 인문

33 관등이 모두 각간으로 표기되어 있는데, 후대에 일괄적으로 기록한 것을 그대로 옮겨온 듯하다.

34 원문을 보면, "立元子法敏爲太子 庶子文王爲伊湌 老且[旦]爲海湌 仁泰爲角湌 智鏡·愷元各爲伊湌"라고 하여 문희의 소생 가운데 장자를 제외한 나머지 아들들을 전부 서자라고 하였다. 즉 이때의 서자는 원자 이외의 아들이라고 하는 의미로 사용되었다(전길희, 앞의 논문, 1960, 77쪽 참조).

이 없고 인태가 들어가 있으나, C-2에는 인태가 없는 대신 인문이 기록되어 있어 아들이 전부 일곱 명임을 알 수 있다. 이는 진덕왕 2년(648)에 김춘추가 입당入唐하였을 때 자신에게 일곱 아들이 있다(C-3의 기록)고 당 태종에게 말한 것과 일치한다. 김춘추는 당 태종에게 문희와의 사이에서 태어난 적자의 숫자만 말한 것이다. 그러므로 『삼국유사』의 기록에 전하는 서자는 제외하였음을 알 수 있다.

다음으로 김춘추의 서자에 대해서 알아보자. 관련 기록을 『삼국유사』에서 찾아볼 수 있다.

> D. 서자庶子는 개지문皆知文 급간級干과 차득령공車得令公과 마득馬得 아간阿干과 딸까지 합하여 다섯이었다(『三國遺事』 권2, 紀異 2, 太宗春秋公).

위의 기록에 따르면 김춘추는 세 명의 서자와 두 명의 서녀를 두었다고 한다.[35] 서자는 개지문 급간과 차득령공, 마득 아간 등이다. 여기에서 주목할 점은 적자와 달리 서자는 관등명이 인명 다음에 온다는 사실이다. C-2에서 적자의 관등이 일괄적으로 각간인 것과 달리 D에서는 개별적으로 관등이 기록된 것으로 보아 실제 이들이 오른 관등이라고 이해할 수 있다.

특히 차득령공車得令公이 주목을 끄는데, 그의 이름 뒤에 관등이 없고 '公'이 붙은 것으로 보아 그가 정치적으로 일정한 역할을 하여 그 같은 칭호가 붙은 것으로 짐작된다. 따라서 서자인 차득령공은 관심을 가질 만한 인물임에 틀림없다. 이와 관련하여 이기백은 차득령공을 김춘추의 적자

35 이덕성은 앞의 책, 1949, 136쪽에서 서자를 皆知·文級·干車·得令·公馬 등의 다섯 명으로 파악하였으나 틀린 해석이다. 한편 박현숙, 「『삼국유사』 「기이」편 태종춘추공조의 내용 구성과 신이성」, 『신라문화제학술발표논문집』 39, 2018, 52쪽에서는 "서자는 皆知文 급간과 車得·令公·馬得 아간이고, 딸까지 합하면 5명이다"라고 하였다. 이는 서녀 고타소를 염두에 둔 해석이라 생각된다.

인 개원愷元으로 파악하였다.[36] 그는 『삼국유사』 권2, 기이 2, 문무왕 법민조에 보이는 차득공 관련 기록을 근거로 이같이 설명하였는데, 그렇다면 D의 기록을 어떻게 설명할 것인가라는 문제가 생긴다. 이기백은 D의 기록을 소홀하게 다룬 듯한데, 아무래도 『삼국유사』 권2, 기이 2, 문무왕 법민조에 보이는 차득공 관련 기록과 D의 기록에 보이는 차득령공을 서로 다른 사람으로 생각한 것 같다.[37]

또 다른 연구들에서는 김춘추의 서자 가운데 차득령공을 주목하고 그의 활동을 살펴보았다. 예컨대 전길희는 '차득령공車得令公'의 관위가 어디까지 올랐는지 알 수 없으나 총재冢宰라는 직을 가진 것을 보면 관위가 낮지 않았다고 생각된다면서 서자라고 해서 반드시 낮은 관등을 차지하지는 않았다고 보았다.[38] 또한 이인철은 차득공을 총재로 삼았다는 기록을 통해 총재는 제도적으로 수상인 상대등上大等의 직장이라 할 수 있다고 하였다.[39] 그러니까 차득공이 총재직에 올랐을 가능성을 시사한 것이다.[40]

---

36 이기백, 「신라 집사부의 성립」, 앞의 책, 1974, 163쪽의 각주 32)에서 문무왕대에 그의 아우로서 중시에 임명된 인물이 智鏡과 愷元인데, 둘 중 어느 한 명이 거득공으로 전해졌을 가능성이 있다고 하였다. 또한 그는 "車의 音을 '거'로 읽으면 愷의 '개'와 가까워지므로 거득공은 개원일 가능성이 크다고 본다"라고 하였다. 김수태도 「신라 문무왕대의 대복속민 정책—백제유민에 대한 관등수여를 중심으로—」, 『신라문화』 16, 1998, 47쪽에서 이기백의 견해를 그대로 따랐다.

37 차득령공과 차득공은 같은 인물임에 틀림없다. 다만 하나는 차득령, 하나는 차득이라고 부른 점이 걸리는데, 차득령을 차득+令이라고 본다면 둘 다 같은 인물을 지칭했다고 할 수 있다. 令은 관부의 長이다.

38 전길희, 앞의 논문, 1960, 78쪽. 반면 이종욱은 『신라골품제연구』, 일조각, 1999, 212~213쪽에서 무열왕과 김유신의 서자가 아찬까지밖에 못 올랐다고 하면서 서자들이 진골 신분이라 하더라도 적자들과는 격이 달랐음을 알 수 있다고 하였다.

39 이인철, 「신라 중대의 정치형태」, 『한국학보』 77, 1994: 『신라 정치경제사 연구』, 일지사, 2003, 174쪽. 필자도 「김유신의 가계와 후손들의 활동」, 『흥무대왕 김유신 연구』, 경인문화사, 2011, 172~173쪽에서 김흠순의 예로 보아 총재라는 직위를 상대등과 같은 것으로 파악하였다. 그렇다고 해서 차득공이 총재 직을 수행하였다고 단정하는 것은 아니다.

40 이인철의 이해는 과도해 보인다. 문무왕대에 상대등이나 시중에 임명된 인물들을 찾아볼 수 있기 때문이다.

이렇게 연구들마다 김춘추의 서자인 차득령공의 관등 혹은 정치적 지위에 대한 견해가 다른데, 이것은 골품제 사회에서 진골 아버지를 둔 서자의 활동과 관련이 있을 것이다. 서자는 비록 진골 신분이더라도 적자와 다른 대우를 받았음은 분명하다. 다만 차득령공은 특별한 경우에 해당된다. 문무왕이 차득령공에게 중요한 직책을 맡겼다는 것은 그의 능력을 인정한 결과로 보아야 할 것이다. 물론 그가 시중이나 상대등에 오르지는 못했으나 그와 같은 등급의 직을 수행할 능력이 있는 인물이었음은 분명하다. 문무왕대에는 서자여도 능력만 있다면 높은 관직에 등용하였던 것이다.

결국 김춘추의 첫 번째 부인의 자식들이 서자가 되었음을 알 수 있다. 즉 혼인 순서와 관계없이 처족 세력에 따라 서자 여부가 정해진 것으로 이해된다.[41] 그리고 서자가 이처럼 많았다는 사실로 보건대 김춘추의 첫 번째 부인과 문희 이외에 또 다른 부인이 있었을지도 모른다.[42] 하지만 관련 기록이 없어 더 이상 논지를 전개하기는 어렵다.

Ⅳ. 김춘추 딸들의 혼인 관계

앞서 제시한 D의 기록에서 볼 수 있듯이 김춘추는 여러 명의 딸을 두었다. 『삼국사기』와 『삼국유사』에서 다섯 명의 딸에 대한 기록을 찾아볼 수 있다. 먼저 김춘추의 딸들이 모두 한 어머니에게서 태어났는가부터 살펴보자. 이어서 김춘추가 사위로 삼은 사람들에 대해서도 알아보자. 이와

41 전길희, 앞의 논문, 1960, 76쪽.

42 선석열은 무열왕의 나이를 감안할 때 첫 번째 부인 외에 어린 첩실의 존재도 염두에 두어야 한다고 하였다(선석열, 앞의 책, 2015, 179쪽의 각주 14) 참조).

관련한 연구들이 있으나 서로 견해를 달리한 부분이 있어 좀 더 자세하게 검토할 필요가 있다. 이와 관련된 기록을 제시하면 다음과 같다.

E-1. 처음에 대야성大耶城이 패하였을 때 도독都督 품석品釋의 아내도 죽었는데, 이는 춘추春秋의 딸이었다(『三國史記』 권5, 善德王 11년 겨울).

E-2. 왕녀 지조智照를 대각찬大角湌 김유신金庾信에게 시집보냈다(『三國史記』 권5, 太宗武烈王 2년 겨울 10월).

E-3. 성사는 일찍이 어느 날 상례에서 벗어나 거리에서 노래 부르기를, "누가 자루 빠진 도끼를 허락하려는가? 나는 하늘을 받칠 기둥을 다듬고자 한다"라고 하였다. 사람들이 듣고서 모두 〔그〕 뜻을 알지 못했는데, 이때 태종太宗이 그것을 듣고서 말하기를, "이 스님께서 아마도 귀부인을 얻어 훌륭한 아들을 낳고 싶어 하는구나. 나라에 큰 현인이 있으면 그보다 더한 이로움이 없을 것이다"라고 하였다. 그때 요석궁瑤石宮〈지금 학원學院이 이곳이다.〉에 홀로 사는 공주가 있었다. 궁중의 관리를 시켜 원효元曉를 찾아서 〔궁중으로〕 맞아들이게 하였다. (중략) 〔그는〕 일부러 물에 떨어져 옷을 적셨다. 관리는 스님을 궁으로 인도하여 옷을 벗어 말리게 하니, 이 때문에 〔그곳에서〕 묵게 되었다. 공주가 과연 태기가 있어 설총薛聰을 낳았다(『三國遺事』 권4, 義解 5, 元曉不羈).

E-4. 영휘永徽 6년(655) 태종대왕太宗大王이 백제가 고구려와 더불어 변방을 막자 이를 치고자 하여 군사를 출동할 때에 〔김〕흠운欽運을 낭당郎幢 대감大監으로 삼았다. (중략) 흠운이 말을 비껴 타고 창을 잡고 대적하니 대사大舍 전지詮知가 달래어 말하였다. "지금 적이 어둠 속에서 일어나 지척을 구별할 수 없는 상황이니, 공公이 비록 죽는다고 하여도 알아줄 사람이 없습니다. 하물며 공은 신라의 귀한 신분으로서 대왕의 사위인데 만약 적군의 손에 죽으면 백제가 자랑하는 바가 될 것이고 우리의 깊은 수치가 될 것입니다." (중략) 따르던 자들이 말고삐를 잡고 돌아가기를 권하였으나 흠운이 칼을 뽑아 휘두르며 적과 싸워 몇 사람을 죽이고 그도 죽었다(『三國史記』 권47, 金

欽運).

E-5. 3월에 금과 은으로 만든 그릇과 여러 가지 채색 비단 100단을 보덕왕報德王 안승安勝에게 내려 주고 왕의 매妹〈또는 잡찬 김의관金義官의 딸이라고도 하였다.〉를 아내로 삼게 하였다. 이에 다음과 같은 교서敎書를 내렸다. (중략) "지금 좋은 때 길일吉日에 옛 법도를 따라 내 누이의 딸을 배필로 삼게 하니 왕은 마땅히 마음과 뜻을 함께 돈독히 하여 조상의 제사를 받들고 자손이 무성하게 하여 길이 반석盤石같이 번창한다면 어찌 장한 일이 아니며 어찌 아름다운 일이 아니겠는가?" 하였다(『三國史記』 권7, 文武王 20년 3월).

E-1의 기록을 살펴보면, 642년 대야성 전투에서 김춘추의 사위인 품석과 그 아내가 함께 죽었다고 한다. 잘 알려진 바와 같이 품석의 아내는 김춘추의 딸인 고타소랑이다.[43] 고타소랑이 문희의 딸이라는 견해와 김춘추의 첫 번째 부인의 딸이라는 견해가 있는데, 전자[44]보다 후자가 더 타당해 보인다. 김법민이 626년에 태어났고 동생인 김인문이 629년에 태어났기 때문이다. 김춘추와 문희 사이에서 고타소랑이 김법민보다 먼저 태어났다면 두 사람의 밀회가 더 일찍 이루어졌어야 하지만 김법민의 출생 연도를 볼 때 그러할 가능성은 거의 없다. 만약 고타소랑이 김인문의 여동생이라면 대야성 전투가 있었던 해가 642년이므로 고타소랑의 나이는 기껏해야 12세 혹은 많아야 13세이며, 이때 혼인했다고 보기는 어려우므로 고타소랑이 문희의 딸이라는 견해는 쉽사리 수용하기 어렵다.[45]

더구나 『삼국사기』 죽죽竹竹전에 따르면 김품석이 처자妻子를 죽인 후

---

43 『삼국사기』 권41, 열전 1, 김유신 상에서도 춘추공의 딸 고타소랑이 남편 품석을 따라 죽었다고 한다.

44 윤진석, 앞의 논문, 2011, 145쪽.

45 김태식, 『화랑세기, 또 하나의 신라』, 김영사, 2002, 236쪽.

스스로 목을 찔러 죽었다고 한다.[46] 이 기록으로 볼 때 품석과 고타소랑 사이에 자식이 있었음을 알 수 있다. 따라서 고타소랑을 김춘추의 첫 번째 부인에게서 얻은 딸로 이해하는 것이 합당해 보인다.

다음으로 E-2의 기록에서 지조(지소)가 김유신에게 시집갔다고 한다. 문희의 딸인 지소는 태종무열왕의 셋째 딸로 알려져 있다.[47] 그렇다면 무열왕과 문명왕후 사이에 적어도 세 명의 딸이 있었다고 헤아릴 수 있다. 물론 고타소랑은 첫 번째 부인의 딸이므로 이에 해당하지 않는다. 그렇다면 김춘추와 문희 사이에서 요석공주瑤石公主가 첫째 딸이고 다음으로 둘째 딸이 있었고, 김유신의 처인 지소부인이 셋째 딸일 가능성이 크다. 그렇다면 김흠운의 부인이 된 무열왕의 딸은 둘째 딸로 추정해도 좋을 듯싶다.

E-3의 기록을 보면 요석공주는 과부로서 원효와 하룻밤을 보낸 후 설총을 낳았다고 한다. 요석공주는 요석궁에 머물렀다는 점으로 보아 문희의 소생으로 볼 수 있다. 혼인하였다가 남편이 사망하자 궁궐로 돌아와 생활한 것을 볼 때 더욱 가능성이 크다.

이와 관련하여, 요석공주가 김흠운과 혼인하였으나 남편이 전사해 나중에 신목태후가 되는 어린 딸 하나를 데리고 일찍 홀로되었고, 이후 원효대사를 만나 설총을 낳은 인물이라고 파악한 연구가 있다.[48] 김춘추의 딸을 연구하는 가운데서 나온 새로운 연구 성과이다.

그러나 이 같은 해석에는 여러 가지 문제가 있다. E-4의 기록에서는 김흠운이 김춘추의 사위라고 하였으나 그와 혼인한 김춘추의 딸이 누구인지를 알 수 없다. 적어도 그녀가 요석공주였다면 틀림없이 기록에 남았을

46 『삼국사기』 권47, 열전 7, 죽죽.
47 『삼국사기』 권43, 열전 3, 김유신 하.
48 서정목, 앞의 책, 2014, 258쪽 참조.

것이다. 그리고 지소부인이 셋째 딸로 나오는 만큼 김흠운과 혼인한 딸은 둘째 딸일 가능성도 없지 않다. 그녀는 김흠운과 혼인한 이후 후일 신목태후가 된 딸을 두었던 것으로 생각된다. 그것은 문명왕후의 소생인 개원愷元이 신목태후의 혼인에 직접 간여한 것으로 미루어 볼 때 더욱 신빙성이 높은 추측이다.[49] 여기에서 신목태후와 신문왕이 혼인할 때 시행된 친영례에 대한 기록이 주목된다. 이는 적어도 신목태후가 요석공주의 딸이 아니라는 사실을 암시하며, 그녀가 신문왕과 혼인하였을 때 왕궁에 머물지 않았음을 알려 준다.[50]

이상과 같이 볼 때 요석공주가 신목태후의 어머니라는 추측은 신빙성이 매우 낮아 보인다. 신목태후의 어머니는 남편이 조천성助川城 전투에서 전사하였으나 궁 밖에 살았을 가능성이 더 크다. 태종무열왕이 집을 내려 주었을 수도 있다.[51]

이제 E-5의 기록을 살펴보자. 이 기록은 자세히 검토할 필요가 있다. 『삼국사기』 본문의 내용과 교서의 내용이 서로 다르기 때문이다. 본문에는 문무왕의 누이를 보덕국왕報德國王에게 시집보내었다고 기술된 반면, 교서에는 왕의 매녀妹女라고 하여 여동생에게서 난 딸을 보덕국왕에게 시집보낸 것으로 되어 있다. 필자는 후자가 더 타당하다고 생각되는데, 안승安勝의 답서에서 왕의 매녀 혹은 외생外生이라 하였기 때문이다.[52] 따라서

49 이영호, 「신라의 왕권과 귀족사회—중대 국왕의 혼인 문제를 중심으로—」, 『신라문화』 22, 2003: 『신라 중대의 정치와 권력구조』, 지식산업사, 2014, 50쪽의 각주 19) 참조.

50 신목태후가 신문왕과 혼인할 때에는 왕궁에 살지 않았다고 보아야 할 것이다(서영교, 「신문왕의 혼례의—≪고려사≫ 예지와의 비교를 통하여—」, 『백산학보』 70, 2004, 469쪽). 조범환, 「신목태후—신라 중대 효소왕대의 정치적 동향과 신목태후의 섭정—」, 『서강인문논총』 29, 2010, 14쪽에서는 혼인 당시 신목태후의 어머니가 이미 사망한 상태여서 신목태후의 집안이 그리 부유하지 못했다고 보았다.

51 김수태, 「신라 신문왕대 국왕 친영례의 시행」, 『신라사학보』 29, 2013, 317쪽.

52 『삼국사기』 권7, 문무왕 20년 여름 5월조에 "아울러 교서를 내려 생질을 저의 안주인으로 삼으라고 하셨습니다"라고 기록되어 있다.

E-5의 기록은 태종무열왕의 딸과 직접적 관련이 없다. 물론 누구의 딸인지는 알기 힘들지만 적어도 문명왕후의 딸은 아니다. 더구나 김의관의 딸이라고 하는 설명도 첨부되어 있기에 그렇다.

지금까지 살펴본 바를 정리하면, 김춘추는 첫 번째 부인과의 사이에서 고타소랑이라는 딸을 두었고, 문희와의 사이에 세 명 이상의 딸을 두었다. 첫째가 요석공주이고, 둘째는 김흠운의 부인이 되었으며, 셋째인 지소는 김유신에게 시집을 갔다. 여기서 눈에 들어오는 것은 지소인데, 김유신과 정략적 혼인을 하였다는 점에서 주목된다. 또한 김흠운의 부인이 된 딸은 후일 신문왕을 사위로 얻었다고 하는 점도 지적해 두고자 한다.

* * *

김춘추와 문희의 혼인은 신라 중대의 시작점이었다. 이후 혜공왕까지 신라 중대 내내 두 사람의 핏줄이 왕위를 이어받았다. 신라 중대를 연 김춘추는 김유신의 여동생인 문희와 혼인하기 전에 이미 부인이 있었다. 그럼에도 김춘추는 김유신 세력과 연결하기 위하여 문희와 혼인하였고 왕위를 계승하자 곧바로 그녀를 정비로 삼았다. 그리고 자기 딸을 김유신에게 시집보내 그 집안과 더욱 긴밀한 관계를 유지하였다.

김춘추는 훗날 문무왕이 된 아들 법민을 비롯하여 적자를 일곱 명이나 두었으며 서자도 세 명이나 되었다. 적자들 중 문무왕을 제외하고 활동이 두드러진 인물로는 김인문과 개원을 꼽을 수 있다. 김인문은 대당 관계에서 중요한 역할을 하였고, 개원은 효소왕 후반부터 성덕왕 초반까지 상대등을 역임하였다. 적자들이 삼국통일 과정과 나당전쟁, 그리고 이후 신라 중대 정치사에서 중요한 역할을 하였던 것이다. 반면 서자들은 진골 신분이었으나 적자들처럼 높은 관등에는 오르지 못하였다. 이는 적서 차별이 있었음을 알려 준다. 다만 서자 가운데 차득공이 주목되는데, 문무왕은 차득공의 능력을 높이 사 서제인 그에게 중요한 일을 맡겼다. 이는 진골 신분의 서자라고 하더라도 능력이 있으면 그에 따라 합당한 대우를 받았음을 알려 준다.

김춘추는 기록상으로 서녀 두 명, 적녀 세 명으로 모두 다섯 명의 딸을 두었다. 고타소랑은 첫 번째 부인의 자식이었음이 확실하다. 그녀의 나이나 활동 시기, 죽은 시기 등을 감안하면 그러하다. 문희가 낳은 딸로는 첫째 요석공주, 김흠운과 혼인한 둘째 딸, 김유신에게 시집간 셋째 지소가 있다. 김춘추의 딸로 보덕왕에게 시집간 딸이 있다고 하지만, 그녀를 김춘추의 딸로 보기에는 주저되는 바가 적잖다.

이상에서 볼 수 있듯이 신라 중대를 연 김춘추는 두 번 혼인하였는데, 그의 혼인 방식은 이후 신라 중대 왕들에게 영향을 끼쳤다. 김춘추의 혼인은 중혼이었으나 중대의 나머지 왕들은 선비를 출궁시킨 다음 후비를 얻었다. 이는 신라 중대 왕실 혼인의 특징인데, 그것이 김춘추로부터 시작되었다는 데에 의미가 있다.

한 가지 더, 김춘추의 혼인은 가야계인 김유신 집안과 밀접한 관계를 맺었다는 것보다 진흥왕과 피를 나눈 형제와 연결되었다는 점에서 더 큰 의미가 있다. 김유신의 모계는 입종 갈문왕의 후손이었다. 이는 두 집안이 입종 갈문왕의 후손으로서 혼인하였음을 말해 주는 것으로, 신라 중대에는 그 후손들이 왕위를 이어 갔다. 그러나 이런 혼인 방식은 훗날 왕권 강화를 저해하는 역설적인 결과를 가져왔다는 점에서 관심을 끈다.

제2장

문무왕의 혼인과 위기 극복

Ⅰ. 문제 제기

문무왕文武王 김법민金法敏은 태종무열왕 2년(655)에 태자로 책봉되었으며,[53] 661년 태종무열왕이 사망하자 왕위에 올랐다. 그가 태자로 책봉된 때의 나이가 30세, 임금이 된 때의 나이가 36세였다. 태자로 책봉되었을 때의 나이도 그렇거니와 임금이 되었을 때의 나이를 고려하면 문무왕의 정치적 안목이 높을 수밖에 없었다. 더구나 그는 아버지 김춘추가 진골 귀족들의 반발을 무릅쓰고 집권하는 과정을 지켜보면서 성장하였기에 정치적 감각이 뛰어났다. 또한 아버지와 함께 입당入唐하여 제국의 모습을 보았기에 국제적 감각도 갖추었을 것이다. 그것이 후일 나당전쟁을 수행하는 데에 큰 도움이 되었을 것으로 보인다.

임금이 된 김법민은 아버지 태종무열왕의 유업을 계승하여 삼국통일을

53 『삼국사기』 권5, 태종무열왕 2년 3월.

완수하였다. 그는 당군의 힘을 빌려 고구려를 멸망시키고 삼국 간에 치열하게 전개된 전쟁을 종식하였다. 그뿐만 아니라 고구려 멸망에 협조한 세력인 당의 군대를 한반도에서 축출하기까지 하였다.

이러한 점에 주목한 적잖은 연구자들이 문무왕 혹은 문무왕대를 중심으로 다양한 연구 성과들을 도출하였는데, 그 결과는 대부분 고구려와의 전쟁과 나당전쟁에 대한 것이었으며, 두 전쟁을 통한 국제질서의 재편까지도 검토 대상으로 삼았다.[54] 또한 문무왕이 추진한 유교적 관료제 추구, 대민정책 추진, 불교계 재편, 지배세력 재편 등에 대해서도 여러 연구가 이루어졌다.[55] 최근에는 문무왕 9년의 교서 및 유조遺詔에 대한 연구도 진행되었다.[56] 이 같은 연구들을 통해 문무왕대의 정치와 사회 및 문화, 외교 등 다방면에 대한 이해가 깊어지고 넓어진 것이 사실이다.

그러나 문무왕대와 관련하여 아직까지 깊이 있게 주목하지 못한 부분을 찾아볼 수 있다. 김법민이 문무왕으로 즉위하기 전에 파진찬 선품善品의 딸과 혼인한 것[57]과 아들 정명政明의 태자 책봉 시기와 그 배경 등에 대한 것이다. 또한 문무왕이 남긴 유조에 대한 분석이 이루어지기는 하였으

54 나당전쟁을 통한 국제질서의 재편과 관련하여 많은 논문과 저서들이 있으나 최근의 연구 성과만을 나열하면 대략 다음과 같다. 박남수, 「신라 문무대왕의 삼국통일과 종묘제 정비」, 『신라사학보』 38, 2016; 김창겸, 「신라 문무왕의 해양의식」, 『탐라문화』 56, 2017; 『신라와 바다』, 문현, 2018; 장원섭, 『신라 삼국통일 연구』, 학연문화사, 2018; 조범환, 「신라 중대의 동아시아 정책과 대응」, 『신라사학보』 45, 2019; 이상훈, 『신라의 통일전쟁 ―백제 멸망에서 고구려 멸망까지―』, 민속원, 2021.

55 연구 성과가 많아 일일이 열거하기 어려울 정도이나 다음과 같은 연구들을 주목할 수 있다. 김수태, 「문무왕」, 『한국사시민강좌』 13, 1993; 한준수, 『신라중대 율령정치사 연구』, 서경문화사, 2012; 이기백, 『신라사상사연구』, 일조각, 1986; 김수태, 『신라중대정치사연구』, 일조각, 1996; 박해현, 『신라중대 정치사연구』, 국학자료원, 2003.

56 정병준, 「신라 문무왕 21년(681) 유조에 보이는 율령격식 개정령」, 『한국고대사연구』 90, 2018; 홍승우, 「문무왕의 하교와 유조」, 한국목간학회 편, 『문자와 고대 한국 1』, 주류성, 2019를 참고할 만하다.

57 이영호는 문무왕의 혼인에 대해서 개략적으로만 언급하였다(이영호, 앞의 책, 2014, 46~47쪽).

나 그 같은 내용의 유조를 남긴 이유에 대해서는 제대로 밝혀내지 못하였다. 따라서 이 의문을 해결한다면 문무왕의 혼인 및 그가 재위하던 시기의 정치 상황을 좀 더 잘 이해할 수 있을 것이다.

Ⅱ. 문무왕과 자의왕후의 혼인

김춘추의 맏아들로 문무왕이 된 법민은 선품의 딸과 혼인하였다.『삼국사기』권6, 문무왕 즉위년 조에 "왕비는 자의왕후慈儀王后로 파진찬 선품의 딸이다"라고 되어 있고,『삼국유사』권1, 왕력편에도 "왕비는 자의慈義〈또는 눌訥〉왕후로 선품善品 해간海干의 딸"이라고 되어 있다.

두 사서에서 문무왕의 비를 모두 자의왕후라고 하며, 왕비의 아버지가 파진찬 선품이라는 사실만을 간단하게 전한다.『삼국유사』에서 자의 또는 눌 왕후라고 기록한 대목 때문에 부인이 한 명 더 있는 게 아닌가 하는 생각도 들지만, 신라 중대의 다른 왕들에 비해 문무왕에 대한 기록이 많이 남아 있음에도 불구하고 그의 혼인에 대한 기록이 여기에 그친 것으로 볼 때 눌 왕후는 자의왕후의 다른 이름으로 판단된다.

그렇지만 법민이 언제 혼인하였는지 그리고 왜 선품의 딸을 아내로 맞이하였는지에 대한 기록은 없다. 다음에서 이 점을 알아보겠다.

김법민은 655년 30세의 나이로 태자에 책봉되었다. 나이를 보건대 김법민은 이미 혼인하였을 가능성이 크다. 신라 중대 대부분의 왕자들이 15~18세에 혼인하였다는 견해를 고려하면 그러하다.[58] 그렇다면 그가 태자로 책봉될 때 자연스럽게 부인도 태자비로 책봉되었을 것이다.

58 이영호, 앞의 논문, 2011, 12쪽에서 신라 중대에 대부분의 왕자들은 15~18세에 이르러 혼인하였다고 하였다.

김법민은 왜 파진찬 선품의 딸을 아내로 맞이하였을까.[59] 자세한 기록이 없어 선품이 어떠한 집안의 인물인지를 알아내기가 쉽지 않다. 다만 선품의 신분이 진골 귀족임에는 틀림없다. 그의 관등이 해간, 즉 파진찬에 이르렀기 때문이다.

그런데 선품과 관련하여 다음의 기록이 눈길을 끈다. 비록 논란이 있지만 주목해볼 만한 사료이다.

> A. 『이비가기李碑家記』에서 진흥대왕의 왕비 사도思刀의 시호는 백숭부인白駥夫人이다. 그의 셋째 아들 구륜공仇輪公의 아들 파진간 선품善品의 아들 각간 작진酌珍이 왕교파리王咬巴里를 아내로 맞아 각간 원선元善을 낳으니 이가 바로 아자개阿慈个다[60](『三國遺事』 권2, 紀異 2, 後百濟 甄萱).

위의 기록에서 재미난 사실을 알 수 있다. 선품이 진흥왕의 셋째 아들인 구륜공仇輪公의 아들이라는 것이다. 계보를 좀 더 명확하게 설명하면, 진흥왕-구륜공-선품-작진-아자개-견훤甄萱으로 이어진다. 이 기록을 그대로 믿고 따르면 선품은 진흥왕의 손자가 되며, 누구와 혼인하였는지는 알 수 없으나 슬하에 자의왕후를 두었음을 알 수 있다.

그런데 이 기록을 자세히 살펴보면 선품 이후 견훤까지 300여 년이나 차이가 난다.[61] 따라서 이 기록 자체를 믿을 수 없는 것으로 보기도 한다.[62]

---

59 이영호는 법민과 선품의 딸의 혼인에 대해서 문무왕의 아버지인 무열왕과 해양세력이 결탁했을 가능성을 생각해볼 수 있다고 하였고, 더 나아가 문무왕 사후에 감은사를 창건하고 동해에서 장례를 지낸 데는 선품 같은 해양세력이 간여하였을 가능성이 있다고 지적하였다(이영호, 앞의 책, 2014, 68쪽).

60 李碑(禪)家記云 眞興大王妃思刀 諡曰白駥夫人 第三子仇輪公之子 波珎干善品之子角干酌珎 妻王咬巴里生角干元善 是爲阿慈个也.

61 계보가 명확하지 않은 것은 역사에 뚜렷한 족적을 남기지 못한 조상이 세월이 흐르면서 대거 탈락한 데서 빚어진 현상으로 볼 수 있다(김태식, 앞의 책, 2002, 371~372쪽).

62 김상기, 「견훤의 家鄕에 대하여」, 『가람이병기박사송수기념논문집』, 1966: 『동방사논총』, 서울대출판부, 1974, 197~198쪽에서 이 기록을 믿을 수 없다고 한 이래 신호철, 『후

또한 『삼국사기』나 『삼국유사』의 다른 부분에는 진흥왕이 동륜銅輪과 사륜舍輪 등 두 아들만 둔 것으로 나타나 있어 셋째 아들에 대한 기록은 찾을 수 없다.

그렇지만 선품이 진흥왕의 손자라고 하는 점은 어느 정도 가능성이 있다. 왜냐하면 견훤이 정치적 목적에 따라 계보를 조작했다고 하더라도 그 시발점이 되는 존재마저 부정하기는 어렵다고 보기 때문이다. 다시 말하면 존재하지도 않은 가상의 인물을 시조로 하는 계보를 조작할 필요는 없다는 것이다.[63] 또한 김춘추가 맏아들 법민의 혼인에 있어 왕실의 피를 타고난 여인을 며느리로 선택하였을 가능성이 크며, 이것은 정략결혼이라는 측면에서 볼 때 무리한 추측은 아니다.

김춘추가 선품의 딸을 아들의 배필로 택한 가장 큰 이유는 혈연 관계일 것이다. 즉 그는 증조인 진흥왕을 정점으로 한 같은 가계에 속한 집안의 딸을 며느리로 맞이한 것이다. 이를 정리하면 〈그림 2-1〉과 같다.

김춘추는 맏아들 법민을 같은 가계 출신인 선품의 딸과 혼인시켜 그들만의 혈통을 이어나가고자 한 것으로 짐작된다. 물론 법민과 선품의 딸이 서로 좋아하여 혼인했을 수도 있겠지만 적어도 앞서 설명한 바와 같은 상황을 배제할 수는 없다. 더구나 김춘추는 본인의 왕위계승을 염두에 두었을 것이므로 아들의 혼인에 대해서도 깊이 생각하였을 것이다.[64]

백제견훤정권연구』, 일조각, 1993, 183~184쪽에서도 신빙성이 없어 믿을 수 없다고 하였다. 또한 이도학, 「견훤의 출신지와 그 초기 세력 기반」, 전북전통문화연구소, 『후백제 견훤정권과 전주』, 주류성, 2001, 57쪽에서 이와 같은 계보는 어떠한 정치적 의도로 만들어진 것이라고 파악하였다. 이영호도 이 기록을 인정하지 않았다(이영호, 앞의 책, 2014, 68쪽의 각주 72) 참조). 필자도 선품의 아들로 나오는 작진부터는 믿을 수 없는 기록이라 생각하고 있다.

63 이천우, 「신라 효소왕대 정국운영과 성덕왕의 즉위 과정」, 『역사학연구』 65, 2017, 15쪽.

64 김법민이 20세에 혼인했다고 가정하면 이때는 선덕여왕 말년이거나 진덕여왕 초반기에 해당한다.

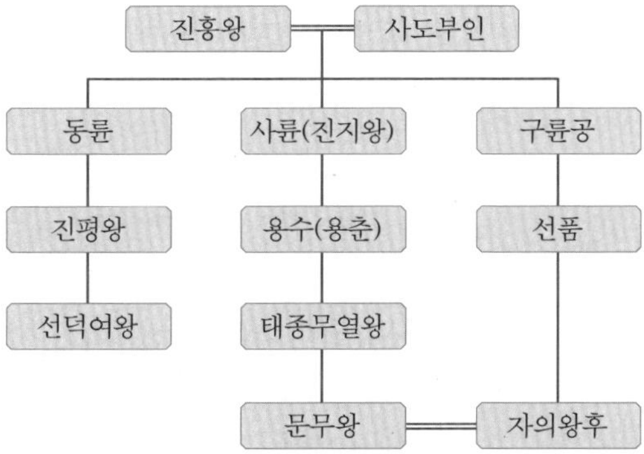

〈그림 2-1〉 진흥왕 후손의 족내혼

이상에서 본 바와 같이 김법민의 혼인에서 중요한 사실은 진흥왕의 방계로 이어진 가계 내에서 배필을 구하였다는 점이다. 범진흥왕계凡眞興王系라는 큰 테두리 내에서 이루어진 이 혼인은 이후 일정 시기 동안 무열왕계의 왕비 선택 기준이 되었다.

Ⅲ. 취리산 회맹과 정명의 태자 책봉

문무왕은 재위 5년째 되던 해에 왕자 정명(후일 신문왕)을 태자로 책봉하였다.[65] 정명이 언제 태어났는지는 알 수 없으나, 문무왕이 20세 무렵에 정명을 얻었다고 가정하면 646년 무렵에 태어난 게 된다. 그가 태자로 책봉된 해가 665년이므로 당시 나이가 20세 전후였다고 헤아려볼 수 있다.

정명이 태자로 책봉된 해인 665년 8월, 당의 장수 유인궤劉仁軌의 주재 아래 문무왕과 부여융扶餘隆의 취리산就利山 회맹이 있었다. 이 회맹 후

65 『삼국사기』 권6, 문무왕 5년 가을 8월.

곧바로 정명을 태자로 책봉한 사실로 미루어 볼 때 두 일이 서로 불가분의 관계에 있었다고 볼 수 있다.

> B. 당 고종이 부여융에게 조칙을 내려, 귀국하여 남은 무리를 무마하고 우리와 화친하라고 하였다. 이때 이르러 흰말을 잡아 맹세하였다. 먼저 하늘과 땅의 신 그리고 천川과 골짜기 신에게 제사 지낸 후 그 피를 마셨다. 그 맹세문은 다음과 같다. (중략) 그러한 까닭에 전 백제 대사가정경大司稼正卿 부여융을 웅진도독熊津都督으로 삼아 조상의 제사를 지키고 그 옛 땅을 보전하게 하니, 신라에 의지하고 기대어 길이 우방으로 삼을 것이다. 각기 지난날의 묵은 감정을 풀어 버리고 화친을 맺고 각각 천자의 명을 받들어 영원히 번국藩國으로서 복종해야 할 것이다. (중략) 이것은 유인궤劉仁軌가 지은 글이다. 피를 마신 다음 희생과 예물을 제단의 북쪽 땅에 묻고, 그 글은 우리 종묘에 간직하였다. 이에 인궤는 우리 사신과 백제, 탐라, 왜 등 네 나라의 사신을 거느리고 바다를 건너 서쪽으로 돌아가 태산泰山의 제사에 참석하였다. 왕자 정명政明을 태자로 삼고 대사면을 실시하였다(『三國史記』 권6, 文武王 5년 가을 8월).

B의 기록에 따르면 회맹할 때 백마를 죽여 그 피를 나누었고, 회맹문을 작성해서 금서철권金書鐵券으로 만들어 종묘에 보관하도록 하였다. 또한 하늘과 땅의 신에게 제사를 지내 맹서토록 하였다고 한다. 취리산 회맹은 중국의 전통 방식에 따라 격식을 갖추어 엄중하게 진행된 것으로 보인다.

회맹 내용의 핵심은 신라와 백제가 화친하고 당의 번국으로서 복종해야 한다는 것이었다. 이는 당이 백제는 물론 신라까지도 번국으로 여겼다는 의미인데, 이미 663년 4월에 당이 신라를 계림대도독부鷄林大都督府로 삼고 문무왕을 계림주대도독鷄林州大都督에 임명한 바 있다.[66] 이 같은 당의

66 『삼국사기』 권6, 문무왕 3년 여름 4월.

조치는 신라를 국가가 아니라 하나의 지방 정권으로 취급하려는 의도를 명확하게 드러낸 것이나 다름없었다.

당이 회맹을 추진한 궁극적 속내는 부여융을 웅진도독으로 부임시킨 이후 백제 고토를 실질적으로 지배하는 것이었다.[67] 신라의 입장에서는 백제 지역으로 세력을 확장하여 직접 지배하려던 의도가 좌절된 것이다. 그렇지만 이때까지는 북쪽에 고구려가 강하게 버티고 있었으므로 신라가 노골적으로 당에 반발할 수도 없었다.[68]

문무왕은 회맹하기 전에 당의 강압으로 백제와 664년 2월에 웅령맹약熊嶺盟約을 맺었다.[69] 웅령맹약도 신라로서는 받아들이기 어려운 것이었으나 당의 강력한 요구와 압력으로 수용할 수밖에 없었다. 신라의 태도가 명확하지 않자 당은 웅령맹약을 더욱 확고히 하기 위하여 취리산 회맹에 문무왕을 직접 참석시켜 백제 고토에 대한 지배욕을 명확하게 드러냈다. 당의 이 같은 행위는 신라 문무왕에게 위협적 요소로 작용하였을 것이다.[70]

웅령맹약 이후 취리산 회맹에 문무왕이 참석했다는 사실에 주목하지 않을 수 없다. 웅령맹약에는 왕의 신하이자 동생인 김인문金仁問이 참석했으나 취리산 회맹에는 문무왕이 참석했는데, 이는 문무왕이 직접 참석해야 할 정도로 당의 요구가 거셌음을 알려 준다.

문무왕이 취리산 회맹에 참석하지 않을 수 없었던 상황은 664년 정월에 명을 내려 부인들도 중국 의복을 입도록 하였다[71]는 사실로 미루어 짐작할 수 있다. 문무왕의 이 같은 조치는 당과의 관계를 고려한 측면도 있겠지만

---

67 채미하, 「666년 고구려의 당 봉선의례 참여와 그 의미」, 『동북아역사논총』 56, 2017, 66쪽.

68 김영관, 「취리산회맹과 당의 백제 고토 지배 정책」, 한국고대학회 편, 『취리산회맹과 백제』, 혜안, 2010, 115쪽.

69 『삼국사기』 권6, 문무왕 4년 2월.

70 조범환, 「웅진도독 부여융의 대신라정책에 대한 검토」, 『한국고대사탐구』 25, 2017, 157쪽.

71 『삼국사기』 권6, 문무왕 4년 봄 정월.

그렇게 할 수밖에 없었던 상황 때문으로 짐작된다. 여기서 말하는 부인들이란 일반 평민이 아니라 관료들의 부인을 의미하며, 진골 귀족의 부인은 거의 다 포함되었을 것이다. 갑자기 귀족 부인들에게 당의 의복을 입으라고 한 조치는 대당관계에 있어 위축된 신라의 사정을 보여 준다. 결국 다음 해인 문무왕 5년 8월에 부여융과 함께 취리산 회맹을 치른 것도 이 같은 일련의 상황에서 진행된 일이었다.

취리산 회맹 이후 유인궤는 당 고종의 태산泰山 봉선封禪을 위해 신라와 백제 그리고 왜 등의 사신을 데리고 당으로 들어갔다.[72] 이때 부여융도 함께 갔으며, 신라에서는 문무왕을 대신하여 김인문을 봉선에 참여시켰다. 이와 같은 당의 압력은 문무왕의 위상도 변화시켰을 것이다. 이에 문무왕은 신라 조정에서 자신의 위상을 고양할 방안을 고려하였다고 여겨진다. 즉 부여융과 같은 한 도독부의 책임자가 아니라 한 국가의 왕으로서의 위상을 드러낼 필요가 있었을 것이다.

문무왕이 왕의 위상을 드러낼 방법으로 찾아낸 것은 바로 정명의 태자 책봉이었다. 사실 그가 왕으로 즉위한 후 곧바로 태자를 책봉해도 되었을 터이고, 그 과정에서 태자의 나이는 크게 문제가 되지 않았을 것이다. 그렇지만 그가 정명의 태자 책봉에 관심을 두지 못했던 것은 백제와의 전쟁을 끝낸 후 부흥운동을 진압하는 데 집중하고 있었기 때문이다. 그런 과정에서 당의 압박이 계속되었고 결국 취리산 회맹까지 해야 할 만큼 상황이 좋지 않았던 것 같다.

더구나 당 고종의 태산 봉선을 위해 유인궤는 신라와 왜 등 네 나라의 사신을 데리고 당으로 돌아갔다. 신라 왕실에서도 태산 봉선이 어떠한 의미를 가진 행사인지를 알았을 것이다. 봉선 의례는 천명天命에 대한 통치

72 이때 고구려에서도 태자 복남이 봉선에 참석하였다(이성제, 「당 고종의 태산 봉선과 고구려의 대응을 둘러싼 몇 가지 문제」, 『고구려발해연구』 64, 2019, 214쪽).

자의 감사뿐만 아니라 하늘 아래 유일자로서 최고의 지위를 표현하는 유력한 상징 수단이었다.[73] 또한 동아시아 국가들이 처한 현실 문제를 해결하는 장이기도 하였다. 이 점을 아는 문무왕은 이 행사에 참석하지 않으면 신라가 불이익을 받을 수 있다고 생각했을 것이다.

이러한 위기를 극복하기 위해 문무왕이 태자 책봉을 추진했다고 판단된다. 태자 책봉을 통해 내부 결속을 다지고, 당의 압박에 대응하여 왕위계승의 안정적 기틀을 마련하고자 하였을 것이다. 더 나아가 왕위계승을 둘러싼 다툼을 미연에 방지하겠다는 목적도 있었을 것이다. 즉 문무왕은 당에 의해 신라의 위상이 낮아지는 것을 막고 혹시나 발생할 왕위계승 문제를 방지하고자 태자 책봉이라는 정치적 행위를 한 것이다.

이후 문무왕은 재위 19년(679) 8월에 동궁東宮을 지었다.[74] 정명을 태자로 책봉한 이후 무려 14년이나 지나 비로소 동궁을 마련했다는 점으로 미루어 볼 때 문무왕이 준비되지 않은 상태에서 갑작스럽게 정명을 태자로 책봉하였음을 알 수 있다. 정명의 태자 책봉은 국제관계와 국내 정치가 서로 연동하는 과정에서 일어난 정치행위였던 것이다.

Ⅳ. 문무왕의 유조와 태자 정명

문무왕은 재위 21년째 되던 해인 681년 7월 1일에 사망하였다. 그가 돌아가자 여러 신하들이 그에게 문무라는 시호諡號를 추증하고 동해 어귀 큰 바위에 장사를 지냈다. 문무왕은 죽기 직전에 태자 정명에게 유조를 남

73 하워드 J. 웨슬러 지음, 임대희 옮김, 『비단같고 주옥같은 정치』, 고즈윈, 2005, 372~373쪽.
74 『삼국사기』 권7, 문무왕 19년 가을 8월.

졌는데 이를 되새겨볼 만하다.[75] 왜냐하면 그의 유조에 여러 가지 의미가 내포되어 있기 때문이다. 내용을 설명하기 위하여 유조를 다음의 네 부분으로 구분해 보았다.

C-1. 과인은 나라의 운이 어지럽고 전쟁의 때를 당하여 서쪽을 정벌하고 북쪽을 토벌하여 영토를 안정시켰고, 배반하는 무리를 치고 협조하는 무리를 불러들여 가까운 곳을 모두 평안하게 하였다. 위로는 조상들이 남긴 염려를 안심시켰고 아래로는 부자의 오랜 원수를 갚았으며(上慰宗祧之遺顧 下報父子之宿怨), 살아남은 사람과 죽은 사람에게 상을 두루 주었고, 벼슬을 터서 중앙과 지방에 있는 사람들에게 균등하게 하였다. 무기를 녹여 농기구를 만들었으며 백성을 어질고 장수長壽하도록 이끌었다. 세금을 가볍게 하고 요역을 덜어 주니 집집이 넉넉하고 백성들이 풍요하며 인간의 삶이 편안해지고 나라 안에 근심이 없어졌다. 곳간에는 (곡식이) 산언덕처럼 쌓여 있고 감옥에는 풀이 무성해지니, 신과 인간 모두에게 부끄럽지 않고 관리와 백성의 뜻을 저버리지 않았다고 말할 만하다. 스스로 온갖 어려운 고생을 무릅쓰다가 마침내 고치기 어려운 병에 걸렸고, 정치와 교화에 근심하고 힘쓰느라 병이 더욱 심해졌다. 목숨은 가고 이름만 남는 것은 예나 지금이나 마찬가지이니 홀연히 긴 밤으로 돌아가는 것이 어찌 한스럽겠는가?

C-2. 태자는 일찍이 밝은 덕을 쌓았고 오랫동안 태자 자리에 있었으니, 위로는 여러 재상부터 아래로는 뭇 관원들에 이르기까지 죽은 사람을 보내는 도리를 어기지 말고 살아 있는 이 섬기는 예의를 빠뜨리지 말라. 종묘의 주인은 잠시도 비워서는 안 되니 태자는 곧 관棺 앞에서 왕위를 잇도록 하라.

C-3. 또 산과 골짜기는 변하여 바뀌고 사람의 세대로 바뀌어 옮아 가니, 오나라 왕의 북산 무덤에서 어찌 금으로 만든 물오리 모양의 빛나는 향로를 볼 수 있을 것이며 위나라 임금이 묻힌 서릉의 망루는 단지 동작銅雀이라는 이

75 詔는 원래 황제의 명령을 가리키나 신라에서는 이를 엄격하게 구분하지 않고 최고 통치권자인 왕의 명령으로도 사용하였다(홍승우, 앞의 논문, 2019, 574쪽).

름만 전할 뿐이다. 지난날 만사를 처리하던 영웅도 마침내 한 무더기 흙이 되어 나무꾼과 목동은 그 위에서 노래하고, 여우와 토끼는 그 옆에 굴을 판다. 헛되이 재물을 쓰는 것은 서책書冊에 꾸짖음만 남길 뿐이요, 헛되이 사람을 수고롭게 하는 것은 죽은 사람의 넋을 구원하는 것이 못 된다. 가만히 생각하면 슬프고 애통함이 끝이 없으나, 이와 같은 일은 즐겨 행할 바가 아니다. 죽고 나서 열흘이 지나면 곧 고문庫門 바깥의 뜰에서 서국西國의 의식에 따라 화장火葬하라. 상복을 입는 등급에는 정해진 규정이 있거니와 장례 치르는 제도는 검소하고 간략하게 하는 데 힘쓰라!

C-4. 변경의 성城·진鎭을 지키는 일과 주·현의 세금 징수는 긴요한 것이 아니면 마땅히 모두 헤아려 폐지하고 율령격식律令格式에 불편한 것이 있으면 곧 고치도록 하라! 멀고 가까운 곳에 포교하여 이 뜻을 알게 하고, 맡은 자는 시행하라(『三國史記』 권7, 文武王 21년 가을 7월).

문무왕이 태자 정명에게 남긴 유조의 내용은 크게 네 가지 정도로 정리된다. 첫째로는 문무왕 본인이 전쟁을 치른 일과 더불어 전쟁이 끝난 다음 취한 조치를 말하고, 그가 죽음 앞에 이르렀고 여한이 없음을 말한 내용이다(C-1의 기록). 둘째로는 태자의 위상을 높임과 아울러 왕의 관 앞에서 즉위하라고 말한 내용이다(C-2의 기록). 셋째로는 아무리 화려한 무덤이라도 시간이 지나면 버려지고 여우와 토끼의 굴이 되니,[76] 장례 절차를 간소화할 것을 당부함과 아울러 화장火葬할 것을 말한 내용이다(C-3의 기록). 넷째로는 변경의 성城·진鎭을 지키는 일 및 세금 징수에 있어 긴요한 것이 아니면 폐지하라고 하며, 시의에 맞게 법률을 개정하라고 말하면서 곧바로 유조를 공표하라고 한 내용이다(C-4의 기록).[77]

76 이 부분은 현재 남아 있는 「문무왕비」의 내용과 일치한다(이영호, 「신라 문무왕릉비의 재검토」, 『역사교육논집』 8, 1986, 69쪽).

77 홍승우는 문무왕이 남긴 유조의 의미를 다음과 같이 설명하였다. "이 유조는 단순한 유언이 아니라 다음 왕과 신하들에게 남기는 부탁이 아니라는 점이 분명하다. 문무왕의 유

유조의 내용에서 몇 가지 주목할 점이 있다. C-1의 내용 가운데 '아래로는 오래된 부자父子의 원수를 갚았다'고 한 부분이 있다. 부자란 누구를 말하는 것일까?[78] 문무왕이 남긴 유조임을 감안할 때 부父는 태종무열왕이고 자子는 문무왕 자신일 것이다.[79] 그렇다면 오래된 부자의 원수를 갚았다는 표현은 어떤 상황을 가리킬까? 태종무열왕의 오래된 원수는 백제였다. 특히 함락 당시 죽은 사위와 딸에 대한 원한을 백제를 멸망시킴으로써 풀었다고 할 수 있다. 그렇다면 문무왕이 오래된 원수를 갚았다는 것은 고구려를 멸망시킨 일과 관련이 있을 듯싶다. 부왕인 태종무열왕이 백제를 멸망시켰으나 고구려는 여전히 신라에 위협적인 존재였다. 그렇지만 당과 합세하여 고구려를 멸망시켰기 때문에 오래된 원수를 갚았다고 한 것으로 짐작된다.

C-1의 유조 내용 가운데 '무기를 녹여 농기구를 만들었다'고 한 사실에도 눈길이 간다. 이는 진골 귀족세력이 보유한 사병 세력의 혁파를 의미한다.[80] 이러한 조치는 진골 귀족의 사병을 제거하기 위한 것으로, 문무왕은 통일전쟁과 나당전쟁을 치르는 동안 진골 귀족들이 보유한 사적 무력이 태자 정명에게 위협적 요소가 된다는 사실을 깨달았을 것이다. 이에 문무왕은 태자가 왕위를 계승하는 과정에서나 혹은 왕이 된 이후 진골 귀족

조는 그가 남기는 마지막 명령이었고, 이 명령은 공식적인 문서를 통해 신하들과 신라 전역에 포고되고 시행되었던 것이다"(홍승우, 앞의 논문, 2019, 579~580쪽). 홍승우는 왕명과 법제 측면에 주목하여 유조를 이해하였다.

78 父子는 신라의 일반적인 사람들을 지칭할 수도 있다. 즉 전쟁으로 전장에서 죽어간 아버지와 아들이라는 뜻으로 이해할 수 있다. 그렇지만 본 장에서는 좀 더 구체적으로 해석해 보고자 한다.

79 서정목, 「『삼국사기』의 '元子'의 용법과 신라 중대 왕자들」, 『한국고대사탐구』 21, 2015: 『삼국 시대의 원자들』, 역락, 2017, 227쪽에서는 이 글이 문무왕의 유조이므로 아버지는 문무왕의 아버지, 아들은 문무왕의 아들이라고 파악하였다. 그러나 문무왕의 아들은 숙원의 주체가 될 수 없다. 따라서 부자는 태종무열왕과 문무왕이라고 보는 것이 옳다.

80 김수태, 앞의 책, 1996, 175쪽.

들이 사병을 이용하여 일으킬지도 모를 반발을 사전에 제압하고자 한 것으로 보인다.

다음으로 주목할 부분은 C-2의 '관 앞에서 곧바로 즉위하라'고 한 유조 내용이다. 이는 문무왕이 당의 제도를 적극 수용하였다는 사실을 말해 준다.[81] 당 태종은 유조에서 황태자에게 관 앞에서 황제로 즉위하라고 하면서 주한周漢의 구제舊制에 의거하라고 하였다.[82] 이러한 점으로 미루어 볼 때 당 태종의 유조가 이미 신라에도 알려져 있었다고 보아야 할 것이다. 그러면 문무왕이 이와 같은 유조를 태자에게 남긴 이유는 무엇일까.[83]

D-1. 왕이 고구려의 배반한 무리를 받아들이고 또 백제의 고지故地를 점거하여 관인으로 하여금 지키게 하였더니, 당 고종高宗이 크게 노하여 왕의 관작을 명삭命削하고, 〔그때〕 왕제王弟 우효위원외대장군임해군공右驍衛員外大將軍臨海郡公 인문仁問이 〔당의〕 경사京師에 있었으므로, 그를 세워 신라왕新羅王으로 삼아 귀국케 하고, 좌서자동중서문하삼품左庶子同中書門下三品 유인궤劉仁軌를 계림도대총관雞林道大摠管으로 삼고, 위위경衛尉卿 이필李弼과 우령군대장군右領軍大將軍 이근행李謹行을 부관으로 삼아 군

81 나희라, 「신라의 즉위의례」, 『한국사연구』 116, 2002, 14쪽에서 당의 제도와 문물을 적극 수용한 문무왕이 유조를 남겨 태자에게 관 앞에서 즉위할 것을 당부하였다고 보았다. 한편 채미하는 『신라의 오례와 왕권』, 혜안, 2015, 195~196쪽에서 신문왕이 관 앞에서 일차로 즉위한 후 나중에 실질적으로 즉위하였다고 보았다.

82 "皇太子 治는 크게 효성스럽고 신령과 통하며〔通神〕 천성이 덕성스럽고 여러 차례 監撫하여 機務를 숙달하고 있다. 그 百僚와 羣公·卿士는 죽은 자를 안장하고 산 자를 받들어 짐의 뜻에 어긋나지 않게 하라. 임종〔屬纊〕 후 7일이 되면 곧 殯하라. 宗社가 존재하건대 주인이 없을 수 없다. 황태자는 관〔柩〕 앞에서 황제에 즉위하도록 하는데, 周漢의 舊制에 의거하라"(『舊唐書』 권3, 태종본기하, 정관 23년 5월 조).

83 주보돈은 문무왕이 이 같은 유조를 남긴 이유를 귀족세력의 반발이 만만치 않았기 때문으로 보았다(주보돈, 「남북국시대의 지배체제와 정치」, 『한국사 3』, 한길사, 1994, 298쪽). 박해현은 김유신의 사망을 계기로 구심점이 소멸되었고 상대적으로 김흠돌을 중심으로 한 세력이 결집하자 문무왕이 이러한 내용의 유조를 남긴 것으로 파악하였다(박해현, 앞의 책, 2003, 41쪽).

사를 일으켜 〔신라를〕 치게 하였다(『三國史記』 권6, 文武王 14년 정월).

D-2. 유인궤가 칠중성에서 우리 군사를 깨뜨렸다. 인궤는 군사를 이끌고 돌아가고, 조칙으로 이근행을 안동진무대사安東鎭撫大使로 삼아 경략하게 하였다. 그래서 왕은 사신을 보내 조공하고 사죄하니 황제가 용서하고 왕의 관작을 회복시켜 주었다. 김인문은 중간에서 당으로 돌아갔는데, 그를 임해군공臨海君公으로 고쳐 봉하였다(『三國史記』 권7, 文武王 15년 2월).

D-1의 기록을 보면, 문무왕은 고구려 유민을 받아들이고 백제의 고토를 점령한 다음 관리를 파견하여 지배하였다. 이에 당 고종은 문무왕의 관작을 삭탈하고 당에 머물던 김인문을 귀국시켜 문무왕을 대신케 하고자 하였다. 김인문은 이러한 조치를 사양하였다고 하지만,[84] 실제로 그는 군대와 함께 신라로 향하였다(D-2의 기록). 이는 김인문이 친당파로 돌아섰으며 문무왕의 자리를 노렸음을 의미한다.[85]

김인문이 당나라 군대와 함께 신라로 들어오고 있다는 소식을 들은 문무왕은 당 고종에게 사죄사를 보내 공물을 바치고 자신의 잘못을 인정하였다. 이에 당 고종이 문무왕의 사죄를 받아들이자 신라왕의 꿈을 안고 귀국하던 김인문은 돌아갈 수밖에 없었다. 문무왕은 김인문이 친당파로 변모했을 뿐만 아니라 신라에 위협적인 존재가 되었다는 사실에 큰 충격을 받았을 것이다. 언제라도 당은 김인문을 이용하여 신라 조정을 위협할 수 있었다. 더구나 당은 그를 임해군공에 봉하기까지 하였다.

문무왕은 죽음을 앞두고서도 당에 있는 김인문과 그가 취할 태도를 걱

84 『삼국사기』 권44, 열전 4, 김인문에는 그가 간곡하게 사양하였다고 기록되어 있다.

85 권덕영, 「김인문 소전」, 『문화사학』 21, 2004, 431쪽. 반면 김수태는 「나당관계의 변화와 김인문」, 『백산학보』 52, 1999, 664~668쪽에서 김인문을 친당적 인물이 아니라 신라를 위해 활동하다가 많은 어려움을 겪은 인물로 파악하였다. 하지만 문무왕 11년(671) 설인귀가 문무왕에게 보낸 편지에서 김인문을 당의 충신이라 언급한 점(『三國史記』 권7, 문무왕 11년 가을 7월)으로 미루어 보면 김인문이 당의 총애를 받은 인물임에는 틀림없다.

정하였을 것이다. 당을 등에 업고 언제라도 신라로 들어올 수 있는 김인문이 건재하다는 것은 태자 정명의 자리를 위태롭게 하는 엄연한 현실이었다. 더구나 신라 왕실에 존재하는 친당 세력이 언제든지 김인문과 연결될 수 있다는 점은 왕위계승 문제에 큰 변수로 작용할 수 있었다. 그래서 문무왕이 태자 정명에게 관 앞에서 즉위하라는 유조를 남긴 것으로 짐작된다. 다시 말해서 당의 비호를 받는 김인문 세력과 신라 조정에 있는 친당 세력의 결속을 염려한 것이다.[86]

김인문과 연결된 세력을 구체적으로 알 수는 없으나, 문무왕 13년 7월에 이찬 대토大吐가 당에 붙으려다가 탄로 나 죽임을 당하고 처와 자식들은 천인이 된 사실이 주목된다.[87] 이 사건으로 미루어 볼 때 신라 조정에 드러나지 않은 친당 세력이 존재했던 것만은 의심할 여지가 없다.[88] 그러한 존재들은 당에 있는 김인문과 연결되었을 가능성이 크다.

이제 C-3의 유조 내용을 살펴보자. 문무왕은 정명에게 장례 절차를 간소화할 것과 아울러 화장할 것을 유언으로 남기었다. 그는 신라 역사상 최초로 화장을 한 왕으로 기억되는데,[89] 그동안 신라 왕실에서 추구하였던 장례와는 완전히 다른 방식을 선택한 것이다. 문무왕이 화장하라고 유언한 것은 화려한 장례를 치르려면 능을 조성해야 할 뿐만 아니라 경비가 많이 소요된다는 것을 알았기 때문이다. 아무래도 신문왕에게 경제적 부담을 주지 않으려고 했던 것 같다.[90]

---

86 기존의 연구는 신문왕이 즉위하자마자 김흠돌을 추종하는 세력을 제거한 사실을 통해 국내 정치세력의 반발을 주로 다루었으나 이것은 당시 국제 정세를 염두에 두지 않은 결과라 할 수 있다.

87 『삼국사기』 권7, 문무왕 13년 7월.

88 井上秀雄, 『古代朝鮮』, 日本放送出版協会, 1972, 207쪽.

89 이근직, 「신라의 상장례와 능원제도」, 『신라문화제학술발표회논문집』 28, 2007, 208쪽.

90 이근직은 위의 논문, 2007, 208~209쪽에서 문무왕에게 질병이 있었고, 그로 인해 사망할 경우에 전염병 확산을 차단하고자 화장을 당부했다고 보았다. 그러나 여기에서는 따

상복을 입는 등급이 정해져 있다고 한 점도 주목된다. 죽은 사람과 혈연적으로 가깝고 먼 정도에 따라 상복의 소재와 종류 및 입는 기간이 달라지는데, 문무왕은 지증왕이 만들어 제정하고 공포한 상복법을 따르라고 한 것으로 보인다. 그러므로 상복의 등급이 정해져 있다고 언급한 것은 정해진 제도를 벗어나지 말고 잘 지키라는 뜻으로 짐작된다.

C-4의 유조 내용에서는 변경의 성·진을 지키는 일 및 세금 징수에 있어 긴요한 것이 아니면 폐지하라고 한 점이 주목된다. 이는 국가 재정과 밀접한 관련이 있다고 할 수 있다. 또한 변경의 성과 진을 지키는 데 군비軍費가 많이 소모되어 국가 재정에까지 영향을 미칠 것을 염려하였다고 볼 수 있다. 물론 변경 지역의 군사 주둔지 폐지는 전시 상황을 끝내고 넓어진 영역을 관리하는 체제로 변환하고자 하는 의도에서 나온 조치였다고 할 수 있다.[91] 여기에서 더 나아가 문무왕은 변경의 성과 진을 줄여 군사를 더 효율적으로 이용함으로써 군비 절감을 유도하였다고 이해할 수 있다.

불필요한 세금을 거두는 것을 폐지하라고 한 유조는 전쟁을 치르는 동안에는 막대한 자원이 필요하여 백성들에게서 수취하였으나, 전쟁이 마무리되었으니 이를 멈추라는 내용이다. 이것은 긴요한 세금 징수가 아니면 폐지하라고 한 것과 서로 유기적으로 연결된다.

문무왕은 시의에 맞게 법률을 개정하라고 말하면서 곧바로 유조의 내용도 공표하라고 하였다. 율령격식에 불편함이 있는 부분을 즉시 개정하여

르지 않는다. 또한 김홍규는 「정복자와 수호자—5~7세기 한국사의 왕립 금석문과 왕권의 수사—」, 『고전문학연구』 44, 2013, 374~375쪽에서 무덤에 묻힌 시신이 내세의 삶과 관련이 있다는 계세적 세계관을 지녔던 신라인의 입장에서는 거대한 고분을 축조해 그 업적을 기리고 내세의 평안을 기원해야 할 위대한 왕을 화장하고, 박장하는 데 대한 공개적인 설명이 필요했을지도 모르겠다고 하였다.

91 홍승우, 앞의 논문, 2019, 578쪽.

시행하라고 한 것도 같은 맥락의 조치이다. 이는 현재 시행 중인 법제를 전면적으로 검토하여 시대 상황에 맞게 당장 고치라는 명령이다.[92] 문무왕이 태자 정명에게 이 같은 유조를 내린 가장 중요한 이유는, 집권 초반기에 흔들릴 수 있는 왕권을 강화하는 것이었다고 생각된다.[93]

* * *

문무왕은 신라 중대에 재위한 여러 왕들과 달리 왕비를 한 명만 두었다. 아무래도 즉위한 이후부터 사망하기 전까지 거의 모든 시간을 전쟁에 매달렸기 때문으로 짐작된다. 자의왕후는 문무왕이 태자로 책봉되기 이전에 맞이한 것으로 파악되며, 선품 대아찬의 딸이다. 선품 대아찬은 구륜공의 아들로서 구륜공은 진흥왕의 아들이다. 그러므로 자의왕후는 진흥왕의 핏줄을 이어받았다. 이러한 사실을 볼 때 문무왕과 자의왕후의 혼인은 큰 테두리에서 보면 진흥왕을 정점으로 한 후손들 사이의 혼인이었다. 이는 김춘추에 이어 문무왕도 같은 혼인 테두리에서 벗어나지 않았음을 알

92 홍승우, 앞의 논문, 2019, 579쪽. 문무왕이 율령격식의 불필요한 부분을 고치라고 당부한 것에 대해서 여러 견해가 나온 바 있다. 윤선태는 "당시 '율령' 그 자체가 改定의 대상임이 분명하다. 따라서 이 '율령'을 '당의 율령' 그 자체로 이해하는 것은 큰 문제가 있다"라고 하였다(윤선태, 「신라 중대의 율령—중국 율령 수용의 신라적 특질과 관련하여—」, 『강좌 한국고대사』 3, 가락국사적개발연구원, 2003, 113쪽). 한영화는 "문무왕의 뒤를 이은 신문왕은 율령격식의 개정이 불가피했을 것이다"라고 하고 신문왕대에 개혁된 제도들을 열거한 뒤 "신문왕의 일련의 제도 개혁은 문무왕 유조에 따른 율령의 개정과 관련이 있었을 것이다"라고 재확인하였다(한영화, 「한국 고대의 형률 연구」, 성균관대학교 박사학위논문, 2012, 143~144쪽). 정병준은 신라 중대에도 王敎에 의해 율령 내용이 개정되거나 보완될 때 율령 법전을 그대로 유지한 채 관련 조문을 부분 수정·보완하고, 그러한 왕명이 일정 정도 축적되면 이를 손질하여 격식이라는 법전을 새로 편찬하였을 것으로 생각된다고 하였다(정병준, 앞의 논문, 2018, 142~149쪽).

93 김수태는 새로 성립된 전제왕권을 법전을 통해 합리화하기 위하여 율령의 대규모 정비에 착수하였다고 보았다(김수태, 앞의 책, 1996, 176쪽). 그러나 필자는 '전제왕권'이라는 인식에는 동의하지 않는다.

려 준다.

문무왕은 재위 5년째 되던 해 8월에 취리산에서 유인궤의 주재로 부여융과 회맹한 직후 곧바로 왕실에서 정명을 태자로 책봉하고 대사면을 실시하였다. 이것은 당시 문무왕이 처한 국제적 상황과 깊이 연관되어 있다. 당의 계속된 압박에 시달리는 가운데 고구려를 견제해야 하는 상황에 있었기 때문에 국내적으로 왕의 위상이 흔들리고 있었다. 이러한 난국을 타개하고자 그는 아들 정명을 태자로 책봉하여 위기 상황을 극복하고자 하였다.

나당전쟁이 끝났으나 여전히 당의 눈치를 보아야 하는 상황에서 문무왕은 죽음을 눈앞에 두게 되었다. 위태로운 현실 속에서 문무왕은 태자 정명에게 여러 가지 의미를 담은 유조를 남겼다. 그중 무엇보다 주목되는 부분은 관 앞에서 즉위하라고 한 것이다. 문무왕은 태자의 왕위계승을 염려하였다. 김인문이 친당적 인물로 건재하고 당의 조정과 연결된 무리들이 신라 조정에 존재하였기 때문에 당에서는 언제든지 김인문을 신라로 돌려보낼 수 있었다. 이러한 점을 염려한 문무왕이 태자 정명에게 자신이 사망하자마자 즉위하라고 당부한 것이다. 기존 연구들은 이것을 김흠돌을 위시한 정치세력의 반발 때문에 나온 조치라고 이해하였으나, 그것보다는 김인문을 중심으로 한 세력이 신문왕의 왕위계승을 방해할까 염려하였기 때문으로 판단된다.

문무왕의 혼인과 아들의 태자 책봉, 그리고 그가 남긴 유조를 통해 문무왕 당시의 정치적 사정을 좀 더 잘 헤아리게 되었다. 특히 유조는 문무왕대의 정국을 다양한 시각에서 살펴볼 수 있는 자료라는 점에서 중요한 의미가 있다.

제3장

신문왕대 족내혼과 그 유산

Ⅰ. 문제 제기

신문왕神文王은 문무왕의 관 앞에서 왕위를 계승하였다. 그는 할아버지 태종무열왕과 아버지 김법민이 함께 백제를 멸망시키고, 부왕인 문무왕이 고구려를 멸망시킨 다음에 나당전쟁까지 치르면서 여러 가지 어려움을 겪는 모습을 어려서부터 지켜보았다. 또한 전쟁의 혼란 속에서 진골 귀족들이 어떻게 힘을 키워 나가는지도 목격했을 것이다. 이처럼 신문왕은 정치적으로 매우 복잡한 상황에서 문무왕의 유조를 받들어 관 앞에서 왕으로 즉위하였다.

신문왕은 즉위하자마자 장인 김흠돌金欽突과 그 추종 세력을 제거하였다. 이 사건은 관련 연구들에서 신라 중대 전제왕권의 확립을 논할 때 주요한 근거로 이용되고 있다.[94] 이 같은 이해에 대해서 연구자들이 다양한

94 이기백은 「신라 혜공왕대의 정치적 변혁」, 『사회과학』 2, 1958; 앞의 책, 1974에서 이 사건을 중대 전제왕권 확립과 연관해 언급한 이후, 「신라 전제정치의 성립」, 『한국사 전환

의견을 제시하는 가운데 전제왕권의 확립이라는 견해에 반대하는 주장도 여럿 찾아볼 수 있다.[95] 최근에는 이 같은 의견에 대하여 새로운 반론이 제기되어 신라 중대 정치사의 이해 양상은 더욱더 복잡해지고 있다.[96]

이러한 가운데 신문왕과 신목왕후의 혼인을 새로운 시각에서 검토한 연구들이 발표되었다.[97] 두 사람의 혼인을 신목왕후 입장에서 설명한 재혼설,[98] 후궁설,[99] 초혼설[100] 등이 있으며, 신문왕 입장에서 살펴본 외도설[101] 및 재결합설[102] 등이 있다. 또한 신문왕대의 친영례親迎禮 시행에 대한 검토는 신라 중대 왕실의 혼인에 대한 새로운 이해를 제공해 주었다.[103]

기의 문제들』, 지식산업사, 1993: 『한국고대정치사회사연구』, 일조각, 1996; 「통일신라시대의 전제정치」, 『한국사상의 정치형태』, 일조각, 1993: 『한국고대정치사회사연구』, 일조각, 1996에서 더욱 적극적으로 이러한 견해를 피력하였다. 그리고 김수태가 앞의 책, 1996에서 더욱 강조하였다.

95 이와 관련해서는 정운용, 「신라 중대의 정치」, 『한국고대사입문 3』, 신서원, 2006을 참고할 것.

96 김수태, 「신라사에서의 전제정치론과 왕권」, 『역사와 담론』 85, 2018.

97 이영호, 「신라의 왕권과 귀족사회—중대 국왕의 혼인문제를 중심으로—」, 『新羅文化』 22, 2003: 『신라 중대의 정치와 권력구조』, 지식산업사, 2014; 서영교, 앞의 논문, 2004 등이 참고된다. 또한 김태식, 「'王母'으로서의 신라 신목태후」, 『신라사학보』 22, 2011; 이현주, 「신라 중대 신목왕후(神穆王后)의 혼인과 위상」, 『여성과 역사』 22, 2015도 주목된다.

98 이영호, 앞의 논문, 2011, 20쪽; 배재훈, 「성덕왕의 왕위 계승 과정 검토」, 『한국전통문화연구』 16, 2015, 266쪽의 각주 21)에서 전 남편의 자식이 있었을 가능성을 제시하였다.

99 김태식, 앞의 논문, 2011, 63~75쪽에서 필사본 『화랑세기』를 기초로 하여 김흠운의 딸이 태자 정명의 후궁이었다고 하였다.

100 김수태, 앞의 논문, 2013, 315~316쪽에서 재혼설과 후궁설에 심각한 문제가 있으며, 신목왕후의 혼인은 초혼일 것이라고 파악하였다.

101 서정목, 「효소왕의 출생시기 관련 기록 검토」, 『진단학보』 122, 2014; 「『삼국사기』의 '元子'의 용법과 신라 중대 왕자들」, 『한국고대사탐구』 21, 2015: 『삼국 시대의 원자들』, 역락, 2017, 113쪽 및 231쪽에서 김흠돌의 딸을 태자비로 둔 상태에서 김흠운의 딸과 관계하여 효소왕과 성덕왕을 두었다고 하였다.

102 장활식, 「효소왕의 출생연대와 즉위과정」, 『신라문화』 51, 2018, 129쪽에서는 김흠운의 딸이 한때 정명의 태자비였다가 불가피한 상황에서 이혼하였고, 신문왕이 즉위한 후 김흠돌의 딸을 내쫓고 김흠운의 딸과 재차 혼인한 것으로 파악하였다.

103 채미하, 「신라 중대 오례와 왕권—오례 수용을 중심으로—」, 『한국사상사학』 27, 2006;

그렇지만 신문왕의 혼인이 충분히 검토되었다고 볼 수는 없다. 우선 신문왕이 김흠돌의 딸을 출궁시킨 이유에 대해서는 다양한 설명이 있으나[104] 그녀와 혼인한 이유에 대해서는 구체적인 언급이 없다. 다음으로 신문왕이 김흠돌의 딸을 출궁시킨 이후 굳이 사촌 여동생인 김흠운의 딸을 왕비로 선택한 이유를 살펴보아야 한다.[105] 더 나아가 신문왕과 신목왕후 사이에서 태어난 아들들도 자세히 검토할 필요가 있다. 선비인 김흠돌의 딸과 신문왕 사이에 자식을 두었다는 견해가 있기 때문이다.[106] 본 장에서는 이 세 가지를 집중적으로 검토하고자 한다.

Ⅱ. 정명의 혼인과 왕비의 출궁

신문왕은 임금이 되기 전에 김흠돌의 딸과 혼인하였다. 문무왕이 후계자로 정한 아들의 혼인이었으므로 이 혼인은 매우 정치적인 행위였음에 틀림없다. 김춘추나 김법민과 달리 태자 신분으로 혼인하였으므로 더욱

『신라의 오례와 왕권』, 혜안, 2015, 43쪽; 김수태, 앞의 논문, 2013, 337쪽에서는 친영례를 통해 국왕의 권위를 크게 강조하는 한편 왕실의 안정을 도모하고자 하였다고 파악하였다.

104 김흠돌 딸의 출궁 이유에 대해서는 크게 두 가지 견해가 있다. 첫째는 왕비인 김씨가 차기 왕위계승권자인 아들을 낳지 못하여 김흠돌의 정치적 지위가 약화되자 김흠돌이 반란을 일으켰다는 견해이다. 둘째는 문무왕 및 신문왕의 전제왕권 추구 과정에서 진골귀족의 역학관계에 문제가 생겨 김흠돌이 반란을 일으켰고, 반란이 진압되어 왕비가 출궁당했다는 견해이다.

105 기존 연구에서는 신문왕이 전제왕권을 강화하고자 정치적 의도로 족내혼을 단행한 것으로 파악하였다(이기백, 앞의 책, 일조각, 1982, 312쪽; 김수태, 앞의 책, 1996, 28쪽). 박해현은 아버지가 없는 신목왕후를 맞아들인 것은 열악한 가문의 딸을 택하여 왕권 행사에 걸림돌을 만들지 않으려 했기 때문이라고 하였다(박해현, 앞의 책, 2003, 46쪽).

106 김흠돌의 딸에게 아들이 있었다고 설명하는 연구들은 다음과 같다. 신종원, 「신라오대산사적과 성덕왕의 즉위배경」, 『최영희선생화갑기념 한국사학논총』, 탐구당, 1987; 배재훈, 앞의 논문, 2015.

그러하다. 이제 그 과정을 살펴보자.

A. 왕비 김씨는 소판蘇判 흠돌欽突의 딸이다. 왕이 태자로 있을 때 그를 맞아들였는데(王爲太子時納), 오래도록 아들이 없다가 나중에 그 아버지의 반란에 연루되어 궁중에서 쫓겨났다. 〔정명은〕 문무왕文武王 5년에 태자太子가 되었고 이때에 이르러 임금의 자리를 이었다(『三國史記』 권8, 神文王 즉위년).

위의 기록에 따르면 정명은 문무왕 5년(665)에 태자로 책봉되었으므로 혼인 시기는 665년부터 왕위에 오른 681년 이전 중 어느 시점이다.[107] 정명의 혼인 방식도 전통적인 서류부가혼壻留婦家婚이었을 가능성이 크다.[108] 그렇다면 신부 집에서 혼례를 올렸을 것이다.

그러면 문무왕과 자의왕후는 왜 김흠돌의 딸을 태자비로 선택하였을까?[109] 왕실의 혼인은 정략적 차원에서 이루어졌으므로 김흠돌의 딸을 태자비로 삼은 것은 당시 김흠돌의 정치적·경제적 배경과 위상 등을 염두에

---

107 정명이 태어난 해를 정확하게 알 수는 없으나 문무왕이 20세가 된 646년에 태어났다고 가정하면 정명은 대략 20세 전후에 태자에 책봉되었으므로 기록에서 보듯이 혼인하였을 가능성이 충분하다. 이영호는 앞의 논문, 2011, 10쪽에서 정명이 태자로 책봉된 이후 어느 시기에 김흠돌의 딸과 혼인하였다고 보았다. 한편 서정목은 앞의 논문, 2015: 앞의 책, 2017, 232쪽에서 "왕자 정명은 태자로 책봉될 때 이미 김흠돌의 딸과 혼인하였던 것이다"라고 하였는데, 이는 사료를 제대로 이해하지 못한 해석이다. 장활식, 앞의 논문, 2018, 120쪽에서 정명의 태자 책봉 시 백제 공주와 혼인하였다고 판단하고, 그 근거로 『삼국사기』 권6, 문무왕 5년 8월 기사에 취리산 회맹 당시 '두 나라는 혼인으로 약속을 맺고 맹세를 거듭하였다'라는 내용을 든 것도 기록을 잘못 이해한 결과이다. 그는 정명이 김흠돌의 딸과 문무왕 10년(670) 이후에 혼인하였다고 보았다.

108 김수태, 앞의 논문, 2013, 334쪽.

109 박해현은 문무왕이 즉위 초부터 일부 귀족세력을 숙청하는 과정에서 지배세력 내부의 갈등이 심화되자 이 세력들을 끌어안을 필요성이 있어 혼인정책을 추진했다고 하였다(박해현, 「신라중대의 성립과 신문왕의 왕권강화」, 『호남학연구』 24, 1996: 앞의 책, 2003, 36쪽). 한편 주보돈은 귀족파의 우두머리였던 김진주가 사망한 뒤 그 역할을 이어받은 듯한 김흠돌을 회유하기 위하여 그의 딸과 정략적으로 혼인하였다고 파악하였다(주보돈, 앞의 책, 1994, 300쪽). 그러나 이에 대하여 자세히 논증하지 않고 추측에 그쳤다.

둔 결과임에는 틀림없다.

기록에 따르면 김흠돌은 문무왕 원년(661)에 대당장군大幢將軍으로,[110] 8년(668)에 대당총관大幢摠管으로 고구려 정벌에 참여하였다.[111] 그가 고구려 정벌에 나설 때인 668년 6월 21일에 그의 관등은 대아찬이었다. 6정 군단의 핵심 부대인 대당에서 김흠돌이 장군으로 활동하였다는 사실은 부대 내에서 그의 지위가 높았을 뿐만 아니라 정예군을 움직이는 권한을 가지고 있었음을 알려 준다.

그렇다면 문무왕이 김흠돌의 딸을 정명의 배필로 삼은 이유를 어느 정도 헤아려볼 수 있다. 그는 6정 군단의 핵심에 있는 인물을 선택함으로써 전쟁에서 승리를 거두고 군대를 탄력적으로 운용하고자 하였던 것 같다. 고구려 정벌을 앞둔 문무왕은 김유신과 군사 활동을 같이한[112] 김흠돌의 도움이 무엇보다 필요하였을 것이다. 668년 고구려 정벌 과정에서 김유신이 풍병風病으로 참전하지 못한 것으로 미루어 볼 때 군대를 운용하는 과정에서 김흠돌의 위상이 매우 컸음을 짐작할 수 있다.

즉 문무왕은 고구려 정벌을 앞둔 상황에서 정치적·군사적 필요에 따라 김흠돌의 딸을 정명의 배필로 선택했다고 짐작된다. 또한 굳이 김흠돌의 딸을 태자비로 삼은 또 다른 이유가 있다고 생각되는데, 문무왕의 혼인을 다시 한번 살펴보자.

문무왕과 자의왕후의 혼인은 진흥왕으로부터 이어진 가계 후손들 간에 이루어진 혼인이다.[113] 그러나 김흠돌의 딸은 이 가계에서 벗어난 집안 출신이었다. 그렇다면 신라 중대 왕실에서 왕비 선택 기준을 바꾸어 진흥왕

---

110 『삼국사기』 권6, 문무왕 원년 7월.
111 『삼국사기』 권6, 문무왕 8년 6월.
112 『삼국사기』 권6, 문무왕 원년 7월.
113 이 책 제2장 제II절 참조.

의 방계가 아닌 다른 가계 출신의 딸을 들인 데에는 정치적 의도가 작동하였다고 생각해볼 수 있다. 문무왕은 범진흥왕계 출신 왕비를 계속 맞아들이는 것이 어떤 식으로든 왕권 강화에 도움이 되지 않는다고 판단하고, 다른 가계 출신 여성을 태자비로 맞이하려고 한 것은 아닐까. 이와 같은 짐작이 타당하다면 정명이 김흠돌의 딸과 혼인한 것은 진흥왕의 방계 핏줄에서 벗어나기 위한 정치적 행위였다고 보아도 무리한 이해는 아닐 것이다.

그렇지만 정명의 혼인은 문무왕의 의도와 다른 방향으로 흘러갔다. 이 혼인은 결과적으로 외척 세력이 강하게 작용할 여지를 만들어 주었다. 김흠돌은 딸을 태자비로 들여보낸 다음 정치적으로 승승장구하였고 사위인 정명의 왕위계승이 확실해 보였으므로 정치적 영향력 또한 더욱 커져 갔다. 그를 추종하는 세력들의 영향력도 적잖았다.

B. 8일에 소판蘇判 김흠돌金欽突, 파진찬波珍飡 흥원興元, 대아찬大阿飡 진공眞功 등이 반란을 꾀하다가 죽임을 당하였다. (중략) 16일에 다음과 같은 교서敎書를 내렸다. "공이 있는 사람에게 상을 내리는 것은 옛 성인의 아름다운 규범이요, 죄가 있는 사람을 처벌하는 것은 선왕先王의 훌륭한 법이다. 과인寡人은 보잘것없고 두텁지 못한 덕으로 숭고한 왕업을 이어 지키매, 먹는 것도 잊어버리고 새벽 일찍 일어나서 밤늦게 자리에 들 때까지 중신들과 함께 나라를 편안케 하려고 하였더니, 어찌 상중喪中에 서울에서 반란이 일어날 줄 생각이나 하였으랴! 역적의 우두머리 흠돌·흥원·진공 등은 벼슬이 재능으로 오른 것이 아니요, 관작은 실로 은전에 의해 오른 것이다. 처음부터 끝까지 몸을 삼가 부귀를 보전하지 못하고 어질지 못하고 의롭지 못하게 권력과 위세를 마음대로 부리고 관료들을 업신여겼으며, 아래위 가릴 것 없이 모두 속였다. 날마다 탐욕스러운 뜻을 거리낌 없이 드러내 보이고 포악한 마음을 멋대로 부렸으며, 흉하고 간사한 자들을 불러들이고 궁중의 근시들과 서로 결탁하여 화가 안팎으로 통하게 하였으며 나쁜 무리들이 서로 도와

날짜와 기한을 정하여 반란을 일으키려고 하였다. 내가 위로는 하늘과 땅의 도움을 받고 아래로는 조상의 신령스런 돌보심을 입어, 흠돌 등의 악이 쌓이고 죄가 가득 차자 그 음모가 탄로 나고 말았다. 이는 곧 사람과 신이 함께 배척하는 바요 하늘과 땅 사이에 용납될 수 없는 바이니, 도의道義를 범하고 풍속風俗을 훼손하는 데 이보다 더 심한 것은 없을 것이다(『三國史記』 권8, 神文王 즉위년 8월).

위의 기록은 신문왕이 김흠돌 일파를 제거한 후 내린 교서의 내용이다. 교서에서 볼 수 있듯이 김흠돌은 신문왕이 즉위하였을 때 관등이 소판에 이르렀다. 고구려 정벌에 나섰을 때 대아찬이었는데 그사이에 소판에 이르렀다는 것은 태자의 장인으로서 김흠돌의 정치적 위상이 크게 높아졌음을 보여 준다. B의 기록에서는 김흠돌 등의 벼슬이 재능이 아니라 왕은王恩에 의한 것이었다고 하였다. 이는 그만큼 왕실과의 관계로 인하여 그들이 성장하였음을 알려 준다.[114]

사정이 이러하자 신문왕은 태자 시절부터 김흠돌을 중심으로 한 외척 세력의 성장을 달가워하지 않았을 것이다. 그는 김흠돌을 중심으로 한 정치 세력의 활동을 주시하면서 계속 견제하였다고 생각된다. 그러한 가운데 김흠돌의 딸이 오랫동안 자식을 낳지 못하자 그에 대한 불만이 김흠돌 세력을 압박하는 기제로 작용하였을 것이다. 이에 불안해진 김흠돌은 그를 추종하는 세력들과 함께 반란을 일으켰다고 볼 수 있다.[115]

114 문무왕대 후반기에 들어서면 진골 귀족들의 동향을 찾기가 어렵다. 김흠돌도 예외는 아니다. 하지만 그는 나당전쟁 동안에도 계속 활동하면서 정치적 지위가 더욱 높아졌을 것으로 짐작할 수 있다.

115 최홍조, 「신문왕대 김흠돌 난의 재검토」, 『대구사학』 58, 1999에 김흠돌의 난에 대한 기존의 연구 성과가 잘 정리되어 있어 참고할 만하다. 선석열도 『신라 왕위계승 원리 연구』, 혜안, 2015, 181쪽에서 기존의 연구 성과를 잘 정리하였다. 한편 이종욱은 김흠돌이 난을 일으킨 이유에 대해서 필사본 『화랑세기』의 기록을 토대로 하여, 김흠돌의 난은 전제왕권에 맞선 반란이 아니라 신문왕의 즉위로 자의왕후의 지위가 강화되자 김흠돌

신문왕은 김흠돌의 난을 진압한 이후 왕비를 출궁시켰다. 반란을 주도한 적괴의 딸을 왕비로 둘 수 없었을 뿐만 아니라 오랫동안 아들을 얻지 못했다는 이유도 어느 정도 작용하였을 것이다.[116] 두 사람의 혼인 기간을 대략 15년 전후라고 보았을 때[117] 이것도 하나의 출궁 요인이 되었을 가능성이 크다.

신문왕은 문무왕이 남긴 유조를 바탕으로 왕권의 안정과 강화를 위해서는 외척 세력을 제거하는 것이 무엇보다 중요하다고 판단하였을 것이다. 이는 신문왕이 아버지가 없는 고종사촌 여동생인 신목왕후를 왕비로 맞이한 사실로도 충분히 짐작할 수 있다.

Ⅲ. 신문왕과 신목왕후의 혼인

신문왕은 선비先妃인 김흠돌의 딸을 출궁시킨 다음 김흠운金欽運의 딸인 신목왕후를 후비後妃로 맞이하였다. 신문왕이 김흠운의 딸을 왕비로 선택한 이유를 알아보기 위해 먼저 김흠운의 집안을 살펴보자.

C-1. 왕이 일길찬 김흠운金欽運의 막내딸[118]을 맞아들여 부인으로 삼았다(『三

일당이 그들이 저질렀던 악행에 대한 처벌이 두려워 일으킨 것이라고 하였다(이종욱, 『신라의 역사 2』, 김영사, 2002, 98쪽).

116 김흠돌의 딸이 무자라는 기록은 아들이 없음을 의미할 뿐 딸은 있었을지도 모른다는 연구도 있다(서정목, 「입당 구법승 교각〔地藏〕, 무상, 무루의 정체와 출가계기」, 『서강인문논총』 47, 2016: 앞의 책, 2017, 321쪽). 그러나 필자는 따르지 않는다.

117 정명이 태자로 책봉된 해가 665년이고 즉위한 해가 681년이라는 기록에 근거하여 이같이 추산하였다.

118 원문은 '納一吉湌金欽運少女爲夫人'이어서 '小女'를 '어린 딸'이라고 번역할 수도 있지만 자전을 찾아보면 둘째 딸 혹은 막내딸이라는 의미도 있어 여기서는 '막내딸'로 번역하였다. 한편 이영호는 28세 이상인 장년의 여인을 '少女'라고 한 것에 대하여 의문

國史記』 권8, 神文王 3년 봄 2월).

C-2. 김흠운은 나밀왕의 8세손이다. 아버지는 잡찬 달복達福이다. 흠운이 어려서 화랑 문노文努 아래에서 놀았는데 당시의 무리들이 아무개는 전사하여 이름을 지금까지 남겼다고 하자 흠운이 슬퍼하여 눈물을 흘리며 격동하여 그와 같이 되려 하니 (중략) 영휘永徽 6년(태종무열왕 2년: 655) 태종대왕이 백제가 고구려와 더불어 변방을 막자 이를 치고자 하여 군사를 출동할 때에 흠운을 낭당대감郎幢大監으로 삼았다. (중략) 흠운이 말을 비껴 타고 창을 잡고 대적하니 대사大舍 전지詮知가 달래어 말하였다. "지금 적이 어둠 속에서 일어나 지척을 구별할 수 없는 상황이니 공이 비록 죽는다고 하여도 알아줄 사람이 없습니다. 하물며 공은 신라의 귀한 신분으로서 대왕의 사위인데 만약 적군의 손에 죽으면 백제가 자랑하는 바가 될 것이고 우리의 깊은 수치가 될 것입니다." (중략) 드디어 적에게 덤벼들어 서너 명을 죽이고 그도 죽었다(『三國史記』 권47, 金歆運).

C-1의 기록에서는 신문왕이 김흠운의 막내딸을 왕비로 맞이하였다고 한다.[119] C-2의 기록은 김흠운이 낭도로서 활동한 내용과 아울러 전쟁터에서 전사한 과정을 알려 준다. 일찍이 화랑 문노의 낭도로 활동한 김흠운은 낭당대감으로 655년 조천성 전투에서 전사하였다. 여기에서 주목되는 점은 김흠운이 나물왕의 8세손이며 태종무열왕의 사위라는 부분이다.[120]

을 제기하고, '金欽運少女'는 '金欽運之女'로 보는 것이 옳다고 하였다(이영호, 앞의 논문, 2003, 70쪽의 주 92) 참조). 필자도 이 해석에 동의한다. 반면 김태식은 김흠운의 둘째 딸이 소녀로 언급되었다고 하면서 둘째 딸로 해석하였다(김태식, 앞의 논문, 2011, 63~75쪽).

119 『삼국유사』 권1, 왕력편에는 신목왕후가 金運公의 딸로 되어 있는데 이는 아마도 김흠운공에서 脫簡이 일어난 결과로 생각된다(김태식, 앞의 논문, 2011, 66쪽).

120 김흠운과 혼인한 태종무열왕의 女는 누구의 소생일까 궁금하다. 무열왕은 문명왕후와 혼인하기 전에 부인이 있었기 때문이다. 그런데 문희 소생인 愷元이 혼인에 간여한 것을 보면 태종무열왕의 女를 문명왕후의 딸로 보아도 좋을 것이다(이영호, 앞의 책, 2014, 50쪽의 주 19) 참조).

그는 나물왕계의 후손인 동시에 무열왕계와도 밀접한 인척 관계에 있었던 것이다.[121] 그렇다면 김흠운의 막내딸인 신목왕후는 나물왕계의 피를 물려받은 후손이자 태종무열왕의 외손녀였다. 따라서 신문왕과 그녀의 혼인은 족내혼이다.

이 같은 집안 내력 이외에 신목왕후가 언제 태어났는지, 성장 과정이 어떠하였는지에 대해서는 구체적으로 알 수 없다. 신목왕후가 막내딸이라는 사실로 미루어 볼 때 김흠운은 사망한 해인 655년 무렵에 여러 명의 자식을 두었을 것으로 판단된다. 신목왕후가 김흠운이 전사한 해인 655년에 태어났다고 가정하면, 그녀는 29세(683년) 무렵에 신문왕과 혼인한 셈이다.[122]

이제 신문왕이 그녀를 왕비로 맞아들이게 된 과정을 살펴보자. 이와 관련하여 신문왕과 김흠운 딸의 혼인은 족내혼이며, 그러한 혼인을 한 이유는 왕족 김씨가 진골 귀족세력의 영향력에서 벗어나 권력을 배타적으로 독점하려는 정치적 동기에서 비롯되었다는 기왕의 연구가 있다.[123] 이러

---

121 김태식은 김흠돌과 김흠운이 돌림자가 같다는 이유로 두 사람을 형제로 파악하였다(김태식, 앞의 논문, 2011, 70~72쪽). 그러나 김수태가 지적한 바와 같이 신문왕이 김흠돌과 관련된 세력을 철저히 제거하고 있는 상황에서 그 세력의 딸을 다시 선택해서 왕비로 들였다는 주장은 쉽사리 수용되기 어렵다(김수태, 앞의 논문, 2013, 317쪽).

122 이영호는 신목왕후가 신문왕과 혼인하였을 때의 나이가 28세 이상으로 파악된다는 점에 주목하여, 당시의 기준으로 보았을 때 고령이므로 신문왕과의 혼인이 초혼일 가능성이 낮다고 하였다(이영호, 앞의 논문, 2011, 19~20쪽). 배재훈도 신목왕후의 나이가 많았음을 인정하여 전 남편의 자식들이 있었을 가능성을 제시하였다(배재훈, 앞의 논문, 2015, 266쪽). 이에 대해서 김수태는 "국왕이 그의 재혼 대상으로 이미 한 번 결혼한 여인을 선택하여 그녀와 다시 결혼하여 더욱 복잡한 정치적 상황을 전개시킬 필요는 없었기 때문이다"라고 하며 신목왕후의 재혼설을 부정하였다(김수태, 앞의 논문, 2013, 315~316쪽). 이 문제에 대해서는 다음 절에서 자세하게 다루겠다.

123 이기백, 앞의 책, 일조각, 1982, 311쪽; 김수태, 앞의 책, 1996, 29쪽. 이에 반하여 박해현은 김흠운이 오래전에 사망하여 정치적 힘이 미약한 가문의 딸을 택함으로써 신문왕이 왕권을 행사하는 데 부담을 만들지 않으려 하였다고 보았다(박해현, 앞의 책, 2003, 69쪽). 한편 이영호는 신문왕이 김흠운의 딸을 왕비로 삼은 것은 왕권 행사에 있어 귀족세

한 견해는 신문왕이 전제왕권專制王權을 확립하려 했다는 데에만 지나치게 치중한 결과이다. 신문왕이 29세 전후의 여인에게서 건강한 후계를 바라는 것이 무리한 일임을 알고 있었음에도 혼인을 추진한 것은 대안이 있었기 때문이라는 지적이 있다. 즉 선비인 김흠돌의 딸에게서 이미 왕위를 계승할 아들을 얻었으므로 신목왕후를 선택하였다는 것이다.[124] 그렇지만 이러한 이해는 사료적 근거 없이 지나치게 상상력을 발휘한 주장이므로 수용하기가 어렵다. 완전히 새로운 시각으로 그 이유를 추론해볼 필요가 있다.

장인 김흠돌의 반란은 신문왕에게 외척 세력에 대한 경각심을 일깨웠다. 따라서 그는 왕실과 혈연관계가 있으나 아버지가 이미 돌아간 집안의 딸을 왕비로 삼아 앞으로 정치를 해나가는 데 있어 외척 세력의 부담을 덜고자 하였을 것이다.[125] 그 대상이 바로 김흠운의 딸이었다. 그는 신목왕후를 왕비로 맞이하는 과정에서 매우 성대한 의식을 거행하였다. 이는 그동안 신라사에서 거의 유례가 없는 일이었다.

D-1. 먼저 이찬 문영文穎과 파진찬 삼광三光을 보내 기일을 정하고, 대아찬 지상智常을 보내 납채納采하게 하였는데, 예물로 보낸 비단이 열다섯 수레이고 쌀·술·기름·꿀·간장·된장·포·젓갈이 백서른다섯 수레였으며, 조租가 백쉰 수레였다(『三國史記』 권8, 神文王 3년).

력을 배제하고 무열왕계의 결속을 강화하기 위해서였다고 파악하였다(이영호, 앞의 책, 2014, 86쪽 참조).

124 배재훈, 앞의 논문, 2015, 267~268쪽.

125 이영호는 김흠운이 사망한 지 꽤 오랜 시간이 지났음에도 불구하고 이같이 혼인하였다는 것은 김흠운과 관련된 세력이 만만치 않았음을 시사한다고 하였다(이영호, 앞의 논문, 2003, 77쪽). 그렇지만 김흠운의 딸이 거의 30세에 이르도록 혼인하지 않았다고 가정한다면 家勢가 기울었거나 혹은 다른 이유가 있었다고 헤아려볼 수 있다. 이같이 전제하는 이유는 김흠운 딸이 신문왕과 재혼한 것이라고 설명한 기존 연구가 있기 때문이다(이영호, 앞의 논문, 2011, 19~20쪽).

D-2. 5월 7일에 이찬 문영과 개원愷元을 그 집에 보내 책봉하여 부인夫人으로 삼았다(같은 책, 神文王 3년).

D-3. 그날 묘시卯時에 파진찬 대상大常·손문孫文, 아찬 좌야坐耶·길숙吉叔 등을 보내 각각 그들의 아내와 양부梁部 및 사량부沙梁部 두 부의 여자 각 30명과 함께 부인을 맞아 오게 하였다. 부인이 탄 수레의 좌우에 시종하는 관원들과 부녀자들이 매우 많았는데, 왕궁 북문에 이르러 수레에서 내려 대궐로 들어갔다(같은 책, 神文王 3년).

D군의 기록은 신문왕이 신목왕후를 왕비로 맞이하는 과정을 자세하게 전해 준다.[126] D-1의 기록에서 보듯이 먼저 신부 집에 사람을 보내어 기일을 정하고 납채하였으며, 예물로 매우 많은 물건을 보내었다. 그리고 약 3개월이 지난 후에 책봉 의식을 거행하였다(D-2의 기록). 이것은 중국식 혼인 방식이다.[127] 또한 왕비를 대궐로 모셔 오기까지 어느 정도 시간을 둔 것은 왕비로 간택된 여인이 국모國母로서의 행동거지를 배우는 기간을 확보하기 위해서였다고 생각된다.[128] 그 기간이 지난 다음 사람들을 보내어 책봉된 부인을 맞아들였다(D-3의 기록).

여기서 주목할 사실은 D-3의 기록이다. 양부와 사량부의 여자 30명이 김흠운 딸의 집에 가서 그녀를 대궐까지 모셔 온 것이다. 부인이 탄 수레의 좌우에 시종하는 관원들과 부녀자들이 매우 많았다는 부분은 당시 사람들에게 새로운 혼인 방식인 친영례를 가리킨다. 신문왕과 신목왕후의

126 김수태는 신문왕이 김흠돌의 딸을 출궁시킨 이후 유교를 사상적 기반으로 삼은 중국식 혼인제도를 수용하여 왕권을 강화하려 했다고 주장하였다(김수태, 앞의 논문, 2013, 333쪽).

127 井上秀雄 譯注, 『三國史記 1』(東洋文庫 372), 平凡社, 1980, 281쪽; 홍완표·권순형, 「고대의 혼례식과 혼인규제」, 『안성산업대학교논문집』 30-2호, 1998, 81쪽; 채미하, 앞의 논문, 2006: 앞의 책, 2015, 42~43쪽; 김수태, 앞의 논문, 2013 참조.

128 서영교, 앞의 논문, 2004, 466쪽.

혼인은 기존의 서류부가혼 방식을 벗어난 새로운 방식으로 왕비를 맞아들인 행사였다. 이는 신라 사람들에게 낯선 구경거리였을 것이다. 또한 신문왕이 새로운 왕비를 맞아들임을 세상에 알리고자 하는 의도도 담겨 있었을 것이다.[129] 무엇보다 중요한 목적은 왕비 집안의 위상 제고였을 것이다. 아버지 김흠운이 죽고 없었기 때문에 그 집안의 위치가 어느 정도였는지를 구체적으로 알기는 어렵지만, 최고의 진골 집안은 아니었을 것이다.[130] 이러한 사실을 인지한 신문왕은 그녀의 위상을 높일 필요가 있었을 것이다. 신부 집에 대규모로 예물을 보내고 많은 인원을 동원하여 그녀를 대궐로 모셔 온 것이 그 점을 입증한다. 더 나아가 신문왕은 화려한 혼인 의식을 거행함으로써 신장된 왕권을 드러내 보이고자 하였을 것이다.[131]

신문왕은 아들을 얻었고, 이홍理洪을 태자로 책봉한 지 약 1년 만에 사망하였다.[132] 신문왕과 혼인한 후 사별하기까지 10여 년간 신목왕후와 관련한 기록이 없어 정확한 사정을 알 수는 없으나, 태자를 비롯해 아들을 여럿 둔 신목왕후의 위상이 크게 높아졌음은 두말할 필요가 없다.

---

129 서영교는 앞의 논문, 2004, 476쪽에서 "그것은 내부적 반란을 완전히 청산하고 새 신부를 맞이하여 이전과 다른 세상을 열어 보겠다는 의지 표명일 것이다"라고 하였다.

130 아버지 김흠운이 죽은 이후 만약 어머니마저도 죽었다면 어머니가 공주였다고 하더라도 가세가 크게 기울었을 것이다.

131 어쩌면 김흠운의 집안에서 그러한 의식을 요구하였을 수도 있다. 중요한 점은, 신문왕이 그 의식을 실행했다는 것이다. 따라서 화려한 혼인 의식이 신문왕의 왕권이 강화되었음을 상징적으로 드러내기 위한 것이었다고 해석해도 무리하지 않다. 그렇다고 해서 그것이 전제왕권이라는 뜻은 아니다.

132 『삼국사기』 권8, 신문왕 12년 가을 7월.

Ⅳ. 신문왕의 원자와 아들에 대한 재검토

신문왕이 신목왕후를 왕비로 맞이한 지 약 4년 만에, 즉 신문왕 7년 봄 2월에 원자元子가 태어났다.[133] 원자가 태어나던 날에 날씨가 음침하고 어두컴컴했으며 천둥과 번개가 심하게 쳤다고 한다.[134] 이는 원자의 미래와 관련하여 불길한 징조를 암시하지만, 어쨌든 원자의 탄생이 신목왕후의 정치적 위상을 높이는 데 기여하였음은 틀림없다.

신문왕은 원자가 태어나고 2개월 후에 대신을 조묘祖廟에 보내 제사를 올리게 하였다. 제문은 즉위 후의 변란에 대한 위기의식과 금후의 안정·번영을 염원하는 기사로 가득 차 있다.[135] 이 제사의 목적을 원자의 적통성嫡統性을 인귀人鬼에 공히 보증받기 위한 것으로 파악하거나,[136] 신문왕권에 반발한 진골 귀족세력에게 왕실의 정통성과 권위를 시위한 조치로 보기도 한다.[137] 신문왕의 조치는 그가 김흠돌의 난을 제압한 이후 왕권의 신장과 강화를 꾀하고, 더 나아가 아들에게도 강력한 권력이 계속 이어지기를 바라는 의도에서 비롯되었다고 해야 할 것이다.

제사를 올린 이후 신문왕은 재위 11년에 왕자 이홍을 태자로 책봉하였다.[138] 아들이 왕위계승권을 확보하였으니 신목왕후의 정치적 위상은 더더욱 높아졌을 것이다.

---

133 신목왕후가 신문왕과 혼인한 후 4년 만에 원자를 출산한 이유로 김흠운의 딸이 고령이었음을 들거나, 원자 이전에 딸을 출산하였다고 보는 견해도 있다(이영호, 앞의 논문, 2003, 53쪽의 주 20) 참조).

134 『삼국사기』 권8, 신문왕 7년 봄 2월.

135 『삼국사기』 권8, 신문왕 7년 여름 4월.

136 신종원, 앞의 논문, 1987, 104쪽. 박해현도 신종원의 견해를 그대로 따랐다(박해현, 앞의 책, 2003, 65쪽).

137 채미하, 『신라 국가제사와 왕권』, 혜안, 2008, 166~168쪽.

138 『삼국사기』 권8, 신문왕 11년 봄 3월 1일.

그런데 원자의 탄생과 관련된 기록 이외에 출산 관련 기록은 더 이상 찾을 수 없다. 다만 성덕왕이 효소왕의 친동생이라고 하는 기록(다음의 E-1 및 E-2)이 있으므로 신문왕과 신목왕후 사이에 일단 두 명의 아들이 태어났음은 확실하다.

그러면 신문왕 7년에 태어난 원자와 성덕왕이 된 융기隆基 이외에 다른 아들은 없었을까. 왜냐하면 두 사람 이외에도 여러 명의 아들이 있었음을 암시하는 기록들이 찾아지기 때문이다. 장황하지만 논지의 전개를 위해 다음과 같이 인용해 보았다.

E-1. 이름은 흥광興光이다. 본래 이름은 융기隆基였는데, 당나라 현종玄宗의 이름과 같았기 때문에 선천先天 연간에 고쳤다〈당서에는 김지성이라 하였다〉. 신문왕의 둘째 아들이고 효소왕의 친동생이다. 효소왕이 죽고 아들이 없었으므로, 나라 사람들(國人)이 그를 왕으로 세웠다(『三國史記』 권8, 聖德王 즉위년).

E-2. 이름은 흥광興光이고, 본명은 융기隆基이며, 효소왕의 동복동생(孝昭之母弟也)이다. (중략) 임인년(702)에 즉위하여 35년간 다스렸다(『三國遺事』 권1, 王歷篇, 33대 聖德王).

E-3. 자장법사가 〔오대산에서〕 돌아간 뒤, 신라 정신대왕의 태자 보천, 효명 두 형제가(藏師之返 新羅 淨神大王太子寶川孝明二昆弟) (중략) 하서부河西府에 이르러〈지금의 명주에 역시 하서군이 있으니 바로 이곳이다. 혹은 하곡현이라고도 하나 (이는) 지금의 울주로 이곳이 아니다.〉 세헌世獻 각간의 집에서 하룻밤을 묵었다. 이튿날 큰 고개를 넘어 각기 천 명으로 된 도를 거느리고 성오평省烏坪에 이르러 여러 날 유람하다가, 홀연히 어느 날 저녁에 형제 두 사람은 속세를 벗어날 뜻을 몰래 약속하고 아무도 모르게 도망하여 오대산으로 숨어들었다〈「고기」에 이르기를 태화 원년 무신년(648) 8월 초에 왕이 산속으로 숨었다고 했으나 이 문장은 크게 잘못된 듯하다. 살펴보면 효조(조는 달리는 소라고도 함)는 천수 3년 임진년(692)에 즉위하였는데 그

때 나이가 16세였으며, 장안 2년 임인년(702)에 붕어했으니 누린 나이가 26세였다(按孝照一作昭以天授三年壬辰卽位時年十六 長安二年壬寅崩壽二十六). 성덕이 이해에 즉위하였으니 나이 22세였다(聖德以是年卽位年二十二). 만약 말한 대로 〔이때가〕 태화 원년 무신년(648)이라면 즉 효조가 즉위한 갑진년보다 45년이나 앞선 태종무열왕의 치세이다. 이로써 이 문장이 잘못된 것임을 알 수 있으므로 취하지 않았다〉. 모시고 호위하던 자들은 간 곳을 알지 못하여 나라〔서울〕로 돌아갔다. (중략) 국인國人들이 그 구름을 찾아 마침내 이르러 임금의 수레 노부를 벌여 놓고 두 태자를 맞이하여 돌아가려 하니 보천은 울면서 사양하였다. 이에 효명을 받들어 돌아와 즉위시켰다. 나라를 다스린 지 몇 해 뒤인〈「記」에 이르기를 재위 20여 년이라 한 것은 대개 붕어년에 나이가 26세라는 것의 잘못이다. 재위는 다만 10년뿐이었다. 또 신문왕의 아우가 왕위를 다툰 일은 국사에 기록이 없어 알 수 없다.〉 신룡 원년(705)〈당의 중종이 복위한 해이다. 성덕왕 즉위 4년이다.〉 을사 3월 초4일 처음으로 진여원眞如院을 개창하였다(『三國遺事』 권3, 塔像 4, 臺山五萬眞身).[139]

E-4. 신라 정신의 태자 보질도가 아우 효명태자와 더불어 하서부 세헌 각간의 집에 이르러 하룻밤을 묵었다(新羅 淨神太子寶叱徒與弟孝明太子 到河西府世獻角干家一宿). 이튿날 각기 1천 명의 사람을 거느리고 큰 고개를 넘어 성오평에 이르러 며칠간 유완하였다. 태화 원년(648) 8월 5일에 형제가 함께 오대산에 숨어들었다. 무리들 가운데 시위자들이 〔태자 형제를〕 찾지 못하고 모두 함께 나라〔서울〕로 돌아갔다. (중략) 정신〔의〕 태자〔가〕 아우 부군副君〔과〕 신라에서 위를 다투다가 주멸하였다(淨神太子弟副君在新羅爭位誅滅).[140] 국인國人들이 장군 네 사람을 보내어 오대산에 이르러 효명태자 앞

139 이 사료에 대한 우리말 해석은 서정목의 해석을 거의 그대로 따랐다(서정목, 「『삼국유사』의 '淨神王'·'淨神 太子'에 대한 재해석—『삼국유사』 권3, 탑상 4 「대산 오만 진신」과 「명주 오대산 보질도 태자 전기」를 중심으로—」, 『한국고대사탐구』 19, 2015: 앞의 책, 2017, 136~137쪽). 필요한 부분에는 사료의 원문도 함께 제시하였다.

140 원문 그대로 해석하면 '정신태자 아우 부군이 서라벌에서 왕위를 다투다가 주멸하였

에서 만세를 부르자 즉시 오색구름이 일어 오대산부터 서라벌에 이르기까지 7일 밤낮으로 빛을 발하였다. 국인國人들이 빛을 찾아 오대산에 이르러 두 태자를 모시고 서라벌로 돌아가려 했으나 보질도 태자는 울면서 돌아가지 않으므로 효명태자를 모시고 서라벌에 와서 즉위시켰다. 재위 20여 년. 신룡 원년(705) 3월 8일 비로소 진여원을 열었다(운운)(『三國遺事』 권3, 塔像 4, 溟州五臺山寶叱徒太子傳記).

E-1과 E-2의 기록을 먼저 살펴보면, 효소왕을 이어 왕위를 계승한 융기(성덕왕)는 효소왕과 동복형제이다. 효소왕의 친동생이라거나 동복동생이라는 기록이 그러한 사실을 입증한다.

그런데 『삼국사기』에서는 신문왕이 재위 중에 두 명의 아들을 두었다는 사실을 찾을 수 없다. 다만 신문왕 7년에 원자가 태어났다[141]는 기록만 있을 뿐이다. 따라서 『삼국사기』의 기록만으로는 성덕왕이 언제 태어났는지를 확인할 수 없다. 성덕왕이 왕위를 계승하였을 때의 나이를 12세로 파악한 연구[142]를 수용하면 융기는 691년에 태어난 것으로 짐작된다. 하지만 이는 하나의 견해일 뿐이므로 다른 기록을 검토해볼 필요가 있다.

E-3과 E-4의 『삼국유사』 기록은 『삼국사기』의 기록과는 전혀 다른 사실을 알려 준다.[143] 먼저 E-3을 보면, 성덕왕은 22세에 왕위를 계승한 것

다'가 된다. 그러나 전후 사정을 검토하여 사료를 이같이 해석하였다.

141 『삼국사기』 권8, 신문왕 7년 2월.

142 이기동, 「신라 성덕왕대의 정치와 사회—'군자국'의 내부사정—」, 『역사학보』 160, 1998, 88쪽의 각주 2)에서 성덕왕의 즉위 시 연령을 12세로 파악하였다.

143 E-3 및 E-4의 기록은 오랫동안 사료로서 거의 인정되지 않았다. 대표적으로 이기백, 「부석사와 태백산」, 『삼불김원룡교수정년퇴임기념논총 II』, 일지사, 1987과 「삼국유사 탑상편의 의의」, 『두계이병도박사구순기념 한국사학논총』, 지식산업사, 1987: 『한국고전연구』, 일조각, 2004에서 이 설화는 신빙성이 없다고 지적하였다. 이후 김수태, 앞의 책, 1996, 35쪽과 이기동, 앞의 논문, 1998, 4~5쪽에서도 이 견해를 따랐다. 최근에는 염중섭, 「보천과 효명의 오대산 은거 기록 속 문제점 검토」, 『한국불교학』 95, 2020에서 후대 오대산 측에서 기록을 의도적으로 왜곡하였다고 보았다. 필자도 앞의 논문, 2010

으로 되어 있다(E-3의 세주). 이 기록에 따르면 그가 왕위에 올랐을 때가 702년이므로 역산하면 681년 무렵에 태어났음을 알 수 있다. 이때는 문무왕이 죽고 신문왕이 임금이 된 해이다.[144] 그렇다면 그의 형인 보천은 680년 이전에, 효소왕이 된 이홍은 더 이전에 태어났다고 볼 수밖에 없다. 그러면 이 같은 기록의 차이를 어떻게 이해해야 순리적이고 합리적인 해석에 이를 수 있을까.

이와 관련하여 기왕의 연구를 살펴보면, 신종원은 성덕왕이 된 효명과 그의 형인 보질도를 신문왕의 전 왕비의 자식으로 이해한 바 있다. 즉 그들을 신문왕이 첫 번째로 맞이한 김흠돌의 딸 소생으로 해석한 것이다.[145]

에서 이러한 견해를 따랐으나, 여기서는 생각이 바뀌어 『삼국유사』의 기록을 적극적으로 이용하였다.

한편 박광연, 「한국 오대산신앙 관련 자료의 검토—『삼국유사』 기록의 비판적 해석—」, 『사학연구』 118, 2015에서도 『삼국유사』 오대산 기록의 원본과 『오대산사적』의 원본은 모두 8세기 후반 이후에 성립되었다고 파악하였다. 이러한 이해는 E-3 및 E-4의 기록을 인정한다는 것을 전제로 한다. 그러나 김복순은 E-4의 기록에 보이는 부군의 일을 신라 중대가 아닌 하대의 일로 설명하였다(김복순, 「신라 하대 화엄의 일례」, 『사총』 33, 1988; 「신라 오대산 사적의 형성」, 『강원불교사연구』, 소화, 1996: 『한국 고대 불교사 연구』, 민족사, 2002, 200~202쪽).

반면 보천과 효명 태자의 이야기를 담은 E-3과 E-4의 기록을 신빙하고 논지를 전개한 연구자도 있다. 김영미, 「통일신라시대 아미타신앙의 역사적 성격」, 『한국사연구』 50·51합집, 1985: 『신라 미타정토사상 연구』, 민족사, 1988, 155~156쪽; 신종원, 앞의 논문, 1987, 130쪽; 박미선, 「신라 오대산신앙의 성립 시기」, 『한국사상사학』 28, 2007, 151~154쪽; 배재훈, 앞의 논문, 2015, 304쪽 등이다. 한준수는 『신라중대 율령정치사 연구』, 서경문화사, 2012, 155~156쪽에서 眞如院 개창 기록을 인정하고 그것을 기반으로 하여 설명하였다.

144 문무왕은 681년 7월에 사망하였다. 따라서 신문왕의 태자 시절과 왕이 된 시기가 겹친다. 또한 효명태자가 681년 몇 월에 태어났는지를 정확하게 알 수 없어 이같이 기술하였다.

145 신종원, 앞의 논문, 1987, 122~123쪽. 그는 신문왕이 태자로 책봉될 때의 나이를 고려하여 적어도 즉위하기 전에 10년 정도 김흠돌의 딸과 동거하였을 것으로 추정하였다. 배재훈도 성덕왕이 김흠돌 딸의 자식일 것이라고 생각하였다. 다만 성덕왕이 태어난 시기를 신문왕 원년에서 3년 사이로 추정하였다(배재훈, 앞의 논문, 2015, 304쪽).

그러면서 그는 여러 기록을 근거로 할 때 신문왕의 아들이 다섯 명[146] 이상이므로 그들 전부를 후비인 신목왕후의 소생으로 볼 수는 없다고 하였다.[147] 그러니까 신문왕이 김흠돌의 딸을 출궁시킨 다음 후비로 맞이한 신목왕후와의 사이에서 생물학적으로 볼 때 아들을 다섯 명이나 둘 수 없다고 본 것이다.[148]

이 같은 신종원의 견해에 대해서 서정목은 『삼국사기』 권8, 신문왕 즉위년조에 김흠돌의 딸이 오랫동안 아들이 없었다는 기록[149]을 근거로 삼아 다섯 명의 아들을 모두 신목왕후의 소생으로 보는 것이 타당하다고 주장하였다. 그러니까 신목왕후가 정식으로 왕비가 되어 낳은 아들이 신문왕 7년에 태어난 원자이며, 신문왕이 태자일 때 서로 관계하여 무려 세 명의 아들을 두었다는 것이다.[150] 따라서 E-3의 기록에서 보이듯이 효소왕이 왕위를 계승하였을 때의 나이는 6세가 아니라 16세이며, 성덕왕이 즉위했을 때의 나이도 E-3의 기록에서 보이듯이 22세가 맞는다는 설명을 끌어내었다.

대단히 파격적인 서정목의 주장은 지금까지 거의 정설로 여겨지던 학계의 의견을 뒤흔들었다. 그가 이러한 주장을 한 출발점은 김흠돌의 딸이 오

146 신종원은 효소왕과 보질도, 효명, 그리고 신문왕 7년에 태어난 원자 및 성덕왕 25년에 '王弟 金釿質'과, 같은 왕 27년에 '王弟 金嗣宗'을 당에 사신으로 보냈다는 기록을 근거로 하여 신문왕의 아들을 다섯 명 이상으로 파악하였다.

147 신종원, 앞의 논문, 1987, 123쪽. 한편 이영호는 신문왕이 김흠운의 딸과 혼인하기 전 後宮 소생 아들이 존재했을 가능성이 있다고 보았다(이영호, 앞의 책, 2014, 77쪽의 주 96) 참조). 그러나 여기에서는 따르지 않는다.

148 『삼국사기』의 기록에 따르면 신문왕은 재위 3년(683)에 신목왕후를 후비로 맞이하였고 동왕 7년(687)에 원자를 보았으며 12년(692)에 죽었다. 따라서 원자를 생산한 이후 연달아 자식을 낳았을 가능성은 크지 않다.

149 妃金氏 蘇判欽突之女 王爲太子時 納之 久而無子 後坐父作亂 出宮(『삼국사기』 권8, 신문왕 즉위년).

150 서정목, 「효소왕의 출생 시기 관련 기록의 검토」, 『진단학보』 122, 2014: 앞의 책, 2017, 102~103쪽.

랫동안 자식을 두지 못하였다는 데 있다.[151] 필자도 김흠돌의 딸이 자식을 두지 못했다는 『삼국사기』의 기록을 기본으로 하여 성덕왕의 형제들이 언제 태어났는지를 검토해 보겠다. 이를 해결하기 위해 신문왕이 언제 태어났는지부터 검토해 보면 성덕왕 형제들의 출생과 관련하여 좀 더 사실에 가까이 다가갈 수 있을 것이다.

문무왕이 된 법민이 15~16세에 혼인하여 20세 무렵에 아들 정명을 얻었다면 신문왕은 646년 무렵에 태어나 665년, 즉 20세 무렵에 태자에 책봉되었다고 볼 수 있다. 그리고 정명이 태자로 있을 때 혼인하였을 가능성이 큰데, 앞서 A의 기록에서 보았듯이 김흠돌의 딸을 아내로 맞이하였다.

그런데 김흠돌의 딸에게서 오랫동안 자식을 얻지 못했다는 사실을 염두에 두면, 태자 정명이 김흠돌의 딸 이외에 다른 여자와 관계하여 자식을 두었을 가능성도 배제할 수는 없다. 그리고 그 상대가 훗날의 신목왕후였을 가능성을 결코 무시할 수 없다고 생각한다. E-1과 E-2의 기록에서 성덕왕이 효소왕의 동모제同母弟라 하였으므로 당연히 그들의 어머니는 신목왕후이다.[152] 이렇게 볼 때 태자 정명은 태자비인 김흠돌의 딸이 자식을 얻지 못하자 김흠운의 딸과 외도하여 자식을 얻었다고 이해할 수 있다.[153]

---

151 기존의 연구에서도 김흠돌의 딸에게 아들이 없다고 받아들였다. 예컨대 김수태는 김흠돌의 딸에게 아들이 없다는 점이 김흠돌의 정치적 위상에 커다란 영향을 끼쳤을 것이라고 파악하였다(김수태, 앞의 책, 1996, 14쪽). 한편 배재훈은 신종원과 같이 김흠돌의 딸에게 자식이 있었을 가능성을 지적하며 김흠돌의 난과 신목왕후의 등장으로 인하여 기존 자식들의 지위에 큰 변화가 있었을 것으로 파악하였다(배재훈, 앞의 논문, 2015, 266쪽의 각주 18) 참조).

152 『삼국사기』 권8, 효소왕 즉위년조에서는 그의 어머니가 김씨로 신목왕후라 하였다. 『삼국유사』 권1, 왕력편에도 효소왕의 어머니가 신목왕후라고 기록되어 있다.

153 김태식은 필사본 『화랑세기』를 근거로 신목왕후의 후궁설을 설명하였다. 신문왕이 왕자로 있을 적에 신목왕후가 그의 후궁으로 들어갔는데, 나중에 신문왕이 즉위한 이후 첫째 왕비가 자리에서 쫓겨나자 정식으로 왕비가 되었다고 설명하였다(김태식, 앞의 논문, 2011, 63~75쪽). 그러나 필자는 신목왕후가 후궁이 되었다는 견해에 동의하지 않는다. 다만 신목왕후가 신문왕이 태자일 때부터 서로 관계한 것으로 정리하는 선에서

이상의 논증을 따르면, 신문왕이 굳이 사촌 여동생인 김흠운의 딸을 후비로 선택한 것은 그와의 사이에서 이미 여러 명의 아들을 두었기 때문이다. 정치적 행위인 족내혼뿐만 아니라 개인적 사정이 중요한 이유로 작용하여 정명이 사촌과 혼인하게 된 것이다.

이상의 논증에 무리가 없다면, 신종원이나 배재훈의 견해보다 서정목의 견해가 더 합당해 보인다. 신목왕후는 신문왕이 태자일 때부터 서로 관계하여 세 명의 아들을 두었고, 정식으로 왕비가 된 이후 신문왕 7년에 원자를 얻었다고 볼 수 있다.[154] 즉 신문왕이 된 정명은 태자일 때 김흠운의 딸과 외도하여 후일 효소왕이 된 이홍과 보질도 및 효명孝明(후일 성덕왕)을 얻었고, 이후 그녀와 정식으로 혼인한 다음 재위 7년에 원자를 얻었다는 것이다.

그런데 이상에서 살펴본 아들 이외에 또 다른 아들이 있었음이 기록에 나타나 있다. 아래의 기록이 바로 그것이다.

F-1. 왕의 아우 김근질金釿質을 당나라에 보내어 조공하니, 그에게 낭장郎將의 관작을 주어 돌려보냈다(『三國史記』 권8, 聖德王 25년 5월).

F-2. 왕의 아우 김사종金嗣宗을 당나라에 보내 토산물을 바치고 아울러 글을 올려 자제들의 국학國學 입학을 청하니, 조칙으로 이를 허락하고 김사종에게 과의果毅의 관작을 주고 머물러 숙위하게 하였다(『三國史記』 권8, 聖德王 27년 가을 7월).

성덕왕대에 대당외교를 수행한 인물로 언급된 김근질과 김사종이 모

그치고자 한다.

154 신목왕후가 왕비가 되었을 때의 나이를 29세 전후로 볼 수 있다(조범환, 앞의 논문, 2010, 11쪽). 그렇다면 원자를 낳았을 때의 나이는 적어도 33세 전후였을 것으로 생각된다.

두 성덕왕의 아우라는 것이다. 신목왕후가 원자를 낳은 때가 신문왕 7년(687)이고 신문왕이 죽은 때가 692년이므로 그사이에 김근질과 김사종이 태어났을 수 있다. 따라서 이 추측을 인정하면 신문왕과 신목왕후 사이에서 태어난 아들은 모두 여섯 명이다.

그런데 김사종에 대한 중국 측 기록을 보면 왕실과의 혈연관계를 다르게 알려 주고 있다. 다음의 기록이 그것이다.

> G. 신라 김흥광金興光이 종제從弟 김사종金嗣宗을 보내어 조회하고 또 방물을 바치니, 과의果毅를 제수하고 숙위하도록 하였다[155](『冊府元龜』 권975, 外臣部 褒異2, 開元 16년 7월 丙辰).

위의 기록은 728년 7월에 성덕왕이 종제인 김사종을 당에 보내 조공하니 현종이 과의 직을 주고 머물러 숙위하게 하였다는 사실을 알려 준다. 이 기록은 F-2의 사신 파견 기록과 거의 일치한다. 다만 이때 파견된 인물이 F-2에는 왕제로, G에는 왕의 종제로 나타난 점이 다르다. 이와 관련하여 기존의 연구를 살펴보면, 『삼국사기』를 편찬하는 과정에서 '종從'자가 누락된 것으로 볼 가능성이 크다는 견해가 있다.[156] 또한 『책부원구冊府元龜』에는 구체적인 월일까지 표기되어 있어 기록이 정확하다고 해야 할 것이다.

그렇다면 김사종을 성덕왕의 종제로 볼 수밖에 없으며, 그는 성덕왕의 사촌 동생으로 신문왕과 피를 나눈 형제의 아들임에 틀림없다. 물론 신문왕의 형제에 대하여 알려진 바가 없으므로 누구라고 특정할 수는 없으나,

155 新羅金興光使從弟金嗣宗來朝 且獻方物 授果毅 留宿衛.

156 김종복, 「8세기 초 나당관계의 재개와 사신 파견—『삼국사기』 신라본기의 기사의 오류 수정을 중심으로—」, 『진단학보』 126, 2016, 21쪽; 권기현, 「8세기 중엽 신라의 대당관계—재당 신라인 金日晟 묘지명을 중심으로—」, 『한국고대사탐구』 35, 2020, 375쪽.

문무왕에게 여러 명의 아들이 있었다고 추측할 수 있으므로 김사종은 성덕왕의 동생이 아님이 확실하다. 다만 김근질은 『책부원구』에도 『삼국사기』와 동일하게 성덕왕의 동생으로 기록되어 있으므로[157] 성덕왕의 동생일 가능성이 크다.[158] 따라서 성덕왕과 피를 나눈 형제는 김근질을 포함해 모두 다섯 명으로 볼 수 있다.

그런데 김사종과 김근질에 대한 기존의 연구를 살펴보면, 김사종은 신문왕 7년에 원자로 태어난 인물로, 728년 7월에 입당하였으나 돌아오지 않고 무상선사無相禪師가 되었다고 한다.[159] 또한 김근질은 726년 5월 당에 사신으로 갔으나 귀국한 흔적이 보이지 않는데, 이 점에 착안해 그도 당에서 출가하여 승려가 되었으며 그가 우리에게 잘 알려진 무루無漏라는 견해가 있다.[160] 그러나 이 견해는 따르기가 어렵다. 왕명을 받은 신하가 외국에 갔다가 돌아오지 않는 일은 있을 수 없을뿐더러, 심지어 그곳에서 출가하였다는 것은 상상에 지나지 않는다. 이것은 김사종이나 김근질보다 앞서 파견된 김지성金志誠이 성덕왕 4년(705)에 당에서 관직을 수여받은 다음 귀국한 사실로써 충분히 입증된다.[161]

김사종의 경우 신문왕의 넷째 아들이라고 하였는데 넷째 아들로 생각되는 인물은 부군이 되었으나 경영의 난 이후 처형당하였을 가능성이 크

157 新羅遣其弟金欽質來朝 授郎將放還蕃(『册府元龜』 권975, 外臣部 褒異2, 開元 14년 5월 戊子).

158 필자는 「신라 중대 성덕왕의 왕위계승 재고-『삼국유사』의 오대산사적을 중심으로-」, 『서강인문논총』 43, 2015, 94쪽의 각주 11)에서 김근질과 김사종을 신문왕과 신목왕후 사이에서 태어난 아들로 보기는 어렵다고 판단하였다. 당시 신라 왕실에서 당나라에 사신을 파견할 때 왕족이라고 속이는 경우가 많았기 때문이다. 그러나 사료를 좀 더 검토해본 결과, 김근질이 성덕왕의 동생이라는 것이 타당해 보인다.

159 서정목, 앞의 책, 2017, 350쪽.

160 서정목, 앞의 논문, 2016, 381~385쪽.

161 김지성의 이야기가 「감산사 아미타상 조상기」에 잘 드러나 있다.

다.[162] 김근질과 김사종이 성덕왕대 대당외교의 일선에서 활약한 사실로 볼 때 이들은 성덕왕과 밀접한 관계에 있었다. 아무래도 두 사람이 성덕왕과 혈연적으로 가까웠기 때문에 외교 활동을 하였을 가능성이 크다.

* * *

신문왕은 즉위하자 장인인 김흠돌을 제거한 다음 태자 시절에 맞이하였던 부인을 쫓아냈다. 그리고 사촌 여동생인 김흠운의 딸인 신목왕후를 새로운 배필로 삼았다. 신목왕후의 아버지인 김흠운은 태종무열왕의 사위로서 조천성 전투에서 전사하였으므로 신문왕은 정치적 영향력이 없는 집안의 딸을 선택한 것이다. 혼인 과정에서 신문왕은 당의 의례인 친영례를 거행하였다. 이를 통해 전제왕권의 일면을 엿볼 수 있다고 한 견해가 있으나, 그보다는 신목왕후를 왕비로 맞아들인 사실을 일반 백성들에게 알리기 위한 것이었다는 견해가 더 타당하다.

신문왕이 사촌 여동생을 왕비로 선택한 또 다른 이유는, 태자 시절부터 그녀와 애정관계를 유지하였다는 것이었다. 즉 정명은 태자비인 김흠돌의 딸이 오랫동안 아들을 두지 못하자 김흠운의 딸과 외도하였다. 그 결과 세 명의 아들을 두었으며, 그녀와 정식으로 혼인한 다음에 아들 두 명을 더 두었다. 신문왕과 신목왕후 사이에 무려 다섯 명의 아들이 있었던 것이다. 그중 보질도와 효명은 어떤 정치적 사정으로 인하여 오대산에 들어가게 되었으며, 효명은 후일 국인들의 추대로 성덕왕으로 등극하였다. 신문왕이 전처인 김흠돌의 딸에게서 아들을 얻었다는 견해가 있으나 이는 상상에 지나지 않는다. 기록을 꼼꼼하게 검토한 결과 이들은 전부 신목왕후

162 이에 대해서는 이 책의 제4장 제IV절에서 자세하게 다룬다.

의 아들임이 확인되었다.

신문왕이 후비로 맞이한 신목왕후는 그의 사촌 여동생이므로 그들의 혼인은 족내혼이다. 이는 그동안 진흥왕을 중심으로 한 방계에서 여인을 맞이하던 관습에서 벗어난 행동일 뿐만 아니라 문무왕이 새로운 가계에서 여인을 맞아들이려 한 노력에서도 벗어난 것이었다. 도리어 혼인 범위가 좁아졌다고 할 수 있다. 이는 신문왕이 외척 세력을 물리치고 왕권을 강화하는 데 걸림돌이 될 여지를 제거한 조치이자 다른 가계에서 여인을 맞이하기를 거부한 것이나 다름없다고 볼 수 있다. 그렇다고 해서 이 혼인을 신문왕대 전제왕권의 확립이라는 틀로써 설명하기에는 과도한 측면이 있다. 다만 근친혼과 친영례를 통해 신문왕이 새로운 통혼권을 추구하였고 더 나아가 왕권의 안정을 기하고자 하였다고 이해하는 것이 이치에 맞아 보인다.

제4장

효소왕대 모후 세력과 정국의 향배

Ⅰ. 문제 제기

『삼국유사三國遺事』에는 효소왕대孝昭王代의 사실을 다룬 다양한 내용의 기사가 전한다. 전체 144편 중 이 시대에 대한 기록만도 다섯 편에 달하는데, 정공鄭恭으로 대표되는 효소왕 즉위 초의 저항세력,[163] 국선 부례랑夫禮郎의 실종과 만파식적萬波息笛의 분실,[164] 모량리 사람 익선益宣의 부도한 행위,[165] 왕위계승을 둘러싼 다툼[166] 등이다.[167] 효소왕의 재위 기간이 약 11년으로 그다지 길지 않음에도 불구하고 『삼국유사』의 전체 144개 항목 중 5개 항목에서 효소왕대의 사실을 다룬 것으로 보아 승려 일연

163 『삼국유사』 권5, 신주 6, 혜통항룡.

164 『삼국유사』 권3, 탑상 4, 백율사.

165 『삼국유사』 권2, 기이 2, 효소왕대 죽지랑.

166 『삼국유사』 권3, 탑상 4, 대산오만진신 및 명주오대산보질도태자전기.

167 『삼국유사』 권5, 신주 6, 진신수공조에도 효소왕과 관련된 기록이 있다. 그러나 이에 대해서는 찬자인 일연조차 그 내용을 부정하므로 여기서는 제외한다.

一然은 이 시기에 매우 중요한 의미를 부여한 것으로 생각된다. 특히 이와 관련된 기록이 『삼국사기』에서는 전혀 찾아지지 않는다는 점에서 더욱 그러하다.[168]

이와 같은 『삼국유사』의 기록은 효소왕의 재위 기간 동안 정국이 혼란하고 안정되지 못하였음을 암시하는 것 같다.[169] 이러한 점에 주목한 적잖은 연구자들이 효소왕대의 정국에 대하여 여러 편의 논문을 발표하였다.[170] 그런데 효소왕대의 정국 동향과 관련하여 발표된 연구를 자세히 살펴보면 크게 두 방향으로 나뉘어 있음을 알 수 있다. 『삼국사기』 권8에 실린 신문왕과 효소왕에 대한 기록만을 취신取信한 연구와, 반대로 『삼국유사』 권3, 탑상 4 '대산오만진신臺山五萬眞身'조와 같은 편에 실린 '명주오대산보질도태자전기溟州五臺山寶叱徒太子傳記'의 기록도 효소왕대 정국을 이해하는 사료로 인정하고 그것을 토대로 한 연구이다.[171]

이 같은 현재 학계의 동향과 관련하여 필자도 처음에는 효소왕대의 정국 동향을 살피는 과정에서 『삼국유사』 탑상편에 실린 두 기록을 그대로 수용하기보다는 가능성만 열어둔 채 『삼국사기』의 기록만을 중심으로 논지를 전개하였다.[172] 그러나 서정목이 『삼국유사』 권3, 탑상 4, '대산오만

168 배재훈은 일연이 효소왕대의 정치적 동향에 관심과 의미를 부여한 것으로 볼 수 있다고 하였다(배재훈, 앞의 논문, 2015, 303쪽).

169 배재훈은 효소왕과 관련된 『삼국유사』의 기록에 대해서 찬자인 일연이 효소왕대의 정치 흐름에 중요한 의미를 부여했던 듯하다고 하고, 심지어 등장하는 인물들이 『삼국사기』에 이름조차 언급되지 않는 점으로 보아 의식적으로 이들을 등장시킨 것이라고 하였다(배재훈, 앞의 논문, 2015, 303쪽).

170 어린 나이에 왕위에 오른 효소왕을 대신하여 신목태후가 섭정하였다는 전제하에 많은 연구가 진행되었다. 이에 대해서는 조범환, 앞의 논문, 2010, 16쪽의 주 21)을 참고하기 바란다. 최근에 발표된 배재훈, 앞의 논문, 2015; 이천우, 앞의 논문, 2017도 참고할 만하다. 또한 장활식, 앞의 논문, 2018도 참고할 수 있다.

171 이 책 제I편 제3장의 각주 143)을 참고하라.

172 조범환, 앞의 논문, 2010. 그러나 효소왕대와 관련된 여러 논문을 살펴보는 과정에서 생각이 바뀌어 『삼국유사』의 기록을 적극적으로 활용하였다.

진신'조와 같은 편에 실린 '명주오대산보질도태자전기'에 대한 사료 검토를 통하여 그 내용이 『삼국사기』의 효소왕 관련 기록을 보완해줄 수 있음을 여러 논문과 책에서 발표하였고,[173] 이에 공감한 필자는 효소왕대의 정국 동향을 다시금 살펴볼 필요성을 느끼게 되었다. 따라서 전에 발표한 필자의 글에서 어느 부분은 수정하지 않을 수 없었고, 더 나아가 어떤 부분은 새로이 기술하게 되었다.

이에 본 장에서는 첫째로 효소왕의 태자 책봉 및 즉위와 관련된 기록을 검토할 것이다. 이를 위해 『삼국사기』와 『삼국유사』의 효소왕 관련 기록을 서로 비교하고 기왕에 사료로 신빙하지 않고 간과하였던 기록도 이용 가능한 것임을 밝히고자 한다. 둘째로 효소왕이 즉위한 시기부터 모후인 신목태후와 정국을 함께 운영한 시기까지 살펴볼 것이다. 이를 위해서 『삼국유사』와 『삼국사기』의 효소왕 관련 기록을 다시 검토해볼 것이다. 마지막으로 효소왕이 친정을 시작했을 때부터 죽음을 맞기까지의 상황에 대하여 알아볼 것이다. 물론 이에 대해서도 『삼국유사』의 기록을 적극 이용하여 논지를 전개할 예정이다.

Ⅱ. 효소왕 즉위 시 나이 문제와 태자 책봉

효소왕이 즉위한 나이가 『삼국사기』와 『삼국유사』에는 서로 다르게 기록되어 있다. 『삼국사기』에는 구체적인 언급이 없으나, 이 기록에 의존한 연구자들은 신문왕 7년에 태어난 원자를 효소왕으로 이해하여 대략 6세 무렵에 효소왕이 왕위를 계승한 것으로 이해하고 있다. 반면 『삼국유사』

173 서정목, 앞의 책, 2017이 참고된다.

탑상편 '대산오만진신'조의 협주에서는 고기古記를 인용하여 효소왕이 16세에 즉위하였다고 명확하게 기술하였다.[174]

지금까지의 연구에서는 주로 『삼국사기』에 나타난 기록을 검토하여 효소왕이 대략 6세에 즉위한 것으로 인정하였고, 『삼국유사』 '대산오만진신'조의 기록은 아예 사료로 인정하지 않거나[175] 그 내용에 의문을 제기하였다.[176] 하지만 최근 서정목은 도리어 『삼국유사』의 기록이 더 타당하다는 견해를 제시하였다.[177] 필자는 서정목의 견해가 타당하다고 생각하며, 그가 미처 자세하게 논증하지 못한 부분을 살펴 그 실체에 접근해 보도록 하겠다.

그러면 『삼국사기』에 나타난 효소왕 관련 기록부터 다시금 검토해 보자. 다음과 같은 기록들이 눈에 들어온다.

A-1. 원자元子가 출생하였다(『三國史記』 권8, 神文王 7년 봄 2월).

A-2. 왕자王子 이홍理洪을 태자로 봉하였다(『三國史記』 권8, 神文王 11년 봄 3월 1일).

A-3. 효소왕孝昭王이 왕위에 올랐다. 이름은 이홍理洪이고 신문왕의 태자太子이다(『三國史記』 권8, 孝昭王 즉위년).

174 按孝照一作昭 以天授三年 壬辰卽位 時年十六 長安二年 壬寅崩 壽二十六.

175 본 장 각주 172) 참조.

176 신종원은 『삼국유사』의 효소왕 관련 기록에서 『삼국사기』의 기록보다 즉위 시의 나이를 10년이나 올려 설명한 것에 대하여 효소왕의 뒤를 이어 왕이 된 성덕왕의 나이를 고려하였기 때문이라고 하였다. 즉 성덕왕이 즉위할 때 22세였다는 『삼국유사』의 기록이 어느 정도 타당하다면 성덕왕의 나이는 『삼국사기』에 근거한 효소왕의 나이보다 약 4세가 많아지므로 의도적으로 효소왕의 나이를 10년 정도 올려 잡은 것이라고 보았다(신종원, 앞의 논문, 1987, 230~231쪽). 이 같은 설명의 기저에는 성덕왕이 효소왕보다 연장이라는 사실과 아울러 이복형이라는 전제가 깔려 있다. 그러나 이 설명에 대하여 이미 서정목이 비판하였으므로 여기에서는 더 이상 거론하지 않겠다. 또한 이기동도 앞의 논문, 1998, 4쪽에서 신종원의 견해를 지나친 추리라고 하였다.

177 서정목, 앞의 책, 2017, 113~118쪽.

A-1의 기록을 보면 신문왕 7년 봄 2월에 원자가 출생하였다 하고, A-2의 기록에서는 동왕 11년 봄 3월에 왕자 이홍을 태자로 책봉하였다고 한다. 그리고 A-3의 기록에서는 이홍이 신문왕을 이어 효소왕으로 즉위한 사실을 전해 준다. 이상의 기록을 통해 거의 모든 연구에서는 당시 태자로 책봉된 왕자 이홍이 신문왕 7년에 태어난 원자이며 신문왕 사후에 그가 왕위를 계승한 것으로 이해하고 있다.[178]

그런데 서정목은 A-1에 보이는 원자와 A-2에 기록된 왕자를 서로 다른 사람으로 판단하였다. 그는 원자를 신목왕후가 왕비가 된 이후에 낳은 첫 번째 아들로 파악하였으며 왕자 이홍(A-2의 기록)을 신문왕이 태자 시절에 어떤 여인과 관계하여 낳은 아들로 보았다. 또한 신문왕 11년의 기사는 동왕 7년에 낳은 원자 대신에 왕자 이홍을 태자로 책봉하였음을 의미하고, 마침내 그가 왕위에 올랐다고 하였다.[179] 서정목은 이 같은 사실을 입증하는 사료가 바로 『삼국유사』 권3, 탑상 4, '대산오만진신'조에 실린 내용이라고 하였다. 그렇기 때문에 효소왕이 왕위를 계승하였을 때의 나이가 16세로 『삼국유사』에 실린 기록이 옳다고 주장하였다.[180]

그렇다면 태자 이홍의 어머니가 누구인지를 알아보지 않을 수 없다. 이에 대하여 서정목은 이홍을 신목왕후의 아들로 보았는데, 즉 그녀가 혼전에 태자 정명과 관계하여 낳은 아들이라는 것이다.[181] 또한 그는 『삼국유

---

178 이기백과 김수태도 이같이 판단하였으며, 조범환, 앞의 논문, 2010, 14~15쪽에서 이를 따랐다. 그러나 필자는 이 견해를 버리고 『삼국유사』의 기록을 토대로 원자가 이홍이 아님을 설명하였다. 이와 같은 설명은 서정목의 연구 성과에 힘입은 바가 크다.

179 서정목, 앞의 책, 2017, 111~112쪽.

180 서정목, 위의 책, 2017, 118쪽.

181 서정목, 위의 책, 2017, 108쪽의 주 16) 참조. 신목왕후가 신문왕과 혼인하였을 때의 나이는 대략 29세 전후이다(조범환, 앞의 논문, 2010, 11쪽). 이러한 사실을 감안할 때 김흠운의 딸은 그 시점에 초혼이 아니었을 것이며 아마도 자식이 있었을 가능성이 크다. 이에 대하여 이영호, 앞의 논문, 2011, 20쪽; 배재훈, 앞의 논문, 2015, 266쪽의 각주 21)에서 전 남편의 자식이 있었을 가능성을 제시하였다.

사』에 등장하는 보질도 태자와 효명도 신목왕후가 왕비가 되기 이전에 태자 정명과 관계하여 낳은 아들이며, A-1의 기록에서 원자로 지칭된 아들은 신목왕후가 왕비가 된 이후 낳은 아들이라고 보았다. 따라서 신목왕후에게는 왕비가 되기 이전에 훗날 신문왕이 된 정명과의 사이에 세 명의 아들이 있었고, 왕비가 된 이후 신문왕과의 사이에서 한 명의 아들을 두어 적어도 네 명의 아들이 있었음을 알 수 있다고 하였다.

서정목의 연구를 기반으로 한다면 효소왕이 된 이홍은 신목왕후가 왕비가 되기 전에 태자 정명과의 사이에서 태어났으며, 신문왕이 신목왕후를 정식 왕비로 맞아들인 다음 원자가 태어났음에도 불구하고 혼전에 낳은 맏아들인 이홍을 태자로 책봉하였다는 것이다. 따라서 신문왕 7년에 태어난 원자는 태자로 책봉되지 않은 것이다. 이 같은 서정목의 이해가 옳은지를 다음의 기록을 통하여 살펴보자.

> B. 왕은 감은사感恩寺에서 유숙하고 17일에 기림사祇林寺 서쪽에 있는 시냇가에 가서 수레를 멈추고 점심을 들었다. 태자 이공理恭〈즉 효소대왕孝昭大王〉이 대궐을 지키고 있다가 이 소식을 듣고 말을 달려 와서 하례하고 천천히 살펴보고 말하기를, "이 옥대의 여러 쪽들이 모두 진짜 용입니다"라고 하였다(『三國遺事』 권2, 紀異 2, 萬波息笛).

B의 기록에 따르면 신문왕이 만파식적萬波息笛을 얻자 태자 이공이 직접 달려와 축하하였다고 하는데, 이공理恭은 이홍의 이칭異稱이다. 그런데 신문왕이 만파식적을 얻은 때는 김흠돌의 난을 진압한 다음 해인 재위 2년(682)이다.[182] B의 기록을 그대로 수용하면 이 당시 신문왕에게는 성장

182 신문왕이 만파식적을 얻은 시기에 관하여 『삼국유사』의 기록이 잘못되었다며 690년 설을 주장하는 연구자도 있다(두창구, 「만파식적고」, 『강원민속학』 7·8합집, 1990, 13~17쪽). 만파식적 문헌 기록에 대한 연구성과에 대해서는 김성혜, 「만파식적 관련 연구사

한 아들이 있었음을 알 수 있으며, 효소왕이 되는 태자 이홍의 존재를 인정하지 않을 수 없다.

그런데 신문왕이 만파식적을 얻은 때가 재위 2년째 되던 해이므로 당대에 일어난 일이라고 하더라도 그 설화는 효소왕대에 형성되었다는 기왕의 연구가 있다.[183] 이러한 설명으로 말미암아 이 기록이 전하는 내용에는 그다지 주목하지 않은 채 기록 자체를 설화적인 것으로만 생각하는 관점이 다수였다.[184] 그 결과 『삼국유사』에 전하는 만파식적 관련 기록을 역사적 사실로 보지 않고 『삼국사기』의 기록만 인정하여 효소왕이 즉위했을 때의 나이를 6세로 이해해 온 것이다. 그렇지만 이와 같은 이해는 편향되었다고 할 수밖에 없다. 왜냐하면 어떤 기록은 그대로 수용하면서 또 다른 기록에는 편의적인 잣대를 적용하였기 때문이다. 그러므로 B의 기록을 역사적 사실로 인정하면 이홍은 이때 이미 태자로서 혼자서 말을 타는 나이에 이르렀음을 알 수 있다. 또한 왕이 밖으로 나갔을 때 그를 대신하여 여러 신하들과 함께 대궐을 지켰음도 알 수 있다.

이렇게 볼 때 신문왕의 아들인 왕자 이홍은 문무왕 재위 시절인 677년 무렵에 태어났을 가능성이 크다. 그리고 신문왕 11년에 태자로 책봉되었을 때의 나이는 15세 무렵으로 짐작된다. 따라서 왕자 이홍이 원자보다 먼저 태어났음은 충분히 입증된다.

검토(Ⅰ)」, 『신라문화제학술논문집』 39, 2018, 178~187쪽을 참고하라.

183 『삼국유사』 권2, 기이 2, 만파식적조에 대한 기존 연구에서는 사료의 신빙성에 의문을 제기하면서 만파식적이 신문왕대에 만들어졌다고 하더라도 설화가 형성된 시기는 효소왕대로 볼 수 있다고 하였다(신종원, 앞의 논문, 1987, 105쪽). 김수태도 이 견해에 동의한다(김수태, 앞의 책, 1996, 38쪽의 주 8) 참조). 배재훈도 신문왕에서 효소왕으로 이어지는 왕권의 정통성을 강조하기 위한 神異史의 서술이며, 진술된 개별 내용의 '진실성'을 담보한 엄밀한 역사적 기록은 아니라고 보았다(배재훈, 앞의 논문, 2015, 265쪽의 각주 16)). 채미하도 이 설화에 이홍을 신성화하려는 의도가 담겨 있다고 하였다(채미하, 앞의 책, 2008, 237쪽).

184 예컨대 김수태도 앞의 책, 1996, 38쪽의 주 8)에서 신종원의 견해를 따르고 있다.

여기서 또 하나 해결하고 넘어가야 할 의문은, 신문왕 7년에 태어난 아들(A-1의 기록)이 『삼국사기』에 '원자'로 기록된 이유이다. 『삼국사기』에는 원자와 관련한 기록이 많이 나온다. 원자와 관련한 기록들을 검토해 보면 대체로 왕의 맏아들을 그렇게 불렀음을 알 수 있다. 예컨대 문무왕은 태종왕의 원자(太宗王之元子)라고 기록되어 그가 맏아들이었음을 알려 준다. 즉 원자는 정식으로 왕비를 맞이한 다음 그 사이에서 생산된 첫 번째 아들을 지칭하므로 A-1의 기록에서와 같이 신문왕이 신목왕후를 정식 왕비로 맞이한 후 처음으로 태어난 아들을 원자로 기록한 것으로 생각된다.

그러면 원자도 아닌 이홍이 태자로 책봉(A-2의 기록)된 일에 대해서 검토해 보자. 신문왕대의 태자 책봉은 동왕 11년에만 보인다. 지금까지는 신문왕 7년에 태어난 원자가 동왕 11년에 태자로 책봉된 것으로 이해하였는데, 서정목은 신문왕이 왕위에 오르기 전에 신목왕후와의 사이에서 태어난 아들인 이홍을 태자로 책봉하였다고 하였다.[185] 이런 일이 과연 가능하였을까?

우선 이홍이 신목왕후의 친자親子가 아니라면 신목왕후가 이홍의 태자 책봉을 쉽사리 수용하였을까 하는 의문이 든다. 서정목의 설명처럼 신문왕이 15년 전에 어떤 여인과의 사이에서 이홍을 얻었다면 신목왕후는 자신과 자신이 낳은 아들의 목숨까지 위태로워질 수 있는 이홍의 태자 책봉을 쉽사리 받아들이지 않았을 것이다.[186] 이런 점들이 태자 이홍이 신목왕후의 친아들일 가능성을 더욱 높여 준다. 다음으로 이홍의 태자 책봉을 전후한 시기에 정치적으로 특별한 일이 없었음을 염두에 두면[187] 당시 진골귀족들이 이홍의 존재를 이미 알고 있었을 뿐만 아니라 그의 태자 책봉을

185 A-2의 원문이 '封王子理洪爲太子'라는 점이 주목된다.

186 서정목, 앞의 책, 2017, 103쪽.

187 태자 책봉 후 대사면을 실시했다는 기록을 찾아볼 수 있다.

그다지 문제 삼지 않았다고 볼 수 있다.

지금까지 살펴본 바를 정리하면, 태자 이홍은 신목왕후가 왕비가 되기 이전에 정명과 관계하여 태어났고, 후일 신목왕후에게 원자가 있었음에도 그를 제치고 태자로 책봉되었다. 그리고 『삼국유사』에 전하는 기록과 같이 신문왕이 돌아가자 그를 이어 16세의 나이에 왕위를 계승하였다.

Ⅲ. 효소왕 전반기의 정국과 신목태후[188]

이홍은 신문왕 7년에 태어난 원자 대신에 태자로 책봉되었다. 그것은 당시 왕실이나 진골 귀족들이 그의 정통성을 인정하였기에 가능한 일이었다. 아울러 신목왕후도 이홍을 태자로 책봉하는 과정에서 적극적으로 후원하였을 것으로 짐작된다. 이홍을 태자로 책봉할 무렵에는 그녀를 중심으로 한 정치세력도 무시할 수 없을 정도로 형성되어 있었을 것이다.

이홍은 태자로 책봉된 다음 해(692)에 신문왕이 사망하자 효소왕으로 즉위하였다. 『삼국사기』와 『삼국유사』의 기록에 따르면 효소왕은 순조롭게 왕위를 계승한 것으로 전해진다. 효소왕이 즉위하자 당의 측천무후가 곧바로 그를 책봉하였다고 하는 사실에서도 충분히 입증된다. 이홍의 나이가 이미 16세에 이르렀고, 신목태후가 든든한 정치적 후원자 역할을 하였기 때문에 그의 즉위가 순조로웠다고 볼 수도 있다. 이는 『삼국사기』의 기록에 근거하여 효소왕이 6세에 즉위하였다고 볼 때 신목태후가 섭정하였다는 기록이 보이지 않는다는 점으로써 방증된다.

188 신목왕후는 왕의 배우자라는 지위를 기준으로 사용한 호칭이고, 신목태후는 왕모로서의 지위를 기준으로 한 호칭이다. 이 장에서는 주로 왕모의 역할에 대하여 설명하므로 신목태후라고 표기하였다. 이에 대해서는 이현주, 앞의 논문, 2015, 22～23쪽 참조.

그렇지만 이홍의 태자 책봉과 왕위 계승 과정에서 신목태후가 영향력을 행사하였을 가능성은 충분하다. 그러므로 신목태후가 효소왕이 즉위한 다음 배후에서 정국을 주도하였을 가능성이 전혀 없다고 단정할 수는 없다. 물론 이홍이 16세에 왕위에 오른 사실을 염두에 두면 신목태후가 과연 정국 운영에 참여하였을까 하는 의심이 들기도 한다.

이러한 점과 관련하여 필자는 앞서 발표한 논문에서 신목태후가 효소왕 9년에 사망하기 전까지 효소왕대의 정국을 주도하였다고 파악하였다.[189] 그러나 이 생각에 문제가 있다고 판단되어 이를 수정하고자 한다. 다만 효소왕 재위 전반기[190]까지는 신목태후가 왕과 함께 정국을 운영해 나간 것으로 본다. 이를 입증하기 위하여 효소왕이 즉위한 이후에 벌어진 일들을 자세하게 살펴보자.

> C-1. 신문왕神文王이 돌아가고 효소왕孝昭王이 즉위하자 산릉山陵을 닦아 장례길을 만드는데, 정씨의 버드나무가 길을 막고 있어 관리가 이를 베려고 하였다. 정공鄭恭이 노하여 말하기를, "차라리 내 머리를 벨지언정 이 나무는 베지 못한다"라고 하였다. 관리가 이를 아뢰니, 왕이 크게 노하여 법관에게 명하여 말하기를, "정공이 왕 화상의 신술을 믿고 장차 불손한 일을 꾀하려고 하여 왕명을 무시하고 거슬러 자신의 머리를 베라고 말하였으니 마땅히 제 좋아하는 바를 따르리라"라고 하고, 이에 그를 베어 죽이고 그 집을 묻어 버렸다. 조정에서 의논하기를 왕 화상이 정공과 매우 두터워 반드시 꺼리고 싫어함이 있을 터이니 먼저 그를 도모함이 좋겠다고 하여, 이에 갑옷 입

189 조범환, 앞의 논문, 2010 참조.

190 효소왕대의 정국 동향과 관련하여 시기 구분 문제가 매우 중요하다. 일단 여기서는 효소왕이 신목태후와 함께 정국을 운영하다가 본인이 주도하여 국정을 운영하기 시작했다고 생각되는 6년을 그 분기점으로 삼고자 한다. 동왕 6년 9월에 임해전에서 신하들에게 잔치를 베풀었다고 하는 기록이 그 근거이다. 아마 국가에 경사스러운 일이 있었기에 잔치를 열었을 터인데, 필자는 그 일이 효소왕의 친정이라고 생각한다.

은 병사를 불러 그를 찾아 잡게 하였다. (중략) 왕이 말하기를, "화상은 신통력이 있으니, 어찌 사람의 힘으로 능히 도모할 수 있겠는가?"라고 하여, 이에 그대로 내버려 두었다(『三國遺事』 권5, 神呪 6, 惠通降龍).

C-2. 천수 4년 계사癸巳 늦은 봄에 〔부례랑夫禮郎이〕 낭도들을 거느리고 금란金蘭으로 출유하여 북명北溟 지경에 이르러 적적狄賊들에게 붙잡혀 갔다. 문객들은 모두 어찌할 줄을 모르고 돌아왔으나 안상만이 그 뒤를 추적해 갔는데, 이는 3월 11일의 일이다. 대왕이 이 소식을 듣고 놀라움을 금치 못하면서 말하기를, "선왕께서 신적神笛을 얻어서 짐에게 전하여 지금 현금玄琴과 함께 내고內庫에 간직해 두었는데, 무슨 일로 갑자기 적의 포로가 되었는가? 이 일을 어찌하면 좋단 말인가?"라고 하였다. 때마침 상서로운 구름이 천존고天尊庫를 덮었다. 왕이 더욱 놀라 사람을 시켜 조사해 보니 창고에 있던 거문고와 피리 두 보물이 없어졌다. 이에 말하기를, "내 어찌 복이 없어 어제는 국선을 잃고 또 거문고와 피리를 잃게 되었는가?"라고 하면서 창고를 지키던 관리 김정고金貞高 등 다섯 명을 가두었다. 4월에는 국내에 모집하여 말하기를, "거문고와 피리를 찾는 자는 1년의 조세를 상으로 주겠다"라고 하였다. 5월 15일 부례랑의 양친이 백률사栢栗寺의 대비상 앞에 가서 여러 날 저녁 기도를 하였더니, 홀연히 향탁香卓 위에서 거문고와 피리 두 보배를 얻게 되었고 부례랑과 안상安常 두 사람도 불상 뒤에 와 있었다. (중략) 부례랑을 봉하여 대각간으로 삼고, 아버지 대현大玄 아찬을 태대각간太大角干으로 삼고, 어머니 용보부인龍寶夫人을 사량부 경정궁주鏡井宮主로 삼고, 안상 법사를 대통大統으로 삼았으며, 창고 관리 다섯 명은 모두 석방하여 관작을 각기 5급씩 올려 주었다. 6월 12일에 혜성彗星이 동방에 나타나고 17일에는 또 서방에 나타나므로 일관日官이 아뢰기를, "거문고와 피리의 상서에 대하여 작위를 봉하지 않은 까닭입니다"라고 하였다. 이에 신적神笛을 책호하여 만만파파식적萬萬波波息笛이라고 하니, 혜성이 곧 사라졌다(『三國遺事』 권3, 塔像 4, 栢栗寺).

C군의 기록을 보면 효소왕이 즉위 초반에 정치적 어려움에 직면하였음을 알 수 있다. 먼저 C-1의 기록에 따르면 돌아간 신문왕의 왕릉을 조성하는 과정에서 정공을 중심으로 한 반대 세력이 있었다. 이에 효소왕이 신하에게 명하여 그를 죽이고 그의 집을 묻어 버렸다. 또한 조정의 회의에서 정공과 관련 있는 승려 혜통惠通마저 잡아들이고자 하였으나 실패하였다. 이는 즉위 초반기에 왕권에 대한 도발이 있었음을 알려 준다.

C-2의 기록은 효소왕이 즉위한 다음 해에 화랑花郞인 부례랑과 만파식적의 실종이 있었음을 보여 준다. 비록 관음보살의 영험함으로 말미암아 부례랑이 귀환하고 이어서 만파식적도 되찾았지만, 이러한 일이 효소왕 즉위 초에 연이어 일어났다는 것은 왕권이 불안정하였음을 의미한다고 보아도 좋을 듯싶다.

효소왕이 잃어버린 만파식적을 찾았음에도 불구하고 혜성彗星이 연이어 출현한 상황에 대하여 일관은 신적神笛을 적합하게 예우하지 않았기 때문이라고 하였다. 이에 효소왕은 왕권의 정당성을 드러내기 위하여 신적에 책호까지 내렸다. C-2의 기록에서 효소왕이 선왕으로부터 만파식적을 전해 받았다고 한 것은 왕위계승의 정당성을 표현한 것이다. 그렇지만 만파식적을 잃어버린 사건은 당시 효소왕이 처한 불안정한 상황을 보여 준다고 생각된다.

효소왕의 즉위와 맞물려 이 같은 일들이 발생한 것은 새로 즉위한 국왕이 정국을 주도하지 못한 결과라고 볼 수 있다. 이 사건들은 이홍이 왕위를 계승한 지 얼마 안 된 틈을 타 신문왕대에 억압받은 귀족세력이 본격적으로 불만을 드러낸 것은 아니었을까 생각된다. 그의 왕위계승에 불만을 품은 정치세력이 있었을 터인데, 바로 신문왕 사후에 정공으로 대표되는 세력의 저항이 이 같은 사건으로 나타났다고 볼 수 있는 것이다.

여기까지 보면, 효소왕이 즉위한 이후 정국 운영이 쉽지 않았을 뿐만 아니라 불안하였음을 알 수 있다. 그렇다면 신목태후는 이러한 정국에서 아무 일도 하지 않았을까. 효소왕이 왕위를 계승한 이후 중시와 상대등의 임면 상황을 살펴보면 이 같은 의문을 해결하는 데 도움이 될 것이다.

D-1. 대아찬 원선元宣을 중시로 삼았다(『三國史記』 권8, 孝昭王 즉위년 8월).
D-2. 문영文穎을 상대등으로 삼았다(『三國史記』 권8, 孝昭王 3년 봄 정월).
D-3. 개원愷元을 상대등으로 삼았다(『三國史記』 권8, 孝昭王 4년).
D-4. 중시 원선이 늙어서 관직에서 물러났다(『三國史記』 권8, 孝昭王 4년 겨울 10월).
D-5. 이찬 당원幢元을 중시로 삼았다(『三國史記』 권8, 孝昭王 5년 봄 정월).
D-6. 중시 당원幢元이 퇴로退老하므로 대아찬 순원順元을 중시로 삼았다(『三國史記』 권8, 孝昭王 7년 정월).

D군의 기록을 보면, 효소왕 전반기에 상대등과 중시가 자주 교체되었음을 알 수 있다. 이를 〈표 1〉로 제시하면 다음과 같다.

〈표 1〉 신라 효소왕대 전반기 상대등 · 시중 일람표[191]

上大等				中侍			
인명	관등	취임 시기	퇴임 이유	인명	관등	재임 기간	퇴임 이유
眞福	서불한	신문 1년	–	元宣	대아찬	효소 1~4년	退老
文穎	이찬	효소 3년	–	幢元	아찬	효소 5~7년	退老
愷元	이찬	효소 4년	–	順元	대아찬	효소 7~9년	반란 연좌

우선 효소왕이 즉위한 해에 중시를 교체한 것이 눈에 들어온다. 대아찬 원선이 중시에 보임되었는데 그 전임자는 신문왕 10년에 중시가 된 선원仙元이다. 선원에서 원선으로 중시를 교체한 이유를 구체적으로 알 수는

191 〈표 1〉은 이천우, 앞의 논문, 2017, 8쪽에서 인용한 표로 일부 수정한 것이다.

없지만 적어도 새로운 임금이 즉위한 만큼 중시를 교체할 필요가 있었던 것으로 생각된다.

그런데 중시와 달리 상대등은 효소왕 3년에 이르러서야 교체되었다. 문영 이전에 상대등직에 있었던 인물은 신문왕 원년에 상대등으로 임명된 진복眞福이다. 문영과 진복 사이에 상대등 교체에 대한 기록이 없는 것으로 볼 때 진복이 신문왕 원년에 상대등이 된 이후 효소왕 초반까지 상대등직에 있었다고 헤아릴 수 있다. 그런데 효소왕 3년 봄 정월에 문영을 상대등으로 삼았다고 하는 것은 정국에 어떤 변화가 있었음을 말해준다.

그러나 다음 해인 효소왕 4년에 문영에 이어 개원이 상대등에 올랐다. 그러면 이러한 조치를 결정한 사람이 누구였을까라는 점과 아울러 그 이유가 궁금해진다.

E-1. 먼저 이찬 문영文穎과 파진찬 삼광三光을 보내 기일을 정하고, 대아찬 지상智常을 보내 납채納采하게 하였는데, 예물로 보낸 비단이 열다섯 수레이고 쌀·술·기름·꿀·간장·된장·포·젓갈이 백서른다섯 수레였으며, 조租가 백쉰 수레였다(『三國史記』 권8, 神文王 3년).

E-2. 이찬 문영과 개원愷元을 그 집에 보내 책봉하여 부인夫人으로 삼았다(『三國史記』 권8, 神文王 3년 5월 7일).

위의 기록은 신문왕이 신목왕후와의 혼인을 위해 납채하는 모습을 보여준다.[192] 여기서 주목되는 것은 신목왕후를 맞이하러 간 인물이다. 신문왕은 이찬 문영과 파진찬 삼광을 보내 신목왕후를 맞이할 기일을 정하게 하

192 신라 신문왕대 국왕 친영례의 시행을 더 자세히 보려면 김수태, 앞의 논문, 2013을 참고하라.

였고, 실제 신목왕후를 맞이하러 간 인물은 이찬 문영과 개원이다. 이들이 효소왕 초반기에 상대등에 임명되었다는 점으로 미루어 보아 당시 정국을 이끌어 나가는 데에 이들의 도움이 절대적으로 필요한 상황이었던 것 같다.

문영은 삼국통일 전쟁 기간에 크게 활약한 인물로 김유신金庾信이 그의 목숨을 구해 주었던 것으로 미루어 볼 때 김유신과 밀접한 인물임을 헤아릴 수 있다.[193] 더구나 그가 김유신의 아들인 삼광과 더불어 신목왕후를 맞이하는 기일을 정하였다는 점으로 보아 신문왕과도 매우 가까운 사이였음을 짐작할 수 있다. 이러한 정치적 기반은 효소왕이 즉위한 이후 문영이 귀족 대표인 상대등직에 오르는 데에 큰 디딤돌로 작용하였으리라 여겨진다.

그런데 바로 다음 해에 개원이 상대등으로 임명되었다. 문영과 관련된 기록이 더 이상 보이지 않아 무어라 정확하게 말하기는 어렵지만, 적어도 개원을 상대등으로 임명하지 않을 수 없는 어떤 사정이 있었던 것 같다. 개원은 효소왕에게 종조부從祖父가 되는 인물로 문무왕대에 중시를 역임한 인물이다. 따라서 그의 정치적 위상은 매우 높았다. 이렇게 볼 때 효소왕이 약 1년 만에 문영을 끌어내리고 개원을 새로운 상대등으로 임명한 것은 신목태후의 영향력 때문이 아니었을까? 비록 문영도 신목태후를 왕비로 맞이하는 과정에서 중요한 역할을 하였으나(E-2의 기록), 개원이 왕실과 더 밀접하게 연관된 인물이기 때문이다.

이후 효소왕 5년에 중시가 교체되었다(D-4의 기록).[194] 동왕이 즉위한 해에 중시에 임명된 원선이 늙음을 이유로 관직에서 물러나자 당원이 중

193 『삼국사기』 권5, 무열왕 8년 7월.

194 중시 원선이 효소왕 4년 10월에 물러난 이후 후임인 당원은 동왕 5년 정월에 중시로 임명되었다. 그러므로 여기서는 효소왕 5년이라 하였다.

시직에 오른 것이다. 왕이 중시를 교체했다고 볼 수도 있지만, 신목태후가 중시 원선을 나이가 많다는 이유로 자리에서 물러나게 하고 다음 해에 개원과 의견을 모아 당원을 중시로 삼았을 수도 있다.

이상의 추론을 종합하면, 효소왕대 전반기의 정치세력은 효소왕과 모후 세력으로 대표되는 왕실 세력, 중시 세력, 개원으로 대표되는 상대등 세력으로 나누어볼 수 있다.[195] 다만 개원이 효소왕의 종조부이고 신목태후의 친영례에서 주요한 역할을 하였으므로 개원의 상대등 세력은 신목태후와 뜻을 같이한 왕실 세력의 일원으로 보아도 좋을 듯싶다. 결국 이들의 도움으로 효소왕과 신목태후가 공동으로 효소왕 전반기의 정국을 이끌어 나갔으며, 그 과정에서 소외된 귀족들이 불만을 드러냈다고 할 수 있다. 앞에서 본 정공이 대표적인 인물이다.

그러면 효소왕과 신목태후가 귀족들의 불만을 해소한 방법과 안정된 국정 운영을 위해 한 일에 대해서 살펴보자. 다음의 기록이 주목된다.

F-1. 자월子月을 정월正月로 삼았다(『三國史記』 권8, 孝昭王 4년).

F-2. 서시西市와 남시南市의 두 시장을 설치하였다(『三國史記』 권8, 孝昭王 4년 10월).

F군의 기록을 보면, 효소왕 4년에 신라에 커다란 변화가 일어났다. 우선 자월을 정월로 삼았다. 이는 매우 이례적인 조치였다.

원래 인월寅月이 정월이지만 두 달을 앞당겨 자월을 정월로 삼은 것은 단순히 1월에서 11월로 숫자만 바꾼 것이 아니었다. 『삼국사기』에 기록된 신라의 사건들을 보면 정월은 중시나 지방관 파견 같은 인사 이동이 있고, 신궁에 제사를 지낸 후 사면을 행하는 달이다. 그러한 정월을 두 달

195 이천우, 앞의 논문, 2017, 11쪽.

이나 앞당기면 달력이 바뀌는 것 이상의 변화가 초래되었으리라 짐작된다. 이 같은 조치는 측천무후가 689년에 11월을 정월로 삼은 조치를[196] 신목태후가 본뜬 것으로 여겨지는데, 비록 대당 관계가 개선되지 않은 시기였으나 신목태후가 측천무후의 통치를 계속 눈여겨보고 있었음을 암시한다.

또 다른 변화는 효소왕 4년(695)에 서시와 남시를 설치한 것이다(F-2의 기록). 『삼국사기』 직관지에도 서시전西市典과 남시전南市典을 두었다고 기록되어 있는데,[197] 이로써 시장을 설치하고 그것을 담당하는 관부까지 두었음을 알 수 있다. 지증왕 10년에 동시東市를 개설한 후 180여 년 만에 서시와 남시를 개설한 것은 통일 직후의 경제 사정과 관련이 있을 것으로 추측된다. 즉 문무왕대에 통일 전쟁이 완료된 후 백제와 고구려의 경제력이 신라에 통합되었고, 더불어 신문왕 9년에 녹읍祿邑을 혁파하고 축년사조逐年賜租하게 한 조치로 인하여 곡물의 집적량과 이동량이 크게 늘었을 것이다.[198] 이러한 상황에서 두 개의 관시를 설치한 것은 삼국을 통일한 신라 왕실이 국가재정을 통괄하여 효율적으로 관리하겠다는 것을 선포한 강력한 행정 조치였다.[199]

지금까지 논의한 바를 정리해 보면, 효소왕 즉위년부터 효소왕과 신목태후, 개원이 정국을 주도적으로 운영하였다.[200] 즉 효소왕은 16세에 즉위

196 『구당서』 권6, 載初 元年 정월.

197 『삼국사기』 권38, 잡지 7, 직관 상.

198 김창석, 「한국 고대 시의 원형과 성격변화」, 『한국사연구』 99·100합집, 1997, 92쪽의 주 85) 참조.

199 한준수는 효소왕대의 서시와 남시 설치가 경제적 변화의 반영 이상이라고 하면서 당의 시제를 도입하고 정비함으로써 체제 정비를 시도한 조치였다고 파악하였다(한준수, 앞의 책, 2012, 140쪽).

200 김태식, 앞의 논문, 2011, 62쪽에서 『속일본기』에서 보이는 '母王'에 주목하고 여기에 '어머니 같은 왕' 또는 '어머니로서의 왕'이라는 의미를 부여하였다. 이는 신목태후의 섭정을 우회적으로 표현한 것이 아닌가 짐작된다.

한 이후 모후인 신목태후와 더불어 당대 최고 진골 귀족들과 손을 잡고 정국을 주도해 나갔다고 볼 수 있다. 그리고 정국을 안정적으로 운용해 나가자 효소왕 즉위 초기에 표출되었던 일부 귀족들의 불만도 가라앉았다.

Ⅳ. 효소왕의 정국 주도와 경영의 난

효소왕은 16세에 왕위를 계승한 이후 신목태후와 함께 정국을 이끌어 나갔다. 그러면 그는 언제까지 모후와 함께 정국을 운영해 나갔을까. 통상적으로 왕이 18세 이상이 되면 섭정에서 벗어나 친정을 시작한다. 진흥왕이 대표적인 경우이다. 그렇다면 20세가 넘은 효소왕도 독자적으로 정국을 이끌어 나가고자 하지 않았을까 짐작할 수 있다.

> G. 왕녀王女가 갑자기 병이 들자 (왕이) 혜통惠通을 불러 치료하게 하니, 병이 나아 왕이 크게 기뻐하였다. 혜통이 이로 인하여 말하기를, "정공은 독룡의 해를 입어서 애매하게 나라의 형벌을 받았습니다"라고 하니 왕이 그 말을 듣고 뉘우쳐 이에 정공의 처자를 용서하여 놓아 주고 혜통을 국사國師로 삼았다(『三國遺事』 권5, 神呪 6, 惠通降龍).

위의 기록을 보면, 왕녀의 병을 치료한 혜통을 국사로 삼고 정공의 처자를 면죄해 주었다고 한다. 이는 앞서 본 C-1의 기록과 사뭇 달라진 상황을 알려 준다. 즉위 초에 반대 세력이었던 정공을 사면함과 아울러 그와 연결된 혜통을 국사로 삼은 것이다.

물론 G의 기록만으로는 이 같은 조치가 언제 이루어졌는지 명확하게 알 수는 없으나, 적어도 효소왕이 즉위한 후 몇 년이 지난 다음에 일어난 일임은 확실하다. 혜통이 치료한 왕녀는 효소왕의 딸로 보는 것이 적절한

데,[201] 왕녀가 병이 들어 많은 사람으로부터 치료를 받았으나 실패하자 결국 혜통을 부르게 되었다면 효소왕이 친정을 한 이후 어느 정도 시간이 소요되었을 것이기 때문이다.

즉위한 지 몇 년 후 혜통을 불러 국사로 삼고 정공의 죄를 사면해준 것은 명백히 효소왕의 정치적 의도가 반영된 행위이다. 왕이 혜통의 말을 듣고 뉘우쳤다는 것은 그만큼 정공에 대한 처벌이 과도했음을 암시하며, 혜통을 국사로 삼은 데에도 혜통과 정공을 포섭하려는 의도가 숨어 있었을 것으로 파악된다. 정공과 혜통이 효소왕과 정치적으로 대립한 시기는 효소왕 재위 초반이다. 따라서 당시 이들의 대립은 효소왕의 즉위를 반대했기 때문이라기보다는 신목태후와 함께하는 정국 운영에 반대했기 때문으로 볼 수 있는데, 시간이 흐른 후 위와 같은 효소왕의 조치가 있었다는 것은 그가 이들을 정치적으로 포섭할 필요가 생겼음을 의미한다.

그렇다면 무엇 때문에 과거에 왕권에 도전한 세력을 회유하고자 하였을까. 아무래도 효소왕이 정국을 주도하기 시작한 상황과 관련이 있어 보인다. 효소왕의 친정과 관련하여 그가 재위 6년째 되던 해 9월에 임해전臨海殿에서 신하들과 함께 잔치에 참석하였다[202]고 하는 기록이 주목된다. 임해전에서 잔치를 베푼 기록이 효소왕 때에 처음으로 나타나는데 이는 매우 관심 있게 보아야 할 대목이다.

---

201 전에 필자는 왕녀를 신목태후로 보았으나(조범환, 앞의 논문, 2010, 20쪽), 지금은 효소왕의 딸로 보는 것이 옳다고 생각한다(서정목, 앞의 책, 2017, 116~117쪽). 다만 문제는 효소왕의 혼인에 대한 기록을 찾을 수 없다는 점이다. 그렇지만 효소왕이 16세에 즉위하고 26세에 사망하였음을 염두에 두면 20세 무렵에는 혼인하였을 것으로 짐작된다. 물론 왕비에 대한 기록이 보이지 않아 이를 단정하기는 어렵다. 이와 관련하여 서정목은 성덕왕의 첫 번째 왕비로 기록된 성정왕후가 효소왕의 왕비였다가 효소왕 사후에 다시 성덕왕의 왕비로 살았다고 하였다. 이른바 형사취수제가 작동하였다는 것이다(서정목, 앞의 책, 2016, 268~276쪽). 그러나 여기에서는 따르지 않는다.

202 『삼국사기』 권8, 효소왕 6년(697) 9월.

임해전의 조영 연대를 정확하게 알 수는 없지만, 효소왕 이후 왕이 임해전에서 군신과 회합하거나 연회를 베푼 기록이 「신라본기」에 4회나 등장한다.[203] 적어도 임해전에서 이 같은 행사를 한다는 것이 국가적 경사가 있다는 뜻이라면 효소왕이 이 같은 일을 추진한 것은 그에게 무척 의미 있는 일이 일어났음을 알려 준다. 시기상 왕녀가 완쾌한 것을 기념한 행사였을 듯하나, 이 자리를 빌려 자신과 뜻을 같이할 신하들을 포섭하고자 하는 속내가 있었을 것으로 여겨진다. 이 같은 정치적 행위는 신목태후와 함께하는 정치에서 벗어나 홀로서기를 하려는 노력의 일환이 아니었을까.

H-1. 신라 사신 일길찬一吉湌 김필덕金弼德과 부사副使 나마奈麻 김임상金任想 등이 내조하였다(『續日本記』 권1, 天之眞宗豊祖父天皇 원년〔697〕 겨울 10월 辛卯).

H-2. 중시 당원幢元이 늙어 관직에서 물러나자 대아찬 순원順元을 시중으로 삼았다(『三國史記』 권8, 孝昭王 7년 2월).

H-3. 일본국 사신이 이르렀으므로 왕이 숭례전崇禮殿에 불러 접견하였다(『三國史記』 권8, 孝昭王 7년 3월).

H-1의 내용을 보면, 효소왕이 재위 6년째 되던 해 겨울 10월에 일본에 사신을 파견하였음을 알 수 있다. 임해전에서 잔치를 베푼 바로 다음 달이다. H-3의 기록에서는 일본에서 온 사신을 숭례전崇禮殿에서 접견하였다고 한다. 정리해 보면 697년 10월에 효소왕의 명을 받은 신라 사신들이 일본에 갔고 다음 해인 698년 3월에 일본에서 사신을 보내왔다. 재미있는 사실은 697년 8월 일본에서는 몬무천황文武天皇의 어머니 지토천황持統

203 혜공왕 5년(769), 헌안왕 4년(860), 헌강왕 7년(881), 경순왕 5년(931) 등의 기록을 찾아 볼 수 있다.

天皇이 아들에게 천황의 자리를 돌려주는 사건이 있었다는 점이다. 그렇다면 효소왕이 일본에 사신을 파견한 것은 천황 지위를 계승한 일에 대하여 축하 사절을 보낸 것으로 이해할 수 있다. 더 나아가 그러한 일의 전후 사정을 좀 더 자세하게 알아보고자 하는 의도가 내포되었다고 생각된다.

이 같은 흐름을 보건대, 효소왕은 697년 9월 신하들을 불러 모아 자신을 지지할 세력을 확인한 후 10월에 일본으로 사신을 보내 천황 양위 상황을 알아보고자 하였고, 698년 3월에 일본 사신이 신라에 와 몬무천황의 즉위를 설명하였다고 할 수 있다. 효소왕은 신목태후의 그늘에서 벗어나 스스로 국정을 이끌어 나가고자 하였고, 친당정책과 대립되는 대일외교를 추진하였다고 풀이할 수 있다.

또한 눈여겨볼 점은 698년 2월에 이루어진 중시 관련 인사이다. 당원이 중시 직에서 물러나고 대아찬 순원을 중시로 삼은 것이다(H-2의 기록 참조). 효소왕이 순원을 중시로 삼은 것은 왕권 강화의 일환이라고 보아도 좋을 것이다. 다시 말해서 친정을 시작하였을 때 그를 보필해줄 인물이 필요하였던 것이다. 이 같은 인사정책은 완전한 정국 변화의 신호탄이라고 해도 좋을 것이다.

그러면 대아찬 순원과 효소왕의 관계에 대하여 알아보자. 김순원과 관련된 기록은 효소왕대보다 성덕왕대나 효성왕孝成王대에 더 잘 나타나 있다. 그는 딸을 성덕왕의 두 번째 왕비로 들였고, 효성왕에게도 딸을 납비하여 중첩된 혼맥을 유지한 인물로서[204] 왕실과 매우 밀접한 관계에 있었다. 효소왕과의 관계를 알려 주는 기록이 많지 않아 단정할 수는 없지만, 중시가 되었다는 점을 보건대 그가 왕권을 지지하는 세력이었음은 부정할 수 없을 것이다.[205]

---

204 김수태,「신라 성덕왕·효성왕대 김순원의 정치적 활동」,『동아연구』 3, 1983 참조.

205 이천우는 순원을 자의왕후로 대표되는 왕비 가계의 인물로 파악하였다(이천우, 앞의 논

그러면 친정하려는 효소왕의 노력이 과연 성공하였을까에 대해서 알아보자. 이와 관련하여 다음의 기록은 그 과정이 쉽지 않았음을 보여 준다.

I. 봄 2월에 흰 기운이 하늘에 뻗치고 살별이 동쪽에 나타났다. (중략) 가을 7월에 동해의 물이 핏빛으로 변했다가 5일 만에 원래대로 돌아왔다. 9월에 동해의 물이 서로 부딪쳐서 그 소리가 서울에까지 들렸다. 병기고에서 북과 뿔피리가 저절로 소리를 내었다(『三國史記』 권8, 孝昭王 8년).

위의 기록은 효소왕 8년에 일어난 사건들이 단순한 자연재해가 아님을 보여 준다. 특히 병기고에서 북과 뿔피리가 저절로 소리를 내었다는 사건은 변란을 암시하는 것으로 보인다. 그렇다면 이러한 설화적 내용을 어떻게 합리적으로 설명할 수 있을까.

J-1. 신라 정신의 태자 보질도가 아우 효명태자와 더불어 하서부 세헌 각간의 집에 이르러 하룻밤을 묵었다. 이튿날 각기 1천 명의 사람을 거느리고 큰 고개를 넘어 성오평에 이르러 며칠간 유완하였다. 태화 원년(648) 8월 5일에 형제가 함께 오대산에 숨어들었다. 무리들 가운데 시위자들이 〔태자 형제를〕 찾지 못하고 모두 함께 나라〔서울〕로 돌아갔다(『三國遺事』 권3, 塔像 4, 溟州五臺山寶叱徒太子傳記).

J-2. 자장법사慈藏法師가 〔오대산에서〕 돌아간 뒤, 신라 정신대왕의 태자 보천寶川, 효명孝明 두 형제가 (중략) 하서부에 이르러 〈지금의 명주에 역시 하서군이 있으니 바로 이곳이다. 혹은 하곡현이라고도 하나 〔이는〕 지금의 울주로 이곳이 아니다.〉 세헌 각간의 집에서 하룻밤을 묵었다. 이튿날 큰 고개를 넘어 각기 천명으로 된 도를 거느리고 성오평에 이르러 여러 날 유람하다가, 홀연히 어느 날 저녁에 형제 두 사람은 속세를 벗어날 뜻을 몰래 약속하

문, 2017, 16쪽).

고 아무도 모르게 도망하여 오대산으로 숨어들었다〈「고기」에 이르기를 태화 원년 무신년(648) 8월 초에 왕이 산속으로 숨었다고 했으나 이 문장은 크게 잘못된 듯하다〉(『三國遺事』 권3, 塔像 4, 臺山五萬眞身).

위의 두 기록을 보면, 정신대왕(신문왕)의 태자인 보천(J-1에서는 보질도)과 효명 두 형제가 오대산에 숨어들었다고 한다. 두 형제가 오대산에 숨어든 시기에 대해서 J-1에서는 648년이라고 밝혔으나 J-2의 세주에서는 그것이 잘못되었다고 하였다.[206] J-2의 기록을 보면 자장법사가 오대산에서 돌아간 뒤라고 한 것이 주목된다. 이는 자장법사가 오대산에 머물다가 열반에 든 이후의 사실을 이야기한다. 따라서 구체적인 시기는 알 수 없지만 효소왕대의 일로 파악하는 것이 타당하다고 본다.

여기서 눈여겨볼 사실은 정신왕의 두 아들이 오대산에 숨어들었다는 점이다. 두 사람이 속세를 떠날 뜻을 서로 말하고 은밀히 그곳으로 들어갔다고 한 것으로 볼 때 적어도 목숨을 위협받았다고 추측해볼 수 있다. 신문왕과 신목왕후 사이에서 태어나 효소왕의 동모제인 두 사람이 효소왕대에 오대산에 숨어든 데에는 중대한 이유가 있었음에 틀림없다.

이는 I의 기록과 관련이 있지 않을까 생각된다. 즉 신라 왕실에 중대한 사건이 발생해 두 사람이 오대산에 은거할 수밖에 없는 상황에 이른 것으로 짐작된다. 물론 두 사람이 오대산에 들어간 것과 효소왕 8년의 기록을 연결하는 것이 무리해 보일 수도 있다. 그러나 두 명의 왕자가 오대산에 숨어들 수밖에 없을 만큼 정치 상황이 매우 급박했던 것만은 분명해 보인다.

그렇다면 그 정치 상황은 무엇이었을까. 이는 효소왕이 신목태후와 결별하는 과정에서 벌어진 일이 아닐까 싶다. 효소왕은 왕위를 계승한 이후

206 이에 대해서는 서정목, 앞의 책, 2017, 135쪽의 주 6) 참조.

신목태후와 더불어 정국을 주도하였으나 시간이 지나자 신목태후와 결별하고 정국을 스스로 주도하기를 원하였고, 그 과정에서 모후가 정치 일선에서 물러나기를 바랐을 것이다. 또한 동생들이 경주에 머무르는 것도 원하지 않았을 것이다. 그 결과 효소왕의 동모제인 보질도와 효명이 경주를 떠나 오대산으로 가게 된 것으로 짐작된다. 다만 부군副君의 존재를 눈여겨보지 않을 수 없다.[207]

K. 정신 태자의 아우 부군副君이 신라에 있으며 왕위를 다투다가 죽임을 당하였다[208](『三國遺事』 권3, 塔像 4, 溟州五臺山寶叱徒太子傳記).

위의 기록을 그대로 이해하면, 정신 태자(=신문왕이 태자였을 때)의 동생인 부군이 누군가와 왕위를 다투다가 죽임을 당했다는 것이다.[209] 그런데 이를 '정신(=신문왕)의 태자(=효소왕)가 서라벌에서 아우인 부군과 왕위를 다투다가 (부군을) 주멸하였다'라고 이해하는 것이 옳다고 한 해석이 있다.[210] 이를 그대로 따르면 효소왕은 아들이 없자 동생을 부군으로 삼은 것이 된다.[211]

그러면 효소왕이 부군으로 임명한 동생은 누구였을까. 이와 관련한 기

---

207 副君에 대해서는 조범환, 「신라 하대 헌덕왕의 부군 설치와 그 정치적 의미」, 『진단학보』 110, 2010, 42~51쪽을 참고하라. 헌덕왕은 아들이 있었음에도 부군을 두었는데, 결국 부군인 수종이 헌덕왕에 이어 흥덕왕으로 왕위를 계승하였다.

208 원문은 "淨神太子弟副君 在新羅 爭位誅滅"이다.

209 이 기록에 대해서 배재훈은 "국왕이 된 효명에 대한 기억과 보천에 대한 기억의 전승이 차별적으로 이루어졌다"라고 하였다(배재훈, 앞의 논문, 2015, 291쪽).

210 서정목, 앞의 책, 2017, 147~157쪽.

211 이천우는 부군을 인명으로 보는 시각에 의문이 든다고 하면서, 부군을 왕위계승권자에 근접한 세력으로 보는 것이 합당하다고 보았다(이천우, 앞의 논문, 2017, 19쪽). 그렇지만 신라 하대 기록 중에 부군에 임명된 사람의 이름이 나오는 사실로 볼 때 효소왕도 친동생을 부군으로 삼았을 것으로 헤아려볼 수 있다.

록이 없어 자세하게 알 수는 없지만, 신목태후가 왕비로 들어와 신문왕과의 사이에서 낳은 원자가 주목된다. 그는 신문왕 7년인 687년에 태어났으므로 효소왕 8년 무렵이면 13살 전후의 나이가 된다. 그렇다면 부군으로 임명된 인물은 신문왕 7년에 태어난 원자일 가능성이 높다.[212]

효소왕이 동생을 부군으로 삼은 시기를 기록에서는 찾을 수 없으나, 효소왕 8년에 일어난 여러 가지 사건들로 그 시기를 추정할 수 있다. 다시 말해서 여러 가지 자연재해와 병기고에서 일어난 사건들을 부군 임명 과정에서 벌어진 일들로 볼 수 있다고 여겨지는 것이다. 효소왕에게 딸만 있고(G의 기록 참조)[213] 아들이 없자 신목태후 측에서 부군의 임명을 강하게 주장하였을 것이고 그 과정에서 효소왕과 신목태후가 대립하였을 것이다. 당시 효소왕은 20대 초반이었기 때문에 후사를 볼 가능성이 충분하였다. 또한 이미 딸이 있었으므로 생물학적으로도 문제가 없었을 것이다. 그럼에도 불구하고 아우를 부군으로 임명하였다는 것은 결국 신목태후를 중심으로 한 세력에 밀렸음을 의미한다. 그 결과 보질도와 효명이 경주를 떠나고 신문왕 7년에 태어난 원자를 부군으로 임명하였다고 생각된다.

정국이 일단 안정되자 효소왕은 재위 9년에 다시 인월을 정월로 삼았다.[214] 이것은 신목태후를 배제하고 본인과 김순원을 중심으로 정국을 주도하고자 취한 조치로 파악된다. 이 같은 조치는 당연히 신목태후 측의 반발을 불러왔다.

L. 이찬 경영慶永이 반역을 도모하다가 죽임을 당하였고, 중시 순원順元이 연좌되어 파면되었다(『三國史記』 권8, 孝昭王 9년 여름 5월).

212 서정목, 앞의 책, 2017, 158쪽.
213 효소왕의 혼인에 대한 기록을 찾을 수 없어 왕비가 누구인지 전혀 알 수 없는 상황이다.
214 『삼국사기』 권8, 효소왕 9년.

위의 기록을 보면 효소왕이 인월을 정월로 삼은 해 5월에 경영의 반란이 일어났음을 알 수 있다. 경영의 반란에 대하여 여러 가지 견해가 있지만[215] 이는 효소왕을 폐위시키고 부군을 왕위에 올리려고 한 신목태후의 공작으로 이해된다. 즉 신목태후가 당 측천무후의 정국 주도에 대해서 잘 알았기 때문에 일어난 일이라고 해야 할 것이다. 측천무후는 셋째 아들인 중종을 폐위하고 넷째 아들을 왕위에 옹립하였으며 그마저도 폐위시키고 자신이 정국을 주도하였다.[216] 이러한 사실을 아는 신목태후는 효소왕이 죽거나 정변으로 말미암아 왕위에서 물러나면 원자를 왕위에 올려 자신이 계속해서 정국을 주도할 수 있겠다고 생각하였을 것이다. 따라서 신목태후가 주도하여 경영의 난이 일어났다고 보아도 좋을 듯싶다.[217]

5월에 경영의 난이 실패한 후 신목태후는 6월 1일에 세상을 떠났다.[218]

---

215 김수태는 이찬 경영의 모반을 왕권의 전제화에 반대한 진골 귀족 세력에 대항하여 왕당파 세력이 일으킨 사건으로 파악하였다(김수태, 앞의 책, 1996, 53쪽). 반면 김영미는 신문왕의 왕자들 혹은 왕자를 옹립하고 권력을 장악하려 한 세력들에 의해 경영의 난이 일어났다고 보았다(김영미, 「통일신라시대 아미타신앙의 역사적 성격」, 『한국사연구』 50·51합집, 1985: 『신라 미타정토사상 연구』, 민족사, 1988, 156쪽). 또한 박해현은 김순원이 왕권의 반대 세력으로 등장하였고 이들이 효소왕과 연결된 세력을 제거하고자 난을 일으켰다고 보았다(박해현, 앞의 책, 2003, 79쪽). 김영미나 박해현의 견해는 쉽사리 수용할 수 없는데, 난 이후 김순원이 처형당하지 않았기 때문이다. 최근 윤태양은 「孝昭王代 후기 新羅의 對唐사절 파견의 의미」, 『한국문화』 92, 2020, 78쪽에서 국정 운영의 화두로서 적극 추진된 효소왕 정권의 대당 외교에 있어 사절의 귀환이 늦어지면서 이상이 감지되자 경영이 효소왕 정권의 정책에 회의를 품게 되었고 그것이 모반 사건으로 이어졌다고 파악하였다.

216 氣賀澤保規, 「則天武后と武周革命」, 『絢爛たる世界帝國—隋唐時代』, 講談社, 2005; 정병준 역, 「측천무후와 무주혁명」, 『동국사학』 68, 2020을 참조할 것.

217 서정목은 신목태후가 어린 효소왕을 대신하여 정권을 주도한 필자의 논지에 반대하면서 신문왕, 효소왕, 성덕왕 전반기까지 왕실 권력을 행사한 인물들은 신목왕후의 어머니와 그 형제들이었을 가능성이 크다고 하였다(서정목, 앞의 책, 2017, 111쪽의 각주 18) 참조). 그러나 신목왕후의 어머니가 당시 생존해 있었는지가 의문이며, 더 나아가 신목왕후의 어머니를 요석공주로 파악한 것에 대해서는 동의할 수 없다.

218 「皇福寺金銅舍利函記」의 기록에 따르면 신목태후는 효소왕 9년(700) 6월 1일에 세상을 떠났다고 한다.

경영의 난이 일어난 지 약 한 달 만에 죽음에 이른 것이다. 비록 경영의 난을 진압하였으나 효소왕도 약 2년 후에 사망하였다.

M. 신라新羅의 사신 살찬 김복호金福護의 표表에서 말하기를, "우리 임금이 불행히 지난 가을부터 병이 들어 올봄에 돌아가셨다"라고 하였다(『續日本記』 권3, 文武天皇 大寶 3년).

위의 기록을 보면 효소왕은 경영의 난을 진압한 지 얼마 되지 않아 병이 들었고 여러 달 동안 병석에 있다가 죽음을 맞이하였다. 신목태후와의 정국 주도권 다툼에서 승리하였지만 비싼 대가를 치를 수밖에 없었던 것이다. 그는 후사도 남기지 못한 채 세상을 떠났다. 그리고 국인들의 추대로 성덕왕이 왕위를 계승하게 되었다.[219]

* * *

사료가 부족한 고대사 연구에 있어 두 기록이 서로 다를 때에 하나의 기록만을 취하고 나머지 다른 기록을 버리는 태도는 옳지 않다. 바로 여기에 해당하는 경우가 이제까지 논증한 『삼국유사』의 효소왕 관련 기록이다. 『삼국사기』의 기록만을 취신할 경우 『삼국유사』의 기록은 버려질 수밖에 없다. 하지만 『삼국유사』의 기록을 합리적으로 해석하고 이용하면 새로운 사실을 알 수 있을 뿐만 아니라 고대사의 실체에 한 걸음 더 다가가는 기회를 얻을 수 있다. 이런 면에서 『삼국유사』에 기록된 효소왕 관련 사실

219 배재훈은 앞의 논문, 2015, 294쪽에서 당시 국인은 효소왕뿐만 아니라 그의 아우까지도 함께 폐한 것으로 보이는데, 이는 신문왕과 신목왕후 사이에서 태어난 자식들을 모두 폐한 것으로 볼 수 있다고 하였다. 그러나 여기에서는 따르지 않는다.

은 동왕대의 사정을 이해하는 데 많은 도움을 주고 있음에 틀림없다.

지금까지의 연구에서는 대체로 효소왕이 6세에 즉위하였고 모후인 신목태후가 섭정하여 정국을 이끌었다고 설명되었다. 그러나 『삼국유사』 권3, 탑상 4에 실린 '명주오대산보질도태자전기'와 '대산오만진신'조를 합리적으로 해석한 결과, 당시의 정치 상황을 타당하게 설명할 수 있었다. 즉 효소왕(이홍)은 신목태후가 혼전에 태자 정명과 관계하여 낳은 아들로서, 신목태후가 정식으로 왕비가 되어 낳은 원자를 제치고 16세에 왕위를 계승하였다.

그러나 효소왕은 신목태후의 정치적 그늘에서 벗어날 수 없었던 것 같다. 그것은 효소왕 집권 전반기에 있었던 여러 가지 사건들로써 헤아릴 수 있다. 신목태후는 측천무후가 당을 이끄는 모습에 큰 영향을 받아 정월을 변경하는 등 일련의 정치적 조치를 취하였다.

효소왕은 재위 6년 무렵에 이르자 신목태후의 영향력에서 벗어나기를 원하였고 친당정책에 대응하여 친일정책을 추진하였다. 그러한 과정에서 보질도와 효명을 오대산으로 추방하고 원자인 동생을 부군으로 삼았다. 효소왕의 이 같은 조치는 모후인 신목태후와 정치적으로 타협한 결과이다.

그러나 신목태후는 경영을 앞세워 반란을 일으켜 효소왕을 몰아내고 원자를 왕위에 올리려 하였다. 이는 정국의 혼돈을 불러왔으며 그 과정에서 신목태후도 죽음을 맞이하였다. 이후 효소왕은 2년 정도 더 왕위를 지켰으나 병을 얻어 앓다 세상을 떠났다. 이러한 사실은 효소왕대의 정국이 매우 혼란하였음을 말해줄 뿐만 아니라, 모후를 중심으로 한 외척 세력의 영향력에서 효소왕이 벗어나지 못하였음을 입증한다.

일연이 『삼국유사』에 『삼국사기』에서 찾아볼 수 없는 효소왕대의 정치적 혼란상을 이와 같이 남겨둔 것은 그 시대의 정치적 질곡에 대한 이해를 알리고자 한 의도였다고 할 수 있다.

제 Ⅱ 편

신라 중대 왕실의 족외혼과 정치

제5장

성덕왕대 김순원 세력의 등장

Ⅰ. 문제 제기

신라 중대 여덟 명의 왕 가운데서 성덕왕聖德王은 재위 기간이 무려 35년으로 가장 오랫동안 임금 자리에 있었다. 그는 태자太子 책봉을 거치지 않고 국인國人의 추대로 왕위를 계승하였는데, 중대의 여러 임금 가운데 유일한 경우이다. 이러한 이유로 성덕왕은 여러 연구자들의 관심 대상이 되어 왔다.

성덕왕이 국인의 추대로 왕위를 계승한 만큼 관련 연구가 많이 이루어졌다.[1] 그의 재위 기간 동안 일어난 정치적 변화와 관련한 연구도 적잖이

1 신종원, 「신라오대산사적과 성덕왕의 즉위배경」, 『최영희선생화갑기념 한국사학논총』, 탐구당, 1987; 배재훈, 「성덕왕의 왕위 계승 과정 검토」, 『한국전통문화연구』 16, 2015; 조범환, 「신라 중대 성덕왕의 왕위계승 재고—『삼국유사』의 오대산사적을 중심으로—」, 『서강인문논총』 43, 2005 등이 성덕왕의 왕위계승을 직접 다룬 논문이다. 본 장에서는 성덕왕의 즉위와 관련한 것은 언급하지 않고 그의 혼인에 대해서만 다룰 것이다. 그렇지만 성덕왕의 왕위계승과 관련하여 다음 사항은 짚고 넘어가겠다. 성덕왕이 국인의 추대를 받아 임금이 되었을 때의 나이를 주목하지 않을 수 없다. 『삼국사기』의 기록을 근거로 하

찾아볼 수 있다.[2] 그 결과 성덕왕대의 정치적 동향에 대한 이해의 깊이와 폭이 한층 더 넓어졌다. 현재 학계에서는 신라 중대의 성덕왕대가 신라 천년의 역사에서 최대의 태평성대太平聖代였다고 평가하고 있다. 또한 성덕왕대에 이르러 전제왕권專制王權이 안정되고 그 기반 위에 만파식적으로 상징되는 평화를 누렸다고 한다.[3] 이처럼 신라 중대 성덕왕이 재위한 시기는 신라사 전체를 통틀어 매우 주목할 만한 기간으로 평가되고 있다.

성덕왕은 재위 중에 두 번 혼인하였는데, 선비先妃인 성정왕후成貞王后를 출궁시킨 다음 후비後妃인 소덕왕후炤德王后를 맞아들였다. 이에 대하여 적잖은 연구자들이 언급한 바 있지만 아직까지 이해되지 않거나 해결되지 못한 부분이 남아 있다.[4] 예컨대 성정왕후의 출궁을 김순원金順元 세

면 그가 왕위를 계승하였을 때의 나이는 아무리 많아도 14세 7개월을 넘길 수 없다. 어쩌면 그보다 더 어렸을 가능성도 있다. 이기동은 「신라 성덕왕대의 정치와 사회—'군자국'의 내부사정—」, 『역사학보』 160, 1998, 88쪽의 각주 2)에서 성덕왕 즉위 시 연령을 12세로 파악하였다. 반면 『삼국유사』의 '대산오만진신'조나 '명주오대산보질도태자전기'조에 따르면 22세에 임금이 되었다고 한다. 그런데 지금까지 학계에서는 『삼국사기』의 기록을 더 중시하고 『삼국유사』의 기록은 관심 밖에 두었다. 그렇지만 12~14세 무렵에 즉위한 성덕왕이 즉위 초부터 대단히 활력적이고 적극적으로 친정한 것으로 나오는 『삼국사기』의 기록을 볼 때 과연 그것이 가능하였을까라는 의심을 지울 수 없다. 12~14세 무렵에 즉위하였다는 사실을 수긍할 수 없을 뿐만 아니라 어린 나이에 즉위한 왕들의 경우 친정한 나이가 대체로 17세 이상이기 때문이다. 필자가 『삼국사기』의 기록보다 『삼국유사』의 기록에 더 관심을 기울이는 이유가 바로 여기에 있다.

2 김수태, 『신라중대 정치사연구』, 일조각, 1996; 이기동, 앞의 논문, 1998; 박해현, 『신라중대 정치사연구』, 국학자료원, 2003; 윤재운, 「신라 성덕왕·효성왕대의 정치와 사회—『三國遺事』 성덕왕·수로부인·효성왕조를 중심으로—」, 『신라문화제학술발표논문집』 39, 2018 등이 주목된다.

3 이기백, 『한국사신론』(신수판), 일조각, 1990, 108쪽. 반면 윤선태는 성덕왕대가 중대의 전성기를 알리는 黎明이 아니라 중대 몰락의 전야였다고 하였다(윤선태, 「신라 중대말~하대초의 지방사회와 불교신앙결사」, 『신라문화』 26, 2005, 124쪽). 두 연구자의 견해가 이처럼 갈리는 것은 성덕왕대에 대한 입장이 둘 다 편향적임을 의미한다. 좀 더 객관적이고 균형 있게 성덕왕대를 바라보는 시각이 필요해 보인다.

4 기왕의 연구가 가진 문제점이나 미처 다루지 못한 부분이 어떠한 것인지를 본 장의 논지를 진행하는 과정에서 차례로 설명할 예정이다.

력과 연결하여 설명한 연구가 있으나 논리적으로 결함이 있을 뿐만 아니라, 선비를 출궁시킨 지 4년여가 지난 다음 후비를 맞이한 이유에 대해서도 좀 더 생각해볼 필요가 있다.

이에 본 장에서는 성덕왕의 혼인과 성정왕후의 출궁, 그리고 후비인 소덕왕후와의 혼인 등을 집중적으로 검토해 보려고 한다. 이 일련의 사건들을 당시의 정치 상황과 분리하여 설명하는 것은 불가능하다. 따라서 본 장의 목적은 혼인 관계를 통해 성덕왕대의 정치 상황을 새로운 각도에서 살펴보고, 이를 계기로 신라 중대 정치사에 대한 새로운 이해를 제시하는 데 있다.

Ⅱ. 김원태 세력과 성정왕후의 입궁

성덕왕은 재위 3년째 되던 해에 혼인하였다. 그는 태자로 책봉되지 않은 상태에서 국인의 추대로 왕위를 계승하였으므로 혼인이 늦어졌다고 할 수 있다. 먼저 그가 김원태의 딸을 왕비로 맞이하게 된 이유부터 살펴보자.

A-1. 승부령乘府令 소판蘇判 김원태金元泰의 딸을 맞아들여 왕비로 삼았다(『三國史記』 권8, 聖德王 3년 여름 5월).

A-2. 처음 왕비는 배소왕후陪昭王后로 시호는 엄정嚴貞이니 원대元大 아간의 딸이다(『三國遺事』 권1, 王曆篇, 33대 聖德王).

위의 두 기록을 보면, 성덕왕이 첫 번째로 맞이한 왕비는 김원태의 딸이다. 『삼국유사』에서는 그녀를 배소왕후라 불렀고 시호를 엄정이라 하였다.[5] 그런데 『삼국사기』의 기록과 달리 성덕왕의 첫 번째 장인이 원대元大라고 기록되어 있는데, 이는 크게 다툴 만한 사안은 아니다.[6] 다만 여기서 문제가 되는 것은 그의 관등이다. 김원태가 그의 딸을 왕비로 들여보낼 무렵의 관등이 A-1에는 소판蘇判으로, A-2에는 아찬阿湌으로 각각 다르게 기록되어 있다. 그렇다면 둘 중 하나가 틀렸거나 잘못 기록된 것이다. 이 문제와 관련하여 다음의 기록을 주목할 만하다.

> B. 서원소경西原小京을 설치하고 아찬 원태元泰를 사신仕臣으로 삼았다(『三國史記』 권8, 神文王 5년 3월).

위의 기록을 보면 신문왕 5년(685) 3월에 서원소경을 설치하고 원태를 그곳의 사신으로 삼았음을 알 수 있다. 여기서 보이는 원태는 앞의 기록(A-1·2)에서 본 김원태와 동일인임에 틀림없다.[7] 그가 서원소경의 책임자인 사신이 되었을 때의 관등이 아찬이므로 외관에서 물러나 중앙 정계에서 활동할 무렵에는 더 높은 관등으로 올라갔을 것이다. 그가 딸을 왕비로 들여보낼 무렵에는 서원소경의 장관이 된 때로부터 약 19년이 지났으며 이미 그곳의 사신에서 물러나 중앙에서 활동하고 있었으므로 관등이 바뀌지 않았을 리가 없다. 따라서 A-2의 기록에서처럼 아찬이었다고는 볼 수 없으며, A-1의 기록에서처럼 소판 관등에 있었다고 보는 것이 합리적이다. 정리하면, 김원태가 신문왕대 서원소경의 책임자가 되었을 때는 관등이 아찬이었고, 성덕왕에게 딸을 왕비로 납비할 무렵에는 소판 관등에 이르렀던 것이다.

---

5 『삼국사기』에는 '성정 또는 엄정이라고도 하였다'라고 기록되어 있어 연구자에 따라 성정왕후를 엄정왕후라고 부르기도 한다. 필자는 성정왕후라고 부르겠다.

6 박해현, 앞의 책, 2003, 91쪽에서 원대와 원태를 동일인으로 파악하였다.

7 김수태, 앞의 책, 1996, 65쪽에서 두 사람을 동일인으로 보았다.

그러면 이제 성덕왕이 김원태의 딸을 왕비로 맞이한 정황에 대해서 알아보자. 이를 알아내기 위해 김원태의 정치 경력이나 경제적 배경 등을 살펴보는 것도 한 가지 방법이다. 다만 그의 경제적 기반에 대해서는 알기가 어려우므로 여기에서는 정치 활동을 중점적으로 검토하겠다.

김원태의 정치 활동을 『삼국사기』의 기록에서 찾아보면, 그는 신문왕 5년(685)에 서원소경의 장관이 되어 활동한 것으로 나타나 있다(B의 기록). 신문왕이 서원소경을 설치하면서 그 책임자로 김원태를 파견하였다는 것은 그가 친왕적 인물이라는 뜻이다.[8] 특히 그가 부임한 청주는 신라가 중국으로 가는 길목이자 백제의 옛 수도인 공주와 부여를 중간에서 견제할 수 있다는 지리적 이점이 있는 곳이었다.[9] 이렇게 지정학적으로 중요한 곳에 신문왕이 그를 사신으로 파견하였다는 사실에서 그에 대한 왕의 신임이 두터웠음을 충분히 헤아릴 수 있다.

그렇지만 김원태가 언제 서원소경의 장관에서 물러나 중앙 관직으로 나아갔는지는 헤아리기가 어렵다. 성덕왕의 즉위와 더불어 그러하였는지 아니면 신문왕대 후반기부터 이미 중앙에서 활동하였는지는 도무지 알 수 없다. 다만 여기서 말할 수 있는 것은 그가 딸을 왕비로 들여보낼 무렵에 승부령乘府令 직에 있었다는 사실인데, 승부령은 승부의 책임자로 궁중의 승여乘輿 업무를 담당하는 관직이다. 따라서 왕과 가까운 위치에 있었다고 해도 무리한 해석은 아니다.[10]

하지만 승부령이란 관직에 있다는 이유만으로 딸을 왕비로 들여보낼 수

8 김영관, 「고대 청주지역의 역사적 동향」, 『백산학보』 82, 2008, 66쪽. 특히 주목할 만한 사실은 신라가 소경을 설치한 이래 파견된 사신들 중 유일하게 이름이 남아 있다는 점이다.

9 양기석, 「신라 5소경의 설치와 서원소경」, 『신라 서원소경 연구』, 2001, 91~92쪽.

10 물론 그가 언제 승부령이 되었는가에 따라 설명이 달라질 수 있다. 다만 여기서는 성덕왕의 즉위와 더불어 그러한 직책에 오르게 되었다고 본다.

있었을까.[11] 오히려 관직보다는 다른 기제가 작용했다는 생각이 든다. 이와 관련하여 기왕의 연구에 두 가지 설명이 있는데, 첫 번째는 김원태가 시중侍中으로서 성덕왕이 왕위에 오르는 데 중요한 역할을 하였기 때문이라는 것이다.[12] 두 번째는 김원태가 병부령兵部令으로서 승부령을 겸하였기 때문에 딸의 납비가 가능하였다는 것이다.[13] 두 견해 가운데 전자는 무리한 점이 있어 쉽사리 수긍할 수 없고,[14] 후자도 과도한 추측이라 생각된다. 왜냐하면 후자의 사실을 입증할 기록을 찾을 수 없어 그가 병부령 겸 승부령이었다고 단정할 수 없기 때문이다.[15] 확실한 점은, 그가 딸을 납비할 만큼 정치적 지위가 상당하였다는 것이다.[16]

성덕왕은 국인들의 추대로 효소왕에 이어 왕위에 올랐다.[17] 그를 추대

---

11 이영호, 「신라의 왕권과 귀족사회—중대 국왕의 혼인 문제를 중심으로—」, 『신라문화』 22, 2003: 『신라 중대의 정치와 권력구조』, 지식산업사, 2014, 88쪽에서는 승부령이란 이유만으로 왕의 장인이 될 수는 없었을 것이라고 보았다.

12 이기백은 성덕왕 2년 7월에 시중으로 임명된 元文을 김원태로 파악하였다(이기백, 「신라 집사부의 성립」, 『진단학보』 25·6·7 합병호, 1964: 『신라정치사회사연구』, 일조각, 1974, 167쪽의 주 42). 김수태는 이기백의 견해를 수용, 발전시켜 김원태가 중시 직을 이용하여 왕의 외척이라는 사회적 세력으로 등장하였다고 파악하였다(김수태, 「신라 성덕왕·효성왕대 김순원의 정치적 활동」, 『동아연구』 3, 1983, 211~212쪽).

13 이영호, 앞의 책, 2014, 88쪽에서 혜공왕대에 金邕이 병부령으로서 사어부령(구명 승부령)을 겸한 사실을 참고해 볼 수 있다고 지적하였다.

14 이기백과 김수태는 원태와 문원을 같은 인물로 보지만 구체적 논증 없이는 추측일 따름이다. 김원태가 성덕왕 2년에 시중이 된 것을 기반으로 하여 딸을 성덕왕에게 납비하였다는 주장도 쉽사리 수긍하기 어렵다. 또한 1년도 못 되는 기간에 아찬에서 소판으로 관등이 바뀌었다고 하는 점도 의문스럽다(박해현, 「신라 효성왕대 정치세력의 추이」, 『역사학연구』 12, 1993, 330쪽; 「성덕·효성왕대 귀족세력의 추이」, 앞의 책, 2003, 91쪽의 주 16) 참조). 다만 성덕왕이 왕위를 계승하는 과정에서 그의 정치적 역할이 컸다는 견해는 타당하다고 생각한다.

15 필자는 한때 이영호의 견해가 타당하다고 생각하였으나(「신라 중대 성덕왕대의 정치적 동향과 왕비의 교체」, 『신라사학보』 22, 2011, 106쪽), 기록으로 입증하기 어려워 생각을 바꾸었다.

16 김원태가 비록 병부령이 아니었다고 하더라도 그에 준하는 정치적 지위에 있었음은 틀림없다.

17 『삼국사기』 권8, 성덕왕 즉위년.

한 국인들이 구체적으로 누구인지 알 수 없으나, 김원태가 딸을 왕후로 올린 사실로 보건대 그도 국인 가운데 한 명이었을 것이다. 따라서 성덕왕의 즉위에 김원태가 중요한 역할을 하였다고 판단하는 것이 합리적으로 보인다.

효소왕 사망 이후 국인이 오대산으로 대표 격인 장군 네 명을 파견하여 효명을 모셔 왔다는 점[18]을 통해서도 김원태의 위상을 짐작할 수 있다. 장군은 진골 이상만 오르는 관직이므로 아마 이들은 국인 중에서도 최상위층이었고, 김원태가 그중 한 명일 가능성이 있다. 그가 승부령에 임명된 것은 효명을 모셔 올 때에 책임자였기 때문이 아닐까?

다음으로 생각해볼 점은 김원태와 개원愷元의 관계이다. 성덕왕의 왕위 계승에 개원이 큰 역할을 하였음은 잘 알려져 있다.[19] 개원은 태종무열왕의 아들이자[20] 성덕왕의 종조부從祖父이다. 또한 그는 신문왕이 신목왕후를 맞아들일 때 그녀의 집에 가서 부인을 책봉하는 일을 담당하였다.[21] 개원은 신문왕대부터 정치적으로 큰 역할을 한 것이다. 개원과 관련하여 더욱 주목되는 점은 효소왕 4년 상대등에 보임된 이후 성덕왕 5년까지 귀족세력의 대표로 활동하였다는 사실이다.[22] 즉 효소왕대부터 성덕왕대 초반까지 귀족의 대표자로서 개원의 정치적 영향력이 매우 컸음이 입증된다.

이러한 점으로 미루어 볼 때 김원태가 성덕왕이 즉위한 이후 승부령이

---

18 『삼국유사』 권3, 탑상 4, 명주오대산보질도태자전기.

19 김영미, 「성덕왕대 전제왕권에 대한 일고찰—감산사 미륵상·아미타상명문과 관련하여—」, 『이대사원』 22·23합집, 1988, 375~381쪽. 그는 이기백의 견해와 달리 개원을 예로 들어 신라 중대에도 상대등이 왕권의 옹호자였음을 논증하였다.

20 『삼국유사』 권2, 기이 2, 태종춘추공.

21 『삼국사기』 권8, 신문왕 3년 5월 7일.

22 이기백도 개원이 효소왕 말년까지 상대등 직위에 머물렀던 것이 분명하며, 따라서 성덕왕을 추대하는 화백회의에서 의장이었음이 틀림없다고 하였다(이기백, 「통일신라시대의 전제정치」, 『한국사상의 정치형태』, 일조각, 1993: 『한국고대정치사회사연구』, 일조각, 1996, 296쪽).

된 것은 개원의 추천을 받았거나 그와의 정치적 관계가 영향을 미쳐 이루어진 일이라고 추측할 수 있다. 이러한 추측이 맞는다면 두 사람은 매우 밀접한 관계에 있었다고 볼 수 있다.[23] 그렇다면 성덕왕은 개원과 김원태 등 그를 지지하는 국인 세력의 도움으로 왕위를 계승한 것이다.[24] 따라서 성덕왕이 왕위에 오른 지 약 3년 후 김원태의 정치적 공로를 인정하여 그의 딸을 왕비로 맞아들였다고 해석해도 지나치지 않다고 생각한다.

Ⅲ. 성정왕후의 출궁과 왕권의 안정

A-1의 기록에서 보았듯이 성덕왕은 재위 3년째 되던 해에 성정왕후와 혼인하였고, 재위 14년 이전에 아들 중경重慶을 얻었다.[25] 그리고 성덕왕 14년(715) 12월에 중경을 태자로 책봉하였다.[26] 그런데 다음 해인 성덕왕 15년 3월에 왕은 성정왕후를 궁궐에서 내보냈다. 태자 책봉 후 불과 3개월 만에 일어난 일이다. 그렇다면 성덕왕은 왜 갑자기 성정왕후를 출궁시켰을까?

그 이유에 대하여 이미 많은 해석이 이루어졌다. 우선 하마다 고사쿠濱田耕策는 성덕왕 15년에 일어난 왕비 출궁의 배후에 귀족 간의 분쟁과 음

23 물론 두 사람의 관계를 알려 주는 직접적 기록이 없으므로 더 이상 추측하기는 어려우나, 적어도 성덕왕에게 딸을 납비한 일은 개원의 영향력 없이는 이루어지기 불가능하였을 것이다. 당시 개원의 영향력이 매우 컸음을 인정하면 이러한 해석은 무리하지 않다고 생각한다.

24 성덕왕은 국인들의 추대로 왕위를 계승하였는데, 당시의 정치적 영향력을 고려한다면 당연히 개원과 김원태가 국인에 포함되었을 것이다.

25 중경이 언제 태어났는지에 관해서는 『삼국사기』에서 전하는 바가 없다.

26 『삼국사기』 권8, 성덕왕14년 12월.

모가 있었고 거기에서 김원태 일족이 패퇴한 것으로 파악하였다.[27] 이기백은 성정왕후의 출궁이 정치세력 간의 갈등으로 인한 결과로 추측되나, 자세한 내막은 잘 모르겠다고 하였다.[28] 김수태는 왕이 왕권을 강화하기 위해 왕비를 출궁시킨 것으로 파악하였다.[29] 박해현도 김수태와 거의 같은 견해를 피력하였다.[30] 한준수는 김원태를 중심으로 한 대일외교對日外交 중시 세력이 정치적으로 패퇴한 결과로 보았다.[31] 반면 이영호는 부친 김원태가 사망하거나 실권하여 성정왕후가 출궁되었다고 파악하였다.[32] 최근에 선석열은 성덕왕의 아들인 중경이 717년에 사망한 점으로 미루어 보아, 716년 2월에 태자의 병이 회복할 수 없을 정도로 깊어지자 성덕왕

---

27 濱田耕策, 「新羅の聖德大王神鐘と中代の王室」, 『呴沫集』 3, 1980: 『新羅國史の硏究』, 吉川弘文館, 2002, 188쪽. 이 견해를 기반으로 하여 김선주, 「신라 경덕왕대 삼모부인(三毛夫人)의 생애와 정치적 의미」, 『역사학연구』 44, 2011, 11쪽에서 성정왕후의 출궁과 소덕왕후의 입궁에 삼모부인 일가가 깊숙이 관여했을 가능성을 지적하였다.

28 이기백, 「통일신라와 발해의 사회」, 『한국사강좌 Ⅰ—고대편』, 1982, 312~313쪽.

29 김수태, 앞의 논문, 1983, 211쪽. 그는 첫째 왕비의 아버지가 성덕왕이 왕위에 오르는 데 추대세력으로 영향력을 행사하여 중시가 되었고 또 그의 딸을 왕비로 들여보내게 되었다고 보았고, 결국 그것이 왕권을 제약하는 요소로 성장하게 되었다고 해석하였다. 그에 따라 성덕왕이 왕당파 세력과 연결하여 성정왕후를 출궁시켰다고 보았다(김수태, 앞의 책, 1996, 78~83쪽). 그런데 김수태는 김원태가 성덕왕 2년에 시중이 되었다는 주장을 구체적으로 논증하지 않았을 뿐만 아니라, 김순원의 딸이 왕비가 되었다는 사실만으로 김원태와 김순원의 대립을 설정하였다. 그렇다면 성덕왕이 성정왕후를 출궁시킨 후 곧바로 김순원의 딸을 왕비로 들이지 않고 약 4년 후에 혼인한 이유를 설명하기가 어렵다.

30 박해현, 앞의 책, 2003, 93~95쪽. 다만 그는 김수태와 달리 성덕왕이 효소왕과 이복형제라고 하였고, 더 나아가 성덕왕이 왕위를 계승하는 데 김순원이 일정한 역할을 담당하였을 것으로 파악하였다. 즉 성덕왕이 왕위를 계승할 무렵에는 김순원이 정치적 지위를 회복하였을 것이라고 판단하였다.

31 한준수, 『신라중대 율령정치사 연구』, 서경문화사, 2012, 153쪽. 그는 비슷한 시기에 태자 중경이 사망한 것을 볼 때 이 일들은 모두 김원태 세력이 약화되는 과정에서 비롯되었다고 보았다.

32 이영호, 앞의 책, 2014, 89쪽의 주 121) 참조. 그는 성정왕후가 급작스럽게 출궁당했고, 그녀가 출궁된 해인 성덕왕 15년(716)이 김원태가 자신의 딸을 납비하였을 때로부터 12년, 685년 서원소경의 장관이 되었을 때로부터 31년이 지난 때임을 상기하면, 성정왕후의 출궁은 父인 김원태의 사망이나 실권 때문으로 생각된다고 하였다.

이 더 이상 출산하기 어려운 성정왕후를 내보내고 새로 왕비를 맞이하여 후사를 보려고 한 것이라고 주장하였다.[33] 서정목은 성덕왕이 중경을 태자로 책봉하자 성정왕후가 불만을 품고 항의하다가 쫓겨난 것으로 이해하였다.[34]

이처럼 성정왕후의 출궁을 둘러싼 여러 가지 견해들 가운데 대부분이 성정왕후의 출궁을 김원태 세력의 정치적 패배 혹은 성덕왕의 왕권 강화와 연결하여 설명하고 있다. 그 이면에는 성정왕후가 출궁한 이후 김순원의 딸이 성덕왕의 후비가 되었다는 사실이 있다. 하지만 이러한 사실만으로 성정왕후의 출궁이 전부 설명되지는 않는다. 이에 성정왕후의 출궁을 전후한 기록들을 좀 더 자세히 검토해 보자.

C-1. 왕자 중경重慶을 태자로 봉하였다(『三國史記』 권8, 聖德王 14년 12월).

C-2. 성정왕후를 궁궐에서 내보냈다. 채색 비단 500필과 밭 200결, 조租 1만 섬과 집 한 채를 주었는데, 강신공康申公의 옛집을 사서 주었다(『三國史記』 권8, 聖德王 15년 3월).

C-3. 태자 중경이 죽으니 시호를 효상孝殤이라 하였다(『三國史記』 권8, 聖德王 16년 6월).

위의 기록을 보면, 성덕왕은 재위 14년에 성정왕후와의 사이에서 태어난 중경을 태자로 책봉하였다(C-1의 기록). 그리고 약 3개월 후에 성덕왕은 성정왕후를 출궁시켰는데, 채색 비단 등 여러 가지 재물을 내려주었다(C-2의 기록). 주목할 만한 사실은 성정왕후가 출궁한 다음 해에 태자로 책봉된 중경이 갑자기 사망하였다는 점이다(C-3의 기록). 이러한 일련의

33 선석열, 『신라 왕위계승 원리 연구』, 혜안, 2015, 201쪽.

34 서정목, 『요석』, 글누림, 2016, 268쪽.

사건들은 서로 유기적으로 연결되어 있다고 판단된다.

성덕왕이 태자로 책봉한 중경의 생년월일은 확인되지 않는다. 성덕왕과 성정왕후가 혼인한 다음 해에 중경이 태어났다고 가정하면 그는 약 11세에 태자로 책봉되었다고 할 수 있다.[35] 태자의 책봉은 정치적으로 여러 가지 의미가 있는데, 왕권의 과시와도 밀접한 관련이 있다.[36] 이러한 점으로 미루어 보면 성덕왕이 어린 아들을 태자로 책봉한 것은 왕권 확립의 디딤돌을 놓은 조치라고 해석할 수 있다. 그런데 태자 책봉 후 약 3개월 만에 태자의 어머니를 출궁시킨 조치는 쉽사리 납득이 가지 않는다. 태자를 둘러싼 외척 세력의 성장을 염려하여 왕비를 출궁시켰다는 주장이 있지만, 때에 따라 외척 세력을 기반으로 왕위를 계승하거나 왕권을 강화하는 경우도 얼마든지 찾아볼 수 있다. 그러므로 기왕의 해석은 잠시 유보해 두고 좀 더 새로운 해석을 모색해 보기로 하자.

이를 위해 C-2의 기록을 다시 살펴보자. 성덕왕은 성정왕후를 출궁시키면서 살 집과 더불어 경제적 기반까지 마련해 주었는데 대단한 배려라고 하지 않을 수 없다. 왜냐하면 신라 중대의 왕들 가운데 성덕왕을 제외하고는 왕비를 출궁시킬 때 여러 가지 재물을 함께 준 경우를 거의 찾아볼 수 없기 때문이다. 따라서 이러한 사실은 성정왕후의 출궁을 새롭게 해석할 여지를 준다. 성덕왕이 취한 조치는 그가 강압적으로 왕비를 출궁시키지 않았음을 의미하는 것이 아닐까?[37] 그렇다면 이것은 왕과 왕비 사이에

---

35 이승현은 중경이 태자로 책봉되었을 때의 나이를 최대 11세로 보았다(이승현, 「신라의 동궁제도」, 『한국고대사연구』 55, 2009, 230쪽). 당연히 11세보다 어렸을 가능성도 있다.

36 김창겸, 「신라시대 태자제도의 성격」, 『한국상고사학보』 13, 1993, 159쪽.

37 혹자는 성덕왕이 출궁하는 성정왕후를 인간적으로 배려한 것이 아니냐고 생각하겠지만, 그보다는 정치적 관점에서 해석하는 것이 여러모로 더 타당해 보인다. 또 다른 이는 성정왕후의 출궁이 무리하게 이루어졌기 때문에 많은 재물을 주었다고 주장한다. 하지만 뒤집어 생각하여 오히려 성정왕후 측이 많은 재물을 요구하였을 가능성도 고려할 필요가 있다.

이루어진 정치적 타협의 결과물일지도 모른다. 이는 궁궐을 나가게 된 왕비에게 경제적 지원을 하였다는 점에서 충분히 개연성이 있는 추측이다. 그렇다면 그 정치적 타협의 내용은 무엇이었을까.

C-2의 기록 가운데 주목되는 부분은 성정왕후가 궁궐 밖으로 나가서 지내게 된 곳이 강신공康申公의 옛집이라는 점이다. 강신공이라는 호칭은 그가 진골 귀족임을 알려 주는데, 그가 살았던 집이라면 적어도 금입택金入宅 정도의 규모였을 것이다. 그리고 성정왕후가 강신공의 옛집에서 살았다는 사실은 그녀가 친정으로 돌아가지 않겠다는 의사를 명확히 표현한 행동으로 이해해도 좋을 것이다.

여기서 우리는 성덕왕보다 성정왕후의 의도가 무엇인지를 생각해 보지 않을 수 없다. 그녀의 선택은 중경의 태자 책봉과 무관하지 않을 것이다. 앞서 제시한 C-1과 C-2의 기록에서 보듯이 중경이 태자로 책봉된 지 3개월 만에 궁궐에서 나가면서 많은 재산을 받았다고 하는 점에서 그렇다. 성덕왕의 태자 책봉과 맞물려 모후가 궁궐에서 나간 사정은 정치적 역학관계를 배제하고는 헤아리기 어려울 것이다.

성덕왕이 중경을 태자로 책봉하면 가장 기뻐할 사람이 왕비 성정왕후와 그녀의 아버지인 김원태임은 어렵지 않게 짐작할 수 있다. 성덕왕은 국인의 추대로 왕위를 계승하였기 때문에 정통성의 시비에서 자유롭지 못하였다. 전대 왕이자 성덕왕의 형인 효소왕도 원자가 아니었음에도 태자로 책봉되어 왕위를 계승하였으므로 정통성 문제가 항상 존재하였다. 이런 상황에서 정식으로 태자로 책봉되어 왕위를 계승한다는 것은 왕실의 정치적 역학관계를 변화시킬 수 있는 중요한 계기였다. 또한 태자의 모후와 외조부를 중심으로 한 정치세력의 위상이 하루아침에 달라질 수 있었다.

태자의 외조부인 김원태가 신문왕 5년(685)에 서원소경 사신으로 나갔을 때의 나이를 대략 30세로 추측하면 외손이 태자로 책봉되었을 때의 나이는 대략 61세로 추정된다. 물론 더 어린 나이에 사신으로 나갔다고 가정하면 50대 중반 정도도 가능하다. 이로써 미루어 볼 때 당시에 김원태가 생존하여 중앙 정계에서 중요한 위치를 차지하였을 수 있다. 중경이 태자로 책봉되었을 무렵의 김원태에 대한 기록을 더 찾을 수는 없으나, 적어도 그를 중심으로 한 정치세력은 그 위세가 적잖았을 것으로 짐작된다.[38]

이 같은 정치 상황을 염두에 두면 성덕왕이 성정왕후를 강제로 출궁시킬 수는 없었을 것이다. 그러므로 성정왕후의 출궁은 성덕왕과 성정왕후가 정치적으로 타협한 결과로 보인다. 성덕왕이 왕위를 계승한 이후의 정치적 활동을 살펴보면 성정왕후의 출궁에 대한 진실에 좀 더 가까이 다가갈 수 있을 것이다.

성덕왕은 왕위를 계승한 이후 꾸준하게 왕권을 강화한 것으로 알려져 있다. 성덕왕 6년(707)에 태종무열왕을 위해 봉덕사奉德寺 조성을 시작하였고,[39] 재위 10년에 백관잠百官箴을 지어 군신에게 제시하였다.[40] 재위 12년에는 국가 제사를 담당하는 관청인 전사서典祀署를 신설하였다.[41]

이러한 과정에서 성덕왕은 성정왕후를 중심으로 한 외척 세력과 대립하게 된 것은 아니었을까? 성덕왕은 정치적 목적을 띠고 김원태의 딸을 왕비로 맞이하였지만, 왕권을 강화해 가는 과정에서 김원태를 중심으로 한 외척 세력이 왕권의 조력자가 아니라 왕권을 제약하는 걸림돌로 작용하자 불만이 생겼을 수도 있다. 더구나 두 사람 사이에서 태어난 아들을 태자로 책봉할 경우 김원태의 정치세력이 더욱 성장하는 상황을 염려하지

38 필자는 앞의 논문, 2011, 113~114쪽에서 김원태가 죽음을 눈앞에 두었을 가능성을 언급하였으나 그 견해를 수정한다.

39 김수태, 앞의 책, 1996, 69쪽.

40 김수태, 위의 책, 1996, 70쪽.

41 김수태, 위의 책, 1996, 70쪽. 그는 이러한 사실이 성덕왕의 전제왕권 강화와 관련이 있다고 파악한다. 그러나 여기에서는 이 주장을 따르지 않는다.

않을 수 없었을 것이다. 따라서 성덕왕이 아들 중경을 태자로 책봉하는 데 신중했던 것으로 볼 수 있다.[42]

성덕왕이 태자 책봉에 신중한 태도를 보이자 성정왕후와 김원태는 조바심이 났을 것이다. 김원태는 외손이 태자로 책봉되면 그를 중심으로 한 정치세력의 영향력을 더 키울 수 있었기 때문에 중경의 태자 책봉을 무척 고대하였을 것이다. 그렇지만 성덕왕이 그 시기를 미루자 김원태를 중심으로 한 세력과 성정왕후가 성덕왕에게 중요한 제안을 한 것은 아니었을까. 즉 성덕왕에게 중경을 태자로 책봉하면 성정왕후가 출궁하겠다는 조건을 제시하면서 그녀가 궁궐 밖에서 지낼 집과 경제적 지원을 요구하였고, 성덕왕이 그 제안을 수용하였다고 추측할 수 있다.[43]

이러한 추측에 따르자면, 성덕왕은 성정왕후를 강제로 출궁시킨 것이 아니라 그녀가 제시한 정치적 요구를 수용한 것이다. 앞에서 살펴보았듯이, 성덕왕은 개원과 김원태를 중심으로 한 세력의 지지를 받아 즉위하여 정국을 이끌어 나갔다. 그는 재위 5년에 개원이 상대등에서 물러난 후 친정을 시작한 것으로 짐작되는데, 재위 6년에 착수한 봉덕사 조성이 그 근거이다. 개원이 물러난 후 왕권 강화에 박차를 가하던 성덕왕 입장에서는 장인인 김원태 역시 걸림돌로 여겨졌을 것이다. 그렇다면 이때 성덕왕의 독자적 행보를 김원태의 영향력에서 벗어나려는 시도로도 해석할 수 있다. 김원태 또한 성덕왕이 친정하며 자신과 거리를 두려 하자 불만이 커져갔을 것이다.

그 과정에서 성덕왕과 김원태를 중심으로 한 정치세력 간에 적잖은 대

42 중경이 태자에 책봉되었을 때의 나이는 대략 11세였다. 그러나 후비가 낳은 승경은 3세 무렵에 태자로 책봉되었다. 이러한 사실로 미루어 볼 때, 중경의 늦은 태자 책봉에는 성덕왕의 의도가 반영되었다고 볼 수 있다.

43 성정왕후는 태자가 자라서 왕이 된 다음을 기약한 것은 아니었을까 하는 생각마저 든다.

렵이 있었을 것으로 짐작할 수 있다. 그런데 이때 성정왕후가 중경의 태자 책봉을 조건으로 자신의 출궁을 제안하자 성덕왕은 이를 왕권을 강화할 기회로 생각하고 그 제안을 받아들였을 것이다. 그 결과 성덕왕은 중경을 태자로 책봉한 다음 약 3개월 뒤에 왕비와 헤어진 것으로 짐작된다.

그런데 성정왕후가 왕실을 떠난 지 약 1년 반 후에 태자가 갑작스럽게 사망하였다.[44] 이것이 성정왕후의 출궁에서 비롯되었다고 파악하는 견해도 있다.[45] 중경의 사망은 분명 자연스러워 보이지 않는다.[46] 성덕왕은 죽은 태자에게 효상孝殤이라는 시호諡號를 내렸는데, 이것은 신라 역사상 최초의 일이었다.[47] 효상의 의미를 보건대 태자는 횡사하였을 가능성이 있다.[48]

성덕왕이 이 같은 조치를 취한 것은 태자의 사망이 자연스러운 일이 아니었기 때문이다. 물론 이 점을 입증할 만한 구체적인 기록은 없지만, 그의 죽음이 자연스러운 일이었다면 성덕왕이 과연 그러한 시호를 내렸을까? 아무래도 태자의 죽음에 성덕왕 자신도 비껴가지 못한 무언가가 연관된 것으로 짐작된다. 억측하자면, 태자의 어머니가 비록 왕실에서 물러났지만 태자를 중심으로 한 모후 세력이 얼마든지 새롭게 부상할 가능성이 있었기 때문에 성덕왕과 그를 지지한 세력은 태자에게 호의적이지 않았을 것이다. 그런 상황에서 태자를 죽음으로 몰고 간 사건이 있었을 것으로 생각된다. 이것은 비록 추론에 불과하지만, 확실한 점은 태자 중경의 사망

44 『삼국사기』 권8, 성덕왕 16년 6월.

45 김수태, 앞의 책, 1996, 79쪽.

46 박해현은 태자의 죽음을 단순한 우연으로 보았다(박해현, 「신라 성덕왕대 정치세력의 추이」, 『한국고대사연구』 31, 2003, 339쪽).

47 이승현, 앞의 논문, 2009, 236쪽.

48 단국대학교 동양학연구소, 『漢韓大辭典』, 2006, 917쪽. '殤'의 의미는 여러 가지인데, 부모에 앞서 죽음을 의미하기도 하지만 여기에서는 갑작스럽게 죽은 것으로 보는 쪽이 더 타당하리라 생각된다.

이 자연스러운 일이 아니라는 것이다. 성덕왕은 어쩌면 태자의 사망을 둘러싼 의혹을 일시에 소거하기 위해 시호를 내렸을지도 모른다.

D. 중시 효정孝貞이 관직에서 물러났으므로 파진찬 사공思恭을 중시로 삼았다(『三國史記』 권8, 聖德 17년 봄 정월).

위의 기록을 보면, 태자가 사망한 다음 해 봄 정월에 효정이 중시 직에서 물러났음을 알 수 있다. 이 기록만으로는 그가 중시 직에서 물러난 이유를 알 수 없다. 성덕왕 13년 이전에는 대체로 병이 들어 스스로 사임하거나 나이가 많아 정무를 담당할 수 없을 때 중시가 교체되었다. 그런데 효정의 경우 중시에서 물러난 이유가 기록되어 있지 않다. 시기로 보건대 효정이 태자의 죽음에 어떤 책임이 있거나 태자를 지지하였다가 축출당하였다고 생각해도 무리하지 않아 보인다.[49]

이상의 추론에 따르면, 성정왕후의 출궁은 태자의 앞날을 배려한 조치였다. 성정왕후는 자신이 비록 궁궐에서 나가더라도 후일 태자를 중심으로 세력을 규합할 수 있으리라고 생각하였다. 또한 태자가 자라서 임금이 되었을 때 정치적 지위를 회복할 수 있으리라고 믿었다. 그렇지만 얼마 지나지 않아 태자 중경은 부자연스러운 죽음을 맞았다. 이로써 성정왕후의 계획은 물거품이 되어 버렸고 성덕왕은 왕권을 강화할 계기를 마련하였다고 판단된다.

---

49 김지성도 이때에 벼슬을 버리고 전원으로 물러났다고 하는데(문명대, 「신라 법상종(유가종)의 성립문제와 그 미술(하)—감산사 미륵보살상 및 아미타불상과 그 명문을 중심으로—」, 『역사학보』 63, 1974, 87쪽), 아마 그도 태자를 지지한 세력으로 여겨지며, 효정과 함께 관직에서 물러났다고 볼 수 있다.

Ⅳ. 소덕왕후의 입궁과 김순원 세력의 확대

성덕왕은 성정왕후와 헤어지고 약 4년 후에 새로운 왕비를 맞아들였다.[50] 그는 이찬 순원의 딸을 왕비로 맞아들인 지 약 3개월 후에 그녀를 왕후(이하 소덕왕후)로 삼았다. 그러면 성덕왕이 김순원의 딸을 후비로 맞아들인 이유를 알아보자. 앞선 연구들에서는 김순원을 중심으로 한 왕당파 세력의 협조로 성정왕후를 출궁시킬 수 있었기 때문에 그 대가로 소덕왕후와 혼인한 것으로 설명하고 있다.[51]

그렇지만 앞서 논증 과정에서 보았듯이 성정왕후의 출궁과 김순원의 정치적 역할이 서로 유기적으로 연결되어 있었다고 단정할 수는 없다. 즉 성덕왕이 김순원의 딸과 혼인하게 된 것은 성정왕후의 출궁과 별개의 사실로 파악하는 것이 합당하다고 생각된다. 성정왕후의 출궁과 김순원의 딸을 왕비로 들인 것이 서로 연결된다면 성정왕후가 출궁한 후 곧바로 두 사람의 혼인이 이루어졌어야 마땅하다. 그렇지만 약 4년이 지난 다음에 혼인하였으므로 두 가지가 별개의 일이었다고 보는 것이 합리적이다. 그렇다면 성덕왕과 김순원의 딸인 소덕왕후가 혼인한 과정이 궁금해진다. 이를 알아내기 위하여 소덕왕후의 아버지인 김순원에 대하여 잠시 살펴보는 것도 논지를 전개하는 데 도움이 될 것이다.

김순원은 효소왕 7년(698)에 중시가 되어 자신의 세력을 형성하며 실력을 행사한 것으로 알려져 있다.[52] 효소왕 9년에 이찬 경영이 일으킨 반역 사건에 연좌되어 파면되었으나[53] 성덕왕 5년에 만들어진 「황복사석탑

---

50 『삼국사기』 권8, 성덕왕 19년 3월.

51 김수태, 앞의 논문, 1983, 215~216쪽; 신종원, 앞의 논문, 1987, 114쪽; 박해현, 앞의 책, 2003, 94쪽; 이영호, 앞의 책, 2014, 79쪽 등에서도 이같이 설명하였다.

52 김수태, 위의 논문, 1983, 207쪽.

53 『삼국사기』 권8, 孝昭王 9년 여름 5월.

금동사리함皇福寺石塔金銅舍利函」의 명문에서 그의 이름을 찾아볼 수 있다.[54] 이는 그가 적어도 성덕왕 5년 무렵에는 정치적으로 재기하였음을 입증한다. 사리함기에 적힌 명문의 내용을 살펴보면, 신문왕이 돌아가자 신목왕후와 그의 아들인 효소왕이 신문왕을 위하여 삼층석탑을 만들었고, 이후 성덕왕이 706년에 이차로 사리함명 및 그곳에 적힌 내장물을 추가하였다고 한다.[55] 그렇다면 적어도 김순원과 성덕왕이 서로 밀접한 관계였다고 해도 무리한 지적은 아닐 것이다.

그런데 여기서 관심을 두고 살펴볼 것은 황복사삼층석탑 조성 과정에 있어 김순원의 역할이다. 그가 성덕왕의 명을 받아 애초의 사리 장치를 변경·추가하는 일을 직접 주도하였는지 아니면 단순히 이름만 그곳에 올렸는지는 알 수 없지만, 이러한 정치적 활동은 성덕왕과 관계가 있어야만 가능하였을 것이다. 경영의 난 이후 한때 정치적으로 불우한 처지에 있었으나 황복사삼층석탑을 조성할 때 사리함기에 자신의 이름을 남겼다는 것은 김순원이 정치적으로 훌륭히 재기하였음을 보여 준다. 그는 효소왕대에 대아찬이었으나 성덕왕에게 딸을 납비할 무렵에는 이찬까지 이르렀다.

성덕왕이 김순원의 딸을 왕비로 들인 것은 그의 정치적 지위를 고려한 결정으로 생각되지만, 그와의 관계가 매우 밀접했다는 점도 영향을 미쳤을 것이다.[56] 그렇다면 김순원이 어떻게 그러한 관계를 맺을 수 있었는지를 검토해 보자. 이와 관련하여 기존의 연구에서는 성덕왕의 형인 효소왕이 재위 후반기나 말년에 병석에 있었을 것이며, 그때 왕제인 성덕왕이 일

54 "寺主沙門善倫 蘇判金順元."

55 신종원, 앞의 논문, 1987, 114쪽. 그러나 김수태는 효소왕과 신목태후가 삼층석탑을 만들려다가 여의치 못하자 성덕왕이 완성한 것으로 파악하였다(김수태, 앞의 논문, 1983, 208쪽).

56 주보돈은 김순원이 신문왕의 동생일 가능성을 제시하였다(주보돈, 「남북국시대의 지배체제와 정치」, 『한국사 3』 한길사, 1994, 323쪽의 주 39) 참조). 특별한 논증 없이 제시한 주장이라 여기에서는 따르지 않는다.

정한 정치적 영향력을 행사했을 가능성이 크다고 한다.[57] 그러나 이 같은 주장은 앞서 논증한 바에 따르면 성립할 수 없다. 효명이 왕 옆에 있었다면 굳이 국인의 추대를 받았을까 하는 의문이 들 뿐만 아니라, 그를 오대산에서 데려왔다고 하는 기록도 부정해야 하기 때문이다. 더구나 당시에는 효명이 오대산에 있었기 때문에 김순원과 정치적으로 아무런 관련이 없었을 가능성도 있다.

그렇지만 김순원은 성덕왕 5년에 이르러 정치적으로 재기하였고, 성덕왕과 같은 정치적 길을 가게 된 것으로 보인다. 과연 그 계기는 무엇이었을까. 이제 그가 효소왕대에 중시로 임명된 이후의 정국 동향을 면밀하게 살펴보지 않을 수 없다.

김순원이 중시로 임명된 다음 해에 효소왕은 자신의 동생을 부군으로 삼았다.[58] 이는 효소왕이 모후인 신목태후와 정치적 긴장 관계를 유지하는 가운데 이루어진 일이다. 이렇게 정국이 혼란스런 상황에서 김순원이 계속 효소왕의 지지 세력으로 남아 있었다고 단정하기는 어렵다. 김순원은 효소왕이 신목태후로부터 벗어나 정국을 주도하기 위하여 여러 가지로 노력하였으나 부군을 앞세운 신목태후를 중심으로 한 세력이 효소왕을 정치적으로 압박하는 상황을 누구보다도 잘 알았을 것이다. 또한 신목태후 측에서 김순원을 회유하였을 가능성도 충분하다. 따라서 김순원도 어느 한쪽을 택할 수밖에 없는 상황에 처하지 않았을까 싶다. 그는 특정 세력을 택하지 않고 밖으로는 효소왕과, 안으로는 신목태후 세력과 연결되었다가 신목태후를 중심으로 한 정치세력이 경영을 앞세워 난을 일으키자 소극적으로 동참하였던 것으로 짐작된다.

난이 진압된 이후 김순원이 죽임을 당하지 않고 파면되는 데 그친 것

57 한준수, 앞의 책, 2012, 150쪽.

58 조범환, 앞의 논문, 2005, 104쪽; 이 책 제4장 제IV절을 참고하라.

은[59] 이 같은 정치적 태도 때문이었다고 파악된다.[60] 그렇지만 경영의 난 이후 효소왕이 재위하는 동안에는 정치적으로 소외당하였을 것이다. 당시 상대등 개원 등의 세력이 성덕왕 집권 후 영향력을 행사하였기 때문에 김순원은 계속해서 정치적으로 불우한 위치에 있었을 것이다. 정치적으로 새로운 모색을 하는 시기에 있었을 수도 있다.

이러한 가운데 성덕왕 5년(706) 봄 정월에 인품仁品이 상대등직에 올랐다.[61] 개원이 상대등에서 물러난 이유는 알 수 없으나,[62] 확실한 사실은 개원을 중심으로 한 정치세력이 정계에서 후퇴하고, 인품을 중심으로 한 세력이 정치 전면에 등장하였다는 것이다. 김순원도 개원 세력이 쇠락하자 성덕왕의 지지 세력으로 재등장한 것으로 짐작된다. 앞서 보았듯이 성덕왕 5년 「황복사석탑금동사리함」 조성에 그가 참여하였다는 것은 성덕왕과 일정한 관계 없이는 이루어질 수 없는 일이기 때문이다. 이는 인품이 상대등직에 오른 시기와 일치하는데 이 과정에서 상대등 인품과도 관련이 있었던 것이 아닐까 짐작해볼 수 있다.

지금까지 김순원이 효소왕대에 시중에 올랐다가 경영의 난으로 말미암아 정치적 어려움을 겪은 상황, 그리고 성덕왕 5년에 다시 정치적으로 출세한 이유에 대해서 살펴보았다. 한마디로 종합하면 성덕왕이 왕권을 강화하기 위해 그를 정치적으로 포섭한 것으로 생각되며, 그 과정에서 김순원이 성덕왕을 지지하는 세력으로 자리 잡았다고 볼 수 있다. 이러한 생각이 타당하다면 성덕왕이 김순원의 딸을 후비로 맞아들인 이유도 쉽사리

59 『삼국사기』 권8, 효소왕 9년 여름 5월.

60 한준수는 앞의 책, 2012, 137쪽에서 김순원은 단순한 지역적 연고로 인하여 논죄된 것이지 모반을 꾸몄거나 주모자여서 문책된 것은 아니라고 하였다.

61 『삼국사기』 권8, 성덕왕 5년 봄 정월.

62 「감산사 미륵·아미타 조상기」에서는 김지성이 개원의 장수와 복을 기원하고 있는데, 미륵조상기는 719년에, 아미타조상기는 720년에 만들어졌으므로 개원이 이때까지 살아 있었다고 짐작된다.

납득할 수 있다.

성덕왕 측에서 김순원의 딸을 후비로 들인 것은 어찌 보면 매우 당연한 일이다. 봉덕사를 창건하고 전사서를 설치하는 등 왕권을 강화하는 움직임을 보인 성덕왕은 성정왕후를 출궁시킨 후 김순원을 통해 왕권을 강화하고자 하였다. 비록 그를 상대등이나 시중 직에 보임하지는 않았지만 정치적 역경을 딛고 이찬까지 오른 그의 정치적 역량을 높이 사 김순원의 딸을 후비로 맞이한 것이다.

성덕왕은 김순원의 가계도 고려하였을 것으로 여겨진다. 기존의 연구에 따르면 김순원의 출자는 자의태후의 집안일 가능성이 크다고 한다.[63] 그렇지만 그는 아버지 신문왕과는 달리 족내혼을 거부하고 좀 더 넓은 범위의 가계에서 왕비를 찾고자 한 것으로 생각된다. 좁은 가계에서 왕비를 찾는 관습으로 인해 결국 커다란 세력 다툼이 일어났고, 그 과정에서 동모제의 죽음을 보았기 때문이다.

성덕왕은 김순원의 딸인 소덕왕후를 맞이하여 승경과 헌영 등 두 아들을 두었다. 승경承慶은 성덕왕 23년 봄에 태자가 되었으며 성덕왕 사후에 효성왕孝成王으로 즉위하였다. 동생인 헌영憲英은 효성왕을 이어 경덕왕景德王이 된 인물이다. 이를 보건대 승경은 3세 무렵에 태자에 책봉된 것 같다. 성덕왕이 매우 어린 승경을 태자로 책봉한 것은 왕권 강화 조치의 일환으로 보인다. 이러한 사실은 태자 중경의 경우와 비교하면 매우 대조적이다. 중경은 11세 무렵에 태자에 책봉되었지만 승경은 겨우 3세에 책봉되었다. 승경의 태자 책봉을 매우 서둘렀던 것이다. 이는 성덕왕이 김순원 측의 요구를 수용한 결과일 수도 있고, 왕권의 안정성을 대내외에 과시하고자 한 행동이었을 수도 있다.

---

63 이천우, 앞의 논문, 2017, 16쪽. 하지만 김순원이 진흥왕계의 핏줄을 이어받았다는 증거가 분명하지 않으므로 쉽사리 수용하기 어렵다.

승경이 태자로 책봉된 그해 12월, 소덕왕후가 돌아갔다. 아들이 태자로 책봉된 지 몇 개월 만에 갑자기 사망한 것이다. 소덕왕후가 사망하였을 무렵의 김순원의 행적을 찾기가 어려우나, 성덕왕을 이어 왕위를 계승한 효성왕이 김순원 집안의 여를 후비로 맞아들인 것[64]으로 볼 때 김순원은 성덕왕대 및 효성왕대에도 영향력이 컸으며, 이때에 나이가 매우 많았거나 사망하였을 가능성도 있다.

소덕왕후가 사망하고 다음 해 4월에 중시 선종宣宗이 관직에서 스스로 물러나 이찬 윤충允忠이 중시가 되었다.[65] 선종은 전임자인 문림文林이 죽은 후 중시에 임명되었는데,[66] 그는 성덕왕 23년 태자 책봉에도 관여하였을 것이다. 그런데 소덕왕후가 죽고 얼마 지나지 않아 스스로 중시 직에서 물러났다는 것은 결국 소덕왕후의 죽음에 대하여 책임이 있다는 의미가 아닌가 한다. 윤충이 그를 이어 중시가 된 정황도 선종이 자발적으로 물러난 것이 아님을 암시한다.

윤충은 성덕왕 말년까지 중시 직에 있었다. 이러한 사실은 윤충이 성덕왕의 전폭적인 신임을 받았음을 알려 준다. 그는 성덕왕 31년에 장군이 되었고, 동왕 35년에 왕의 명으로 사인思仁·영술英述 등과 함께 평양주平壤州와 우두주牛頭州의 지세를 살폈다. 그만큼 그의 정치적 지위는 대단하였다. 또한 성덕왕이 김순원보다는 이들을 통해 왕권을 더욱 안정시키려 노력했다고 생각된다. 딸이 왕비가 되고 외손자인 승경이 태자가 됨으로써 김순원은 외척으로서 확고한 지위를 누렸지만, 이는 도리어 왕권에 부담을 주는 요인으로 작용하였을 가능성이 높다. 성덕왕은 비록 김순원의 정치적 협조를 받고 그의 딸을 왕비로 들이기는 하였지만, 김순원의 정치

64 『삼국사기』 권9, 효성왕 3년 3월.

65 『삼국사기』 권8, 성덕왕 24년 4월.

66 『삼국사기』 권8, 성덕왕 21년 봄 정월.

적 영향력이 왕권 이상으로 커지는 것을 바라지 않았을 것이다. 이러한 상황에서 소덕왕후가 갑작스럽게 사망하자 성덕왕은 김순원 세력과 밀접한 관계에 있는 선종에게 그 책임을 물어 중시 직에서 물러나게 한 것으로 짐작된다.

소덕왕후가 사망한 다음 성덕왕은 더 이상 혼인하지 않았다. 그는 사망할 때까지 약 13년의 세월을 왕비 없이 살았다. 기록에 없다고 해서 그대로 믿을 수 있는 것은 아니지만, 적어도 그러하였을 가능성이 크다. 이는 성덕왕이 새로운 왕비를 맞이할 경우 또다시 외척 세력에 의해 왕권이 위협받을 수 있다는 사실을 잘 알았기 때문일 것이다. 그는 혼인하지 않음으로써 외척과의 갈등을 사전에 차단하고 왕권의 신장을 꾀하고자 하였다. 무엇보다 후사가 있었으므로 혼인할 필요성을 느끼지 못한 것으로 해석할 수 있다. 태자 승경을 박씨족 출신의 딸과 혼인하도록 결정한 것도 이와 관련이 있을 것으로 여겨진다.

* * *

신라 중대 성덕왕은 국인의 추대를 받아 효소왕에 이어 왕위에 올랐다. 그를 추대한 인물 중에는 당시 상대등이자 성덕왕의 종조부인 개원, 오대산에 머물던 그를 모셔 오는 데 공을 세운 김원태가 있었다. 성덕왕은 큰 도움을 준 김원태의 딸을 왕비로 들였다. 이후 성덕왕은 개원과 김원태의 도움으로 정국을 주도하였으나 개원이 상대등에서 물러나자 곧바로 친정을 시작하였고 그 과정에서 서서히 김원태와 거리를 두었다. 외척 세력의 성장이 왕권 강화의 걸림돌로 작용하리라는 것을 알았기 때문이다. 더구나 성덕왕은 국인의 추대로 왕위를 계승한 만큼 집권 전반기에는 그들에게 휘둘릴 수밖에 없었다. 성덕왕과 김원태로 대표되는 세력의 정치적 대립은 성정왕후의 출궁으로 이어졌는데, 그것은 왕과 왕비의 정치적 타협에서 비롯된 결과였다. 왕후가 출궁한 지 1년 반 후 태자가 갑작스럽게 사망하였는데, 자연스럽지 않은 죽음이었다.

성정왕후가 대궐을 나간 지 4년여 후 성덕왕은 김순원의 딸인 소덕왕후를 왕비로 맞아들였다. 성덕왕은 소덕왕후로부터 두 명의 아들을 얻었고, 그중 첫째인 승경이 3세가 되자 태자로 책봉하였다. 이것은 맏아들인 중경의 태자 책봉과 비교하여 매우 대조적인 조치였다. 그것은 새로운 정치 상황에 따라 김순원 측의 요구를 수용한 결과라고 볼 수 있을 것이다.

태자를 책봉한 성덕왕은 외척 세력의 성장이 왕권 강화에 도움이 되지 않음을 너무나 잘 알았기 때문에 소덕왕후가 사망한 이후 13년 가까운 세월을 왕비 없이 지냈다. 이는 유례를 찾아보기 힘든 일인데, 그만큼 외척 세력이 성장하여 왕권을 제약하는 정치적 현실에 대한 성덕왕의 반감이 컸다고 해야 할 것이다. 그 결과 성덕왕은 김순원 세력과 거리를 두었으며 윤충 등을 통해 더욱 왕권을 강화하기 위한 노력을 경주하였다.

왕비 교체라는 관점에서 바라보면, 기왕에 언급한 것처럼 성덕왕대를 신라 중대의 극성기 혹은 신라 몰락의 전조기로 파악하는 시각은 옳지 않다. 다만 김순원을 중심으로 새롭게 등장한 외척 세력의 도전을 이겨내고 왕권을 강화하는 노력이 집중된 시기라고 해야 할 것이다. 성덕왕이 왕비 없이 약 13년의 세월을 보낸 것도 바로 이러한 사실을 알려 준다고 해석해도 무리하지 않아 보인다.

다만 여기서 짚고 넘어가야 할 사실은 성덕왕이 김원태의 딸을 왕비로 맞아들임으로써 새로운 혼맥을 형성하였다는 점이다. 이는 신라 중대 왕실에서 왕비를 구하는 집안의 범위를 최초로 넓혔다는 점에서 주목할 만한 사실이다. 그렇지만 후비를 배출한 김순원 집안과의 혼인은 신라 중대 왕실 혼맥의 범위를 좁히는 결과를 다시 불러왔다는 점을 지적하지 않을 수 없다.

제6장

효성왕대 외척 세력과의 대립과 갈등

Ⅰ. 문제 제기

효성왕은 재위 기간이 약 6년으로 신라 중대의 임금들 중 가장 짧은 기간 동안 왕좌에 있었으나 부왕인 성덕왕과 마찬가지로 왕비를 교체하였으며 한 명의 후궁後宮까지 두었다. 또한 후비를 맞이한 다음 곧바로 동모제同母弟를 태자로 책봉하였다. 따라서 효성왕대의 정치적 동향을 이해하려면 왕비 교체와 더불어 후궁 문제 그리고 동복동생의 태자 책봉 등을 유기적으로 연결하여 살펴볼 필요가 있다.

이러한 사실에 주목한 몇몇 연구자들이 왕비 교체 및 왕비와 후궁의 대립을 통해 효성왕대의 정국을 설명하였다.[67] 그 결과 몇 가지 새로운 이해에 이르게 되었다. 우선 신라 중대에 새롭게 등장한 박씨朴氏 왕비의 존재

67 신라 중대 효성왕대의 정치적 동향을 다룬 저서로는 김수태, 앞의 책, 1996; 박해현, 앞의 책, 2003 등이 있다.

를 사실로 인정하였다.[68] 이는 신라 중대 효성왕대의 정치사를 이해하는 데 있어 새로운 길을 개척한 것이다. 다음으로 효성왕이 박씨 왕비에 이어 김씨인 혜명왕후惠明王后를 후비로 맞아들인 사실을 김순원金順元의 정치적 노력에서 비롯된 것으로 해석하였다.[69] 마지막으로, 효성왕이 맞아들인 후궁과 그녀를 둘러싸고 벌어진 일련의 사건에 대해서도 여러 가지 견해가 도출되었는데, 공통점은 김순원 세력에 의해 효성왕의 후궁이 제거되었다고 파악한 것이다.[70] 결국 효성왕대의 정국은 왕권의 안정에 협력한 박씨 세력과 후궁 세력, 그리고 그에 반한 김순원 세력 간의 정치적 대립과 갈등으로 파악할 수 있다.

이상과 같은 연구 성과에도 불구하고 효성왕대의 왕비 교체를 둘러싼 정치적 동향과 그 의미에 대하여 아직도 더 살펴볼 점이 있다. 우선 박씨 왕비의 존재를 인정하더라도 효성왕이 박씨 왕비를 맞이하게 된 배경에 좀 더 천착할 필요가 있다. 왜냐하면 성덕왕 후반기부터 효성왕 초반기까

---

68 김수태, 앞의 책, 1996, 84~88쪽; 박해현, 앞의 책, 2003, 102~105쪽. 그런데 효성왕의 비인 박씨 왕비의 존재에 대해서 의문을 제기한 연구자도 많다. 이병도, 『국역 삼국사기』, 을유문화사, 1977, 149쪽; 이기백, 앞의 책, 1982, 310~311 그리고 314~315쪽. 또한 문경현, 「신라 박씨의 골품에 대하여」, 『역사교육논집』 13·14합집, 1990: 『증보 신라사연구』, 도서출판 춤, 2000, 282쪽에서도 同姓不婚의 중국적 윤리관에 맞추어 왕비의 성씨를 박씨로 올렸다고 하여, 박씨 왕비의 존재를 부인하였다. 이영호도 문경현의 견해를 수용하여 박씨 왕비의 존재를 부인하였으며 효성왕이 김순원의 딸과 처음으로 혼인한 것으로 파악하였다(이영호, 앞의 책, 2014, 56쪽의 각주 37) 참조). 또한 井上直樹, 「八世紀中葉の新羅·唐關係—孝成王代を中心に—」, 『唐代史硏究』 12, 2009, 18쪽에서는 당에서 박씨 왕비와 김씨 왕비를 각각 책봉했다는 기록을 그대로 수긍하는 것은 옳지 않으며, 더 나아가 그것을 전제로 하여 박씨 세력과 김씨 세력의 대립을 상정하는 견해는 곤란하다고 하였다. 또한 그는 기록이 잘못되었다고 하였다.

69 김수태, 앞의 책, 1996, 92쪽; 박해현, 앞의 책, 2003, 112~113쪽.

70 김수태, 위의 책, 1996, 86쪽 및 96~97쪽 참조. 한편 박해현은 영종의 반란 사건에 박씨왕비족을 포함한 다른 효성왕의 지지 세력이 연루되었다고 하였다(박해현, 위의 책, 2003, 116쪽).

지의 정국을 어떻게 보느냐에 따라[71] 박씨 왕비를 맞은 이유에 대한 이해가 달라지기 때문이다. 둘째로 효성왕이 혜명왕후를 후비로 맞아들인 이유를 검토해 보아야 할 것이다. 기왕의 연구에서는 그녀의 부父인 김순원의 정치적 영향력과 관련하여 그 이유를 설명하고 있는데,[72] 이 문제도 다른 관점에서 검토할 필요가 있다.[73] 셋째로 효성왕이 후비를 맞아들였다면 선비인 박씨 왕비는 어떻게 되었을까 하는 점이다. 그런데 현재까지의 연구를 돌아보면 박씨 왕비에 대하여 자세하게 언급된 것을 거의 찾아볼

71 성덕왕 후반기부터 효성왕 초반기까지의 정국 동향에 대한 연구 중 김수태와 박해현의 견해가 주목된다. 김수태는 성덕왕이 재위 후반기에 김순원으로 대표된 왕당파 세력의 협력을 받으면서 엄정(성정)왕후로 대표된 진골 귀족 세력을 제거한 후 비로소 전제왕권의 극성기를 구가하였다고 보았다(김수태, 앞의 책, 1996, 81~83쪽). 반면 박해현은 성덕왕 후반기에 정치적으로 성장한 김순원 세력이 상당한 부담으로 작용하자 정치적으로 소외된 세력을 중용함으로써 김순원 세력의 독주를 견제하였다고 파악하였다(박해현, 앞의 책, 2003, 101쪽). 전자의 경우 당시가 전제왕권의 극성기라면 성덕왕이 어떤 목적으로 아들을 박씨 세력의 딸과 혼인시켰는지를 밝히지 못하였으며, 후자의 경우 정치적으로 소외된 세력이 과연 김순원 세력을 제어할 능력이 있었는지가 의문이다.

72 김순원과 관련한 대부분의 연구는 김순원이 효성왕대에 그의 딸을 왕비로 들여보낼 때에도 생존해 있었음을 전제로 하여 설명한다. 그러나 김순원이 중앙 정계에서 중시로 활동한 시기는 효소왕 7년인 698년이고 딸이 왕비가 된 효성왕 3년은 739년이므로 무려 41년이라는 시간이 흘렀다. 김순원이 30세에 중시가 되었다면 효성왕 3년에는 무려 70세를 넘긴 것이다. 따라서 효성왕 3년 무렵에 김순원이 생존하였는지는 잘 알 수 없는 형편이다. 이러한 점에 착목한 서정목은 혜명왕후를 김순원의 딸이 아닌 손녀로 보는 것이 옳다고 하였다(서정목, 「신라 34대 효성왕의 계비 혜명왕비의 아버지에 관하여」, 『진단학보』 126, 2016, 44~62쪽). 서정목의 주장은 충분히 수용 가능한 지적이다. 그렇지만 혜명왕후를 김순원의 아들인 김진종의 딸로 파악한 데에는 동의하기가 어렵다. 다만 윤태양의 지적처럼 혜명왕후의 父는 김순원의 실력과 명성에 미치지 못했고, 그로 인해 김순원에게 밀려나 『삼국사기』에서 누락되었다고 보는 것이 옳지 않을까 한다(윤태양, 「효성왕대의 정치·외교적 동향과 경덕왕으로의 왕위 계승」, 『진단학보』 135, 2020, 21쪽의 각주 129) 참조). 이에 본 장에서는 혜명왕후를 김순원의 손녀로 파악하고 논지를 전개할 것이다.

73 이 문제에 대해서 김수태는 김신충의 중시 임명과 더불어 김순원의 딸을 왕비로 들이게 되었다고 하였다(김수태, 앞의 책, 1996, 92쪽). 그러나 그러한 사실만으로 왕비의 교체를 설명하기에는 쉽사리 수긍되지 않는 측면이 있다. 한편 박해현은 김신충 같은 왕당파가 김순원과 결탁함으로써 정치적 역학관계가 변화되었다고 보았다(박해현, 앞의 책, 2003, 113쪽). 그렇지만 김신충과 김순원이 결탁하게 된 배경에 대해서는 구체적으로 언급하지 않았다.

수 없다.[74] 마지막으로 효성왕이 총애하던 후궁과 왕비의 대립 그리고 반란으로 이어진 사실에 대하여 설명한 연구가 있지만, 효성왕이 후궁을 총애하게 된 배경과 그 이유에 대해서도 좀 더 천착할 필요가 있다. 결국 효성왕대의 정치적 동향을 이해하는 데 있어서 가장 중요한 논점은 왕비 교체와 후궁을 두고 벌어진 일련의 문제를 검토하는 것이다.

이상과 같은 의문을 해결하기 위해 본 장에서는 다음과 같은 점에 주목한다. 먼저 효성왕이 박씨 왕비와 혼인한 이유와 그 의미에 대해서 살펴본다. 둘째로 효성왕이 후비인 혜명왕후를 들인 이유와 그 의미에 대해서 알아본다. 이 과정에서 선비인 박씨 왕비의 향방向方에 대해서도 다룰 것이다. 마지막으로 효성왕이 후궁을 총애한 이유와 그 배경, 그리고 왕비와 후궁이 대립한 결과로 일어난 반란에 대해서 검토해 본다.

Ⅱ. 박씨 왕비의 책봉을 통한 왕권의 안정 추구

『삼국사기』의 기록에 따르면, 효성왕이 부왕인 성덕왕聖德王을 이어 왕위에 오른 다음 해에 당에서 사신을 보내 박씨 왕비를 책봉하였다고 한다.[75] 이 기록을 그대로 수용하면 효성왕이 왕위를 계승한 직후 당에 사신을 보내어 자신의 왕위계승과 아울러 박씨 왕비에 대한 책봉을 요구하였다고 볼 수 있다.[76] 무엇보다 중요한 사실은 효성왕이 김씨가 아닌 박씨 집

74 김수태는 혜명왕후가 들어온 이후 박씨 왕비가 후궁이 되었을 것이라고 보았는데(김수태, 앞의 책, 1996, 96쪽), 이 견해는 좀 더 자세히 검토할 필요가 있다.

75 『삼국사기』 권9, 효성왕 2년 봄 2월.

76 『삼국사기』 권9, 효성왕 즉위년 12월에 당에 사신을 보내어 토산물을 바쳤다고 하는데, 이때에 효성왕이 성덕왕을 이어 자신이 즉위한 사실과 더불어 박씨 왕비에 대한 책봉을 요청하였을 것이다. 이에 박씨 왕비에 대한 책봉이 이루어졌다.

안의 딸과 혼인하였다는 것이다. 신라 중대를 연 태종무열왕은 김유신의 여동생과 혼인하였고 그 후 문무왕과 신문왕, 성덕왕의 왕비는 모두 김씨였다. 그런데 효성왕이 박씨 집안의 딸과 혼인한 것은 그동안 신라 중대 왕실에서 이어져 온 혼인 원칙에서 벗어난 파격적인 행보였다. 이러한 사실에 주목한 두 연구에서는 박씨 왕비에 대한 사료를 검토하여 그 존재를 인정하였을 뿐만 아니라 효성왕이 박씨 왕비와 혼인한 이유를 설명하고 있다.[77] 즉 효성왕이 성덕왕대 왕실의 측근 세력을 대신하여 새로운 세력인 박씨 세력과 정치적으로 제휴했다고 보고 있다.[78]

효성왕이 처음으로 맞아들인 왕비가 박씨계 출신이라는 점은 충분히 수긍되지만, 그가 그녀를 왕비로 들인 이유에 대해서는 좀 더 천착할 필요가 있다. 왜냐하면 문제 제기에서도 언급하였듯이, 당시의 정치 상황과 박씨 왕비의 탄생은 서로 불가분의 관계에 있기 때문이다. 이에 먼저 효성왕이 박씨 왕비와 혼인한 시기에 대해서 알아보자. 이러한 의문을 제기하는 이유는 효성왕의 왕위계승을 전후로 한 기록에서 박씨 왕비와의 혼인이 언

77 김수태, 앞의 책, 1996, 88쪽; 박해현, 앞의 책, 2003, 106쪽. 필자도 효성왕이 박씨 왕비와 혼인한 기록을 그대로 수용하여 논지를 펴 나갈 예정이다.

78 두 연구자의 차이점은, 김수태가 『삼국사기』의 기록을 그대로 수용하여 효성왕을 炤德王后의 소생으로 보았으나, 박해현은 소덕왕후가 아닌 성정왕후의 소생으로 파악하였다는 것이다. 언뜻 보면 박해현의 견해가 좀 더 타당해 보인다. 왜냐하면 효성왕이 소덕왕후의 소생이라면 그는 김순원의 외손자가 되고, 성덕왕대 후반에 김순원이 정치를 주도하였기 때문에 왕위계승에 있어 새로운 세력을 구할 필요가 없었기 때문이다. 이러한 이해는 효성왕의 출자와 직접적 관련이 있으므로 기록을 좀 더 살펴보지 않을 수 없다. 『삼국사기』에 따르면 효성왕은 성덕왕의 둘째 아들이고 어머니가 소덕왕후이다. 『삼국유사』에서도 효성왕의 어머니를 소덕왕후라고 한다. 이러한 사실로 미루어 보면 효성왕의 어머니가 소덕왕후임에는 틀림없다. 박해현의 견해처럼 효성왕을 성정왕후의 소생으로 이해할 이유가 없어지는 것이다. 또한 성덕대왕신종에 경덕왕이 부왕만을 언급하였을 뿐 동복인 효성왕을 언급하지 않은 것을 들어 이복형제일 가능성을 언급하였다. 그렇지만 성덕대왕신종이 혜공왕대에 완성되었기 때문에 효성왕의 이름을 굳이 거론할 이유가 없었을 것으로 판단된다.

급되지 않기 때문이다.[79]

효성왕이 태자로 책봉되었을 때의 나이는 대략 3세(성덕왕 23년, 724)이고,[80] 성덕왕을 이어 왕위를 계승하였을 때의 나이는 대략 16세(성덕왕 36년, 737)이다. 당시 신라의 남녀는 15세 무렵이면 혼인이 가능했다고 알려져 있으므로[81] 그가 왕위를 계승할 무렵에는 이미 박씨 왕비와 혼인하였을 개연성이 높다. 즉위한 다음 해에 당에 사신을 파견하여 박씨 왕비에 대한 책봉을 요청한 정황이 그러할 가능성을 더욱 높여 준다.

그러면 이제 효성왕이 왕위를 계승하기 전에 박씨 왕비와 혼인한 이유가 무엇인지를 검토해 보자. 이를 직접적으로 알려 주는 기록이 없으므로 효성왕이 태자로 책봉된 이후 그의 성장 과정을 통해 더듬어 보겠다. 효성왕이 태자로 책봉된 해 12월에 모후가 갑자기 사망하였다.[82] 그 이유에 대하여 구체적 기록이 없어 무어라 단정할 수는 없지만, 태자가 책봉된 해에 사망했다는 점에서 자연스러운 죽음으로 받아들이기에는 석연치 않은 구석이 있다.[83] 소덕왕후의 사망 이후 네 살의 어린 태자가 누구의 손에 성장하였는지를 알 수는 없지만, 계모의 보살핌 속에서 성장하지는 않은 것 같

---

79 이영호, 앞의 책, 2014, 55쪽에서 "효성왕의 이름과 성덕왕과의 관계, 어머니가 소덕왕후라는 사실을 밝힐 뿐, 혼인 여부는 나타나 있지 않다. 그러나 이 역시 즉위 당시 왕비가 없었기 때문이라 판단된다"라고 하였다. 그렇지만 효성왕이 왕위에 오른 다음 해에 당에 박씨 왕비의 책봉을 요청한 것으로 볼 때 이미 두 사람이 혼인한 상태였다. 물론 왕위에 오르자마자 곧바로 혼인하였을 가능성도 있지만, 그의 나이를 고려해 보면 임금에 오르기 전에 혼인하였을 가능성이 매우 크다. 김수태도 효성왕이 태자 시절에 혼인하였을 가능성을 제시한 바 있다(김수태, 「신라중대 전제왕권과 진골귀족」, 서강대학교 사학과 박사학위논문, 1990, 109쪽의 주 4) 참조).

80 승경이 언제 태어났는지는 정확하게 알 수 없다. 다만 소덕왕후가 궁궐에 들어온 성덕왕 19년(720)을 기준으로 삼으면 승경이 태자에 책봉된 시기는 대략 3세 전후이다. 이영호도 승경이 태자로 책봉되었을 때의 나이를 4세 이하로 보고 있다(이영호, 앞의 책, 2014, 54~55쪽).

81 김기흥, 『새롭게 쓴 한국고대사』, 역사비평사, 1993, 74~75쪽.

82 『삼국사기』 권8, 성덕왕 23년 겨울 12월.

83 조범환, 「신라 중대 성덕왕대의 정치적 동향과 왕비의 교체」, 『신라사학보』 22, 2011 참조.

다. 소덕왕후 사망 이후 성덕왕이 새로운 왕비를 맞이하였다는 기록이 보이지 않기 때문이다.[84] 따라서 부왕인 성덕왕이 태자로 책봉된 승경의 양육과 교육에 관심이 컸을 것으로 여겨진다.[85]

이러한 논지 전개에 무리가 없다면, 태자로 책봉된 승경은 자라면서 성덕왕에게서 철저한 왕위계승 수업을 받았을 것으로 생각된다. 그 과정에서 태자는 부왕과 외조부外祖父 김순원의 관계도 헤아리게 되었을 것이다. 즉 성덕왕은 왕권을 강화하고자 김순원과 손잡았으며 그의 딸(소덕왕후)을 왕비로 들였다. 그렇지만 김순원이 그 지위를 이용하여 정치 전면에 등장하게 되면서 성덕왕의 결정이 도리어 왕권을 제약하는 상황에까지 이르게 되었다.[86]

사정이 이러하자 성덕왕은 소덕왕후 사망 이후 김순원과 가까운 선종宣宗 대신에 윤충允忠을 중시에 임명하여 왕권을 강화하고자 하였다.[87] 윤충이 성덕왕 말년까지 중시 직에 있었던 것이 그 점을 입증해 준다. 태자 승경도 성덕왕이 윤충을 통해 외척 김순원을 견제하는 상황을 잘 파악하였을 것이다. 효성왕은 왕위를 계승한 직후 이찬 정종貞宗을 상대등으로 삼았는데, 그는 성덕왕이 왕권을 강화하는 데 적극적으로 참여하여 큰 역할을 한 인물로 알려져 있다.[88] 효성왕이 왕위를 계승한 때의 나이가 16세 정도였음을 염두에 두면, 그는 왕실을 중심으로 한 정치 상황을 깊이 있게

84 이기동, 앞의 논문, 1998, 16쪽.

85 소덕왕후가 사망한 직후부터 바로 그렇게 하였는지 아니면 승경이 어느 정도 성장한 다음에 그렇게 하였는지는 구체적으로 헤아리기가 어렵다. 하지만 성덕왕이 외척 세력의 영향력을 적잖이 우려하였던 것으로 미루어 보아 적어도 승경이 어렸을 때부터 김순원과 거리를 두었으리라 짐작된다. 그런데 기왕의 견해는 이러한 사정을 염두에 두기보다는 김순원의 영향력 안에서 태자 승경이 성장한 것으로 이해하고 있다.

86 박해현, 앞의 책, 2003, 101쪽.

87 조범환, 앞의 논문, 2011 참조.

88 김수태, 앞의 책, 1996, 90쪽.

이해하고 왕권을 강화하고자 노력했다고 볼 수 있다.[89]

태자 승경은 성덕왕 만년에 이르러 김순원을 중심으로 한 정치세력의 영향력이 줄어들었음을 알게 되었다고 파악된다.[90] 성덕왕이 돌아간 다음 순조롭게 왕위를 계승한 효성왕은 즉위 초반에 중시 김윤충의 후임으로 김의충金義忠을 임명하였다. 김의충은 성덕왕 34년 당에 하정사賀正使로 파견되어 활동한 인물로서,[91] 당에 사신으로 파견되었다는 점으로 볼 때 성덕왕의 측근이었다고 생각된다. 효성왕은 그러한 인물을 중시에 임명하여 자신의 지지 세력으로 삼은 것이다. 이를 통해서 볼 때 효성왕은 즉위 초반에 김순원의 정치적 영향력으로부터 자유로웠던 것으로 생각된다.[92]

이러한 정국을 염두에 두면 태자 승경과 박씨 왕비의 혼인은 성덕왕 말년에 이루어졌음이 거의 확실하다. 당시 박씨 세력의 정치적 영향력은 그다지 크지 않았던 것 같은데, 다음의 기록을 통해서 그 점을 엿볼 수 있다.

A-1. 비妃는 혜명왕후惠明王后로 진종각간眞宗角干의 여女이다(『三國遺事』 권1, 王曆篇, 34대 孝成王).

A-2. 당에서 사신을 보내어 박씨 왕비를 책봉하였다(『三國史記』 권9, 孝成王 2년 2월).

A-3. 이찬 순원順元의 여女인 혜명을 받아들여 비妃로 삼았다(『三國史記』 권9,

89 진흥왕도 어린 나이에 왕위를 계승하여 어머니인 지소태후가 섭정하였으나 15세 무렵에는 친정을 시작하였다고 알려져 있다(김창겸, 「신라 진흥왕의 즉위과정」, 『한국상고사학보』 23, 1996, 182쪽). 그렇다면 16세 정도의 효성왕은 당시의 정치 상황을 충분히 이해하고 있었을 것이다.

90 신형식은 성덕왕 23년 김순원의 딸인 소덕왕후가 사망한 이후에는 김순원 세력이 윤충에게 견제당했을 것이라고 파악하였다(신형식, 「신라 중대 전제왕권의 전개과정」, 『통일신라사연구』, 삼지원, 1990, 135쪽).

91 『삼국사기』 권8, 성덕왕 34년.

92 물론 효성왕이 왕위를 계승하는 데에 외가의 정치력이 영향을 미쳤을 수도 있다. 그러나 효성왕이 김순원 세력을 견제할 장치를 여럿 마련한 것으로 볼 때 이 같은 이해는 접어 두어도 좋다.

孝成王 3년 3월).

A-1의 기록에 따르면, 효성왕의 비는 혜명왕후이며 진종 각간의 딸이다. 그렇지만 A-2에서는 박씨 왕비의 존재를 기술함으로써 혜명왕후가 후비였음을 알려 주며, A-3에서는 혜명왕후가 김순원의 여女라고 말한다. 이 같은 기록에 주목한 기왕의 연구에서는 혜명왕후는 김순원의 딸이고, 박씨 왕비의 아버지는 진종일 가능성이 크다고 하였다.[93] 또한 A-1의 기록은 『삼국사기』의 기록이 혼용된 것으로 보고 있다.[94] 이 같은 견해에 따르면 박씨 왕비의 부는 각간 진종일 수 있다. 그렇지만 효성왕의 비에 대하여 자세하게 기록한 『삼국사기』에서 박씨 왕비의 아버지에 대한 기록이 없는 것으로 볼 때 『삼국유사』의 진종이 과연 박씨 왕비의 아버지일까 하는 의심이 든다. 그가 각간이라는 사실을 볼 때 더욱 그러하다. 신라 중대에 박씨 성으로 이름을 떨친 인물이나 활동상이 드러나지 않는 것으로도 이 점이 입증된다.[95] 따라서 각간 관등을 가진 진종을 박씨 왕비의 아버지로 보는 것은 타당하지 않다. 즉 『삼국유사』의 기록에 착오가 있었다고 보는 것이 옳다.[96]

이러한 점을 볼 때 박씨 왕비의 세력은 김순원 세력에 비해 크지 않았을 뿐만 아니라 왕권을 제약할 만한 힘도 갖추지 못했던 것 같다. 그렇다면

93 김수태, 앞의 책, 1996, 86쪽.

94 김수태, 위의 책, 1996, 86쪽. 한편 박해현은 앞의 책, 2003, 108쪽에서 "『삼국유사』의 기록에 착오가 나타난 것은 후일 효성왕의 왕비로 순원의 딸인 혜명만을 인식한 데서 비롯된 것으로 생각된다"라고 하였다.

95 성덕왕 13년에 賀正使로 당에 들어간 급찬 朴裕는 중앙 정계에서 활동한 인물이다. 그 외에 박씨 성을 가진 인물을 찾기가 어렵다.

96 서정목은 『요석』, 글누림, 2016, 489~493쪽에서 혜명왕후가 진종의 딸이 맞으며, 이는 오식에서 비롯되었다고 파악하였다. 진종이 바로 김순원의 아들이라는 것이다. 즉 혜명을 김순원의 손녀로 파악하였다. 필자는 혜명을 김순원의 손녀로 파악한 견해를 따르지만 진종의 딸이라고 한 데에는 동의하지 않는다.

태자 승경과 박씨 왕비의 혼인을 성덕왕과 승경이 주도했을 것이라는 생각에 이르게 된다.[97] 이들은 정치 핵심부에 있는 진골 김씨 세력의 딸을 왕비로 들이기보다는 세력이 약한 박씨 집안의 딸과 혼인함으로써 외척 세력이 정치를 좌지우지하는 상황을 사전에 방지하고자 했을 것이다.[98]

효성왕은 왕위를 계승하자 곧바로 당에 사신을 파견하여[99] 박씨 왕비의 책봉을 받아내고자 하였다. 효성왕의 행보는 박씨 왕비의 위상을 높이고, 즉위 초에 정국을 주도하기 위한 노력이었다.

Ⅲ. 혜명왕후의 등장과 왕권의 후퇴

효성왕은 왕위를 계승한 이후 정국을 주도해 나가고자 하였으나 재위 3년째 되던 해 3월에 이찬 김순원의 손녀를 맞아들여 왕비로 삼았다(A-3의 기록).[100] 그리고 다음 해인 740년에 당에서 사신을 보내와 부인 김씨를 왕비로 책봉하였다.[101] 효성왕이 임금이 된 다음 해에 당에서 박씨 왕비를 책봉하였는데, 1년여 만에 새로운 왕비를 맞이하였고, 당에 의해 왕비로 책봉까지 된 것이다. 이러한 사실만으로도 효성왕 3년에 급격한 정치적

97 김수태는 효성왕의 모후 세력인 왕실 측근 세력이 강하였기 때문에 성덕왕과 승경이 새로운 세력인 박씨 세력에 관심을 가지게 되었고, 박씨 세력의 女와 혼인한 것으로 보았다(김수태, 앞의 책, 1996, 91쪽). 박해현도 성덕왕이 박씨 세력을 끌어들여 김순원 등의 세력을 견제하였다고 이해하였다(박해현, 앞의 책, 2003, 105쪽).

98 당시 박씨 가계들은 상대나 중고기 박씨 세력의 후손이었을 것이다.

99 박해현은 앞의 논문, 1993, 343쪽에서 효성왕이 즉위하자 당에 사신을 보낸 것에 대하여 언급하면서 "중대 여러 국왕 가운데 먼저 사신을 보내 조공을 하는 경우는 효성왕이 유일하다"라고 하였다.

100 기록에는 김순원의 딸로 되어 있으나 여기에서는 김순원의 손녀로 기술한다. 본 장의 각주 72) 참조.

101 『삼국사기』 권9, 효성왕 4년 봄 3월.

변화가 있었음을 충분히 감지할 수 있다. 과연 어떻게 그런 일이 일어나게 되었을까 궁금하지 않을 수 없다.

이러한 사실과 관련하여 두 가지 해석이 있다. 첫째로 박씨 왕비가 있는 상태에서 김순원의 손녀를 새로운 왕비로 맞아들였다는 견해이다.[102] 외척 김순원의 세력이 김신충金信忠의 중시 임명과 함께 효성왕에게 새로이 김순원의 손녀를 맞아들이게 하여 박씨 왕비를 중심으로 일어난 일련의 상황에 대처하였다는 것이다.[103] 이러한 견해에 따르면 효성왕 3년에 그동안 열세했던 김순원 세력이 득세함으로써 박씨 세력이 정치적으로 몰락했다고 풀이할 수 있다.

둘째로 효성왕의 왕권 강화 조치로 김순원 세력이 위협당하자 그가 박씨 왕비족과 하급 귀족 세력을 축출한 다음 자신의 손녀를 왕비로 들여보낸 것이라는 견해가 있다.[104] 이 같은 견해는 효성왕과 김순원의 대립에서 김순원이 승리하였다고 본다. 두 견해 모두 김순원 세력이 성덕왕대 후반기와 효성왕대 초반기까지 권력의 중심에서 일시적으로 밀려나 있다가 갑자기 효성왕 3년에 손녀를 왕비로 들이게 할 만큼 정국을 주도하게 되었다고 파악한다. 이 같은 김순원 세력의 등장은 왕권이 상대적으로 위축되었음을 의미한다.

효성왕 3년 무렵에 김순원 세력이 정치적으로 재등장한 배경을 살펴보기 전에 박씨 왕비의 행방부터 검토해 보자. 김순원의 손녀를 왕비로 맞아들였을 때 선비先妃인 박씨 왕비를 어떻게 처리하였는가를 해결하면 김순원 세력이 등장한 배경을 어느 정도 헤아릴 수 있기 때문이다.

---

102 김수태, 앞의 책, 1996, 92~93쪽; 박해현, 앞의 책, 2003, 112~113쪽.

103 김수태, 위의 책, 1996, 92쪽. 한편 이영호는 이러한 사실에 대하여 김순원이 왕실의 외척으로 확실하게 자리 잡았다고 하였다(이영호, 앞의 책, 2014, 79쪽).

104 박해현, 앞의 책, 2003, 113쪽.

기왕의 연구에서는 효성왕이 김순원의 손녀를 새로운 왕비로 맞아들이자 선비인 박씨 왕비가 후궁이 되었다고 하는데,[105] 이는 잘못된 해석이다. 신라의 전 시기를 통틀어 왕비가 후궁이 된 예를 찾을 수 없기 때문이다.[106] 박씨 왕비의 신상에 변화가 있었음은 확실하나 그 변화의 실체에 대해서는 기록이 없다. 다만 다음의 기록이 박씨 왕비의 행방을 이해하는 데 도움이 될 듯하다.

B. 흰 무지개가 해를 꿰뚫었고, 소부리군所夫里郡의 강물이 핏빛으로 변하였다(『三國史記』 권9, 孝成王 2년 4월).

위의 기록을 보면 효성왕 2년 4월에 재이災異가 발생하였음을 알 수 있다. 재이는 자연재해로 해석되지만 때에 따라서 커다란 정치적 변화를 함의한 사건으로 풀이되기도 한다. 가령 중국의 『진서晉書』 천문을 살펴보면, 함강 2년(336) 7월에 백홍白虹이 해를 꿰뚫은 다음 황후족이 정권을 오로지하였다고 기록되어 있다.[107] 이러한 기록 형식이 재이가 발생한 이후 황실을 중심으로 한 정치 권력에 변화가 있었음을 알려 주는 것이라면, 효성왕 2년에 흰 무지개가 해를 꿰뚫었다는 표현은 왕실을 중심으로 정치적 정변이 일어났음을 상징적으로 기술한 것이다. 다시 말해서 효성왕 2년 초반에 일어난 재이는 정치적 주도권을 쥔 세력에 문제가 생겼음을 의미한다는 것이다. 그렇다면 그러한 정치적 변화가 박씨 세력 내부에서 일어난 것인지, 아니면 박씨 세력이 어떤 도전을 받아 발생한 것인지를 좀 더

105 김수태, 앞의 책, 1996, 96쪽에서 효성왕의 선비인 영종의 딸이 김순원 딸의 입궁과 함께 후궁으로 옮겨 갔을 것이라고 주장하였다.

106 박해현은 박씨 왕비와 별도로 영종의 딸이 후궁으로 있었다고 보는 것이 순리에 맞는다고 하였다(박해현, 앞의 책, 2003, 108쪽).

107 이희덕, 『한국고대 자연관과 왕도정치』, 혜안, 1999, 302쪽.

살펴보자.

앞서 보았듯이 박씨 왕비를 중심으로 한 박씨 세력의 영향력은 그다지 크지 않았다. 그래서 효성왕은 즉위한 직후 당에 박씨 왕비에 대한 책봉을 요청하여 왕비로서의 위상을 보장받고, 그것을 발판으로 하여 왕권 강화를 기도한 것 같다. 좀 더 추측해 보자면, 박씨 왕비의 아버지를 중심으로 한 박씨 세력은 딸이 정비로 책봉되면 그것을 기반으로 하여 정치적 힘을 결집한 다음 왕권을 제약하는 요인을 물리치는 데 도움을 주고자 했을 것이다.

사정이 이렇게 되자 김순원을 중심으로 한 정치세력은 박씨 세력의 정치적 활동에 대하여 긴장감을 늦출 수 없었을 것이다. 특히 박씨 세력이 권력의 원천인 왕을 디딤돌로 하여 정국을 주도하려 하자 적잖은 위기감을 느꼈을 가능성이 크다. 성덕왕 후반기 이후 김순원 세력이 정치적으로 위축되었고 효성왕이 왕위를 계승한 이후 박씨 세력을 이용하여 그들을 정치 일선에서 밀어내려고 하였다면 더더욱 그러한 위기감이 커졌을 것으로 짐작된다. 이에 그들은 박씨 세력을 축출하기 위하여 대대적인 반격을 시도하였을 것으로 생각된다.

이러한 설명에 무리가 없다면 흰 무지개가 해를 꿰뚫었다는 표현은 박씨 세력의 정치적 성장에 대한 김순원 세력의 도전을 의미한다. 즉 김순원 세력은 자신들의 정치적 입지를 확장하기 위해서 효성왕의 박씨 왕비 세력에 정치적 반격을 가한 것이다. 또한 김순원 세력은 당으로부터 혜명왕후의 책봉을 받아냈다. 혜명왕후가 정비로서 인정받은 것이다.[108] 이는 다른 말로 효성왕과 박씨 왕비 세력이 김순원의 적극적인 대당외교로 인하

108 이현주, 「신라 중대 효성왕대 혜명왕후와 '正妃'의 위상」, 『한국고대사탐구』 21, 2015, 247~250쪽. 그는 김순원이 당으로부터 왕비의 책봉을 이끌어 내면서 신라에서 正妃의 개념과 위상을 정립했다고 하였다(같은 논문, 2015, 256~261쪽).

여 왕권을 강화하는 데 큰 타격을 받았음을 알려 준다.

이상과 같은 추론이 타당하다면, 김순원을 중심으로 한 정치세력은 박씨 왕비를 중심으로 한 세력과 정치적·군사적으로 대립하였다고 이해할 수 있다. B의 기록에서 소부리군의 강물이 핏빛으로 변했다고 하는데, 김순원을 중심으로 한 정치세력이 박씨 세력을 무력으로 제압한 상황의 은유적 표현으로 여겨진다. 좀 더 설명을 덧붙이면 이는 김순원 세력과 박씨 세력의 대립에서 김순원 세력이 박씨 세력을 축출하고 정국의 주도권을 가져왔음을 상징하는 것으로 파악된다. 그 결과 박씨 세력은 정계에서 밀려날 수밖에 없었고 더 나아가 왕비가 죽거나 출궁당하였다고 이해된다.[109] 김순원이 손녀를 납비하기 위해 추진한 일련의 정치적 행위가 이 같은 결과를 가져왔다고 할 수 있다.

그러면 여기서 궁금한 것은 김순원을 중심으로 한 정치세력이 효성왕 2년 무렵에 갑자기 정치 전면에 등장하게 된 배경이다. 우선 기왕의 견해처럼 효성왕 3년에 중시가 된 김신충과 김순원 세력의 연결을 들 수 있다.[110] 성덕왕대에 출궁된 성정왕후와 관련된 세력도 김순원과 연결된 세력으로 고려할 수 있다. 성덕왕은 성정왕후를 출궁시키면서 많은 재물을 주었는데[111] 그것은 신라 중대 다른 왕비들이 출궁될 때에는 없었던 일이다. 따라서 성정왕후의 출궁에 모종의 문제가 있었던 것으로 보이며 성정왕후 측에서 성덕왕에 대한 불만이 적잖았을 것으로 생각된다. 이러한 정황으로 미루어 보면, 김순원 세력이 성덕왕이나 효성왕에게 불만을 품은 세력들을 이용하였을 가능성이 크다.

---

109 『삼국사기』에서는 박씨 왕비의 향방에 대한 어떠한 기록도 찾을 수 없다. 그녀에 대한 기록이 없는 것을 보면 죽임을 당하거나 궁궐에서 생활하지 못하게 되었다고 보는 것이 옳을 듯싶다.

110 김수태, 앞의 책, 1996, 92쪽; 박해현, 앞의 책, 2003, 112쪽.

111 『삼국사기』 권9, 성덕왕 15년 봄 정월.

효성왕이 즉위한 이후 상대등에 보임된 정종이나 중시 김의충은 왕이나 박씨 왕비와 밀접하게 관련되었을 터인데, 그들이 김순원의 정치적 반격에 보인 반응을 알아보면 김순원 세력의 동향을 좀 더 잘 파악할 수 있다. 앞서 보았듯이 효성왕이 즉위한 직후 그들을 상대등과 시중에 임명한 것은 왕권 강화를 위한 노력의 일환이었다. 그렇지만 상대등 정종은 박씨 세력의 정치적 성장을 달가워하지 않았을 것이다. 왜냐하면 외척 세력의 성장은 곧 왕권의 제약을 가져온다는 것을 이미 김순원의 경우를 통해 알고 있었기 때문이다. 그러한 상태에서 김순원 세력과 박씨 세력의 대립 관계에서 중도적 위치에 있었던 것이 아닌가 생각한다. 정종이 효성왕 후반기에 왕명을 받아 임무를 수행한 기록을 볼 때 그는 상대등 자리에 있으면서 왕과 김순원 사이에서 정치적 지위를 유지한 것으로 보인다.

반면 김의충은 효성왕 3년 봄 정월에 사망하였는데, 나이가 많았거나 혹은 김순원이 박씨 세력을 제거하는 과정에서 김순원의 반대편에서 활동하다가 어떤 사고를 당한 것이 아닌가 싶다. 김의충은 왕과 박씨 세력을 지지하였으나 김순원 세력을 감당하기에는 그 힘이 충분치 않았다고 헤아릴 수 있다. 결국 효성왕과 박씨 세력과 김의충 등은 김순원의 적극적인 대항을 막아내지 못한 것으로 짐작된다. 김순원 세력은 효성왕과 박씨 세력에 불만을 가진 진골 귀족들을 포섭하였고 결국 박씨 세력의 성장을 제어하고 정치력 영향력을 확대하는 데 성공하였던 것이다.

이와 관련하여 효성왕이 김순원의 손녀와 혼인하기 직전에 있었던 일을 기록한 다음 사료가 주목을 끈다.

C. 왕이 형숙刑璹에게 황금 30냥, 베 50필, 인삼 100근을 주었다(『三國史記』 권9, 孝成王 3년 봄 정월).

효성왕은 재위 3년째 되던 해에 당에서 온 사신인 형숙에게 황금 등 여러 가지 물건을 내려주었다. 그런데 형숙은 효성왕이 즉위한 다음 해(738)에 신라 왕실에 도착한 후 그다음 해(739) 봄까지 신라 왕실에 머물렀다. 통상 당에서 파견된 사신이 신라 왕실에 체류한 기간을 알아내기가 쉽지 않지만, 형숙의 경우에는 그 기간이 적잖이 길었다. 그리고 그가 신라를 떠나기 전에 효성왕에게서 상당한 물품을 선물로 받았음을 염두에 두면, 이는 효성왕이 형숙에게 무엇인가 바라는 바가 있어서 일어난 상황으로 생각된다.[112]

형숙이 언제 신라를 떠나 당에 들어갔는지를 헤아리기는 어렵지만, 739년 3월에 이찬 김순원의 손녀를 왕비로 삼았다는 사실을 볼 때 효성왕의 행동은 적어도 박씨 왕비의 출궁이나 사망과 더불어 새롭게 맞을 왕비의 책봉을 염두에 둔 행동이었다고 이해할 수 있다. 다시 말해서 형숙은 신라 왕실에 머무는 동안 김순원 세력과 박씨 세력의 정치적 대립을 자연스럽게 알게 되었고, 더 나아가 효성왕이 김순원의 손녀를 맞이할 수밖에 없는 상황도 지켜보지 않았을까 싶다. 그 일련의 과정을 지켜본 형숙에게 효성왕이 황금 등을 선물하면서 새로운 왕비의 책봉을 부탁한 것은 아니었을까. 왕비를 둘러싸고 신라 왕실에서 벌어진 일과 관련해 당 조정에서 왕비 책봉 과정에 문제가 불거지지 않도록 부탁한 것일 수도 있다. 물론 이와 같은 조치 뒤에는 김순원 세력의 보이지 않는 압력이 작용하였으리라 짐작된다.[113]

---

112 권덕영은 효성왕이 형숙에게 送別 선물을 준 것으로 파악하였다(권덕영, 『고대한중외교사—견당사연구—』, 일조각, 1997, 61쪽의 각주 169) 참조). 그러나 최희준은 효성왕이 형숙에게 별도로 준비한 선물로 이해하는 것이 옳다고 하였다(최희준, 「신라 中代의 唐 사신 영접 절차와 운용」, 『한국사연구』 153, 2011, 134쪽). 그의 견해를 따른다면, 효성왕은 정치적 의도를 가지고 형숙에게 선물한 것이 된다.

113 박인희는 "이미 책봉된 박씨 왕비가 있는 상황에서 당으로부터 책봉을 받아낼 수 있는 사람은 당에 오랫동안 있으면서 긴밀한 관계를 맺었던 김신충뿐이었다. 그렇기 때문에

효성왕은 성덕왕 이후 안정되었다고 느낀 왕권이 김순원 세력에 의해 심하게 흔들리자 대책이 절실히 필요하였을 것이다. 김순원을 중심으로 한 정치세력을 통어하는 일이 쉽지 않음을 직접 목격하고 체험한 효성왕은 김순원 세력에 반격을 시도하였다. 효성왕 3년(739) 3월에 동복동생인 헌영憲英을 파진찬으로 삼은 것이다.[114] 효성왕이 동복동생을 파진찬으로 삼았다는 것은 헌영이 전혀 관등이 없는 상태에 있다가 파진찬이 된 것이 아니라 관등을 올려 주었음을 의미한다. 관등 승격은 합당한 대우를 하겠다는 조치로 해석되며, 어떤 일에 대한 반대급부라고도 할 수 있다. 즉 헌영이 김순원 세력에 맞서 노력한 부분에 대한 답례 차원의 조치가 아니었을까 싶다. 효성왕은 동모제를 파진찬으로 삼아 김순원 세력을 제어하고자 했을 뿐만 아니라 그가 김순원 세력과 연결되는 상황을 방지하고자 하였을지도 모른다. 효성왕처럼 헌영도 김순원의 외손자이므로 헌영이 김순원 세력과 정치적으로 밀접하게 연결될 가능성을 차단하고자 하였다고 볼 수 있는 것이다. 이러한 조치를 취한 다음 효성왕은 같은 해 3월에 김순원의 손녀를 왕비로 삼았다.

그런데 같은 해 여름 5월에 효성왕은 동모제인 헌영을 갑자기 태자로 책봉하였다.[115] 김순원의 손녀를 왕비로 들인 다음 약 2개월 후에 취한 이 조치는 매우 이례적이었는데, 효성왕은 왜 갑자기 이러한 일을 하였을

순원은 당시 중시였던 신충에게 이 문제를 부탁했을 것이다. 효성왕의 측근이었던 김신충으로서는 왕권의 안정을 위해 왕제 헌영을 태자로 책봉하는 대신 당으로부터 왕비 책봉을 받아 주겠다고 제안했을 가능성이 있다. 아니면 신충이 사정을 역이용했을 수도 있다"라고 하였다(박인희, 「〈신충괘관〉과 〈원가〉 연구」, 『신라문화』 28, 2006, 315쪽). 그렇지만 지금까지 살펴본 바와 같이 효성왕은 신라 왕실에 사신으로 와 있던 형숙에게 혜명왕후의 책봉을 요청하였을 것으로 보인다. 다만 효성왕이 이같이 행동한 데에 김순원의 보이지 않는 압력이 작용하였을 것임에 틀림없다고 여겨진다.

114 『삼국사기』 권9, 효성왕 3년 2월.

115 『삼국사기』 권9, 효성왕 3년 여름 5월.

까?[116] 새로운 왕비를 맞은 지 겨우 2개월이 지난 젊은 왕이 갑자기 동생인 헌영을 태자로 삼은 것은 김순원이 외척으로서 정치에 깊이 간여하지 말기를 바랐기 때문에 행한 일이었다고 해야 할 것이다. 왕비를 맞이한 이상 후사가 태어나면 효성왕은 그 아들을 태자로 삼을 수밖에 없으므로 미리 동모제를 태자에 책봉함으로써 김순원 세력을 견제한 것이다. 이것은 뒷날을 염두에 둔 조치였다고 해야 할 것이다.

Ⅳ. 후궁 세력의 몰락과 왕권 강화의 실패

앞 절에서 효성왕이 김순원의 손녀를 후비로 삼게 된 이유를 살펴보았다. 또한 동복동생인 헌영의 태자 책봉에 대해서도 살펴보았는데, 그것은 효성왕이 김순원 세력을 견제하고 정국의 주도권을 가져오기 위한 노력이었다고 생각된다. 그의 노력은 다음 기록에 나타나는 후궁의 존재를 통해 헤아려볼 수 있다.[117]

---

116 이호영은 헌영을 지지하는 정치적 배경이 있는 상태에서 왕실 내부의 파벌이 각축하면서 크고 작은 문제가 일어나는 가운데 헌영이 태자로 책봉되었다고 보았다(이호영, 「신라 중대 왕실과 봉덕사」, 『사학지』 8, 1974, 10~11쪽). 김수태는 효성왕 3년에 일어난 일련의 사건을 볼 때 5월에 헌영이 태자로 책봉된 것은 효성왕대에 왕비를 둘러싼 정치 변화 속에서 외척 세력인 김순원 등의 지지와 협력을 받아 가능하였다고 보았다(김수태, 앞의 책, 1996, 95~96쪽). 박해현은 김순원 측이 혜명왕후의 소생을 기다려 후사를 정할 시간적 여유가 없었기 때문에 외손인 헌영을 태자로 책립함으로써 정국 주도의 고삐를 더욱 당겼다고 하였다(박해현, 앞의 논문, 1993, 350쪽: 앞의 책, 2003, 114쪽). 반면 이영호는 효성왕이 맞이한 김순원의 딸이 나이가 많아 아들이 없었을 가능성을 상정하였다(이영호, 앞의 책, 2014, 57쪽의 각주 39) 참조). 그의 생각은 성덕왕의 비를 염두에 둔 결과이다. 즉 효성왕은 김순원의 딸이 낳은 아들이기 때문에 효성왕의 왕비로 들어온 김순원의 딸도 당연히 나이가 많으리라 추정한 것이다. 그렇지만 혜명왕후가 김순원의 딸이 아니라 손녀일 가능성을 염두에 두면 이 같은 해석이 무리함을 알 수 있다.

117 효성왕이 총애한 후궁의 정체를 기왕의 연구에서는 先妃인 박씨 왕비로 파악한다(井上秀雄, 「新羅政治體制の變遷過程」, 『新羅史基礎研究』, 1974, 456쪽; 「新羅朴氏王系の成

D. 파진찬波珍飡 영종永宗이 반역을 꾀하다가 죽임을 당하였다. 이보다 앞서 영종의 딸이 후궁으로 들어왔는데, 왕이 그를 몹시 사랑하여 은총이 날로 더해가자 왕비가 이를 질투하여 집안 사람들과 더불어 그를 죽이고자 도모하였다. 영종은 왕비와 그 친족들을 원망하였는데, 이로 인하여 반역을 일으킨 것이다(『三國史記』 권9, 孝成王 4년 8월).

위의 기록에 따르면 효성왕이 후궁을 매우 총애하자 후궁을 질투한 왕비가 집안과 더불어 그녀를 죽이고자 일을 꾸몄고, 후궁의 아버지인 영종이 그 사실을 원망하여 반역을 일으켰다고 한다. D의 기록을 그대로 읽으면 왕비와 후궁이 서로 왕의 총애를 다투다가 갈등이 일어난 것으로 볼 수 있지만, 그 사실의 이면에는 더 큰 정치적 함의가 숨어 있다. 후궁의 아버지인 영종이 반역을 일으켰다는 표현은 효성왕과 후궁으로 대표된 세력과 왕비로 대표된 세력의 정치적 대립과 갈등에서 왕비 측 세력이 이겼다는 뜻으로 이해할 수 있기 때문이다.

먼저 효성왕이 후궁을 들인 시기를 알아보자. 후궁의 아버지인 영종이 반역을 꾀하다가 죽임을 당한 때가 효성왕 4년 8월이므로 그녀가 왕실에 들어온 시기는 그 이전이다. 그렇지만 효성왕이 김순원의 손녀를 왕비로 책봉하기 전에 후궁을 들였는지 아니면 김씨 왕비가 책봉된 다음 곧바로 후궁을 들였는지는 확인할 수 없다. 다만 박씨 왕비와 관련된 사건이 일어난 다음의 일이라 생각되므로 늦어도 효성왕이 김순원의 손녀를 후비로 맞아들일 즈음에 후궁을 들였다고 보아도 무리가 없을 것이다.[118]

立」, 『朝鮮學報』 47, 1968: 같은 책, 1974, 351~353쪽). 효성왕대 정치적 동향을 연구한 김수태도 후궁을 박씨 왕비로 파악하였다(김수태, 앞의 책, 1996, 87쪽). 그러나 박해현은 후궁을 박씨 왕비와 다른 인물로 파악하였다(박해현, 앞의 책, 2003, 108쪽). 필자도 후궁이 박씨 왕비가 아닌 별개의 인물이라고 생각한다. 왕비였다가 후궁이 되었다는 점이 잘 납득되지 않기 때문이다.

118 선석열은 앞의 책, 2015, 189쪽에서 혜명왕후를 맞아들이기 전에 효성왕과 후궁이 혼인

그러면 효성왕은 왜 후궁을 맞아들였을까. 앞서 보았듯이 효성왕이 김순원의 손녀를 후비로 맞이한 것은 정치적 타협안으로 볼 수 있다. 따라서 두 사람의 관계가 소원하였을 가능성을 배제할 수 없다. 김순원의 친손녀가 몇 명인지는 알 수 없지만 효성왕과 왕비는 외사촌 관계이므로 일찍부터 서로 알고 있었을 것이다. 김순원의 딸이 효성왕의 어머니이고, 그의 손녀가 효성왕의 비가 된 것은 김순원이 외척으로 확실하게 자리 잡았음을 보여 준다.[119] 이러한 점으로 미루어 볼 때 효성왕이 후궁을 들인 이유는 어쩌면 간단할지도 모른다. 즉 효성왕이 정략적으로 맞이한 왕비에게 애정이 없어서 관계가 소원해지자 후궁을 두었다는 것이다.

그렇지만 왕이 김순원의 손녀를 후비로 들인 직후 곧바로 후궁을 들였다면 그것은 정치적 측면에서 해석하는 것이 옳지 않을까 싶다. 즉 박씨 왕비를 대신하여 손녀를 들일 정도로 김순원의 정치적 영향력이 커지자 효성왕은 어떻게든 김순원 세력의 정치적 권력을 약화시키고 견제할 필요가 있었을 것이다. 결국 효성왕은 정치적 주도권을 되찾고자 지지 세력을 규합하는 과정에서 영종과 손을 잡은 것으로 생각된다. 영종의 딸을 후궁으로 들임으로써 영종으로 대표되는 세력의 힘을 통해 김순원 세력을 견제하고자 하였다고 생각해볼 수 있는 것이다. 따라서 효성왕이 후궁을 매우 총애한 것이 그러한 사정과 밀접한 관계가 있다고 보아도 무리하지 않다고 생각된다.[120]

한 것으로 이해하였다.

119 이영호, 앞의 책, 2014, 79쪽.

120 신라 말 효공왕도 천첩을 총애하였으나 대신 殷影이 그녀를 죽였다고 한다(『三國史記』 권12, 孝恭王 15년 봄 정월). 조범환은 이를 왕이 천첩으로 대표되는 세력과 밀접한 관계를 유지한 것으로 해석하였으며, 효공왕이 천첩을 중심으로 한 세력을 끌어들여 왕권 강화를 위해 노력한 것으로 이해하였다(조범환, 「신라말 화랑세력과 왕위계승」, 『사학연구』 57, 1999, 38쪽). 효성왕이 후궁을 총애한 것도 이러한 선상에서 이해하면 될 것이다.

그런데 D의 기록만으로는 후궁의 아버지인 영종이 누구인지를 헤아리기가 쉽지 않다. 다만 그가 파진찬이었다면 진골 귀족으로 보아도 무리가 없을 것 같다. 그렇다면 진골의 딸도 후궁이 될 수 있었다는 것인데, 이는 후궁과 왕비의 신분이 같았음을 의미한다.[121] 따라서 영종은 진골 귀족들 가운데 영향력 있는 인물이자 딸을 통해 효성왕 정권과 더욱 밀착하고 권력 중심부에서 활동하며 김순원 세력을 제어하는 데 적잖은 역할을 하였다고 볼 수 있다.

E. 다홍색 옷(緋衣)을 입은 여자가 예교隸橋 아래서 나와 나라의 정치를 비방하다가 효신공孝信公의 대문을 지나서 갑자기 사라졌다(『三國史記』 권9, 孝成王 4년 가을 7월).

이것은 영종의 반란이 있기 한 달 전에 비의緋衣를 입은 여인으로 상징되는 세력이 정치에 불만을 품었음을 알려 주는 기록이다. E의 기록과 관련한 현재까지의 연구들은 이 기록을 유교에 밝은 6두품에 속한 인물들이 헌영의 태자 책봉에 반대한 것을 상징적으로 표현한 기록으로 파악하거나,[122] 박씨 왕비 세력을 포함한 진골 귀족 세력에 불만을 드러낸 상황을 표현한 것으로 파악하고 있다.[123] 비의는 6~9관등에 해당하는 관리들의 복색이므로 이들을 하급 진골 귀족 또는 6두품 귀족으로 보기도 한다.[124] 그러나 이와 전혀 다른 견해도 있다. 왕비 혹은 외척의 자리를 둘러싼 왕비 세력과 후궁 세력의 갈등으로 이해하여 비의를 후궁과 연관된 세력으

121 주보돈은 영종을 비록 진골이지만 당시 통용되던 통혼권 외에 위치한 존재로 보았다. 그는 『구당서』 권220, 신라전에 나오는 1골과 2골 가운데 영종이 2골에 해당한다고 판단하였다(朱甫暾, 「新羅骨品制社會とその變化」, 『朝鮮學報』 196, 2005, 86쪽).

122 이호영, 앞의 논문, 1974, 11쪽.

123 김수태, 앞의 책, 1996, 96쪽.

124 박해현, 앞의 책, 2003, 109~110쪽.

로 이해하기도 한다.[125] 후자의 견해가 좀 더 타당하다고 생각되는데, 여인이 정치를 비방하였다는 것은 영종 세력이 김순원 세력과 대립하는 과정에서 김순원이 주도하는 정치 상황을 비난함으로써 그들의 입지를 공고히 하고자 한 행위로 짐작된다.

여기에서 재미있는 부분은 비의를 입은 여인이 하필 효신공의 대문을 지나서 갑자기 사라졌다는 것이다. 이것은 효신공이 어떤 열쇠를 쥐고 있음을 의미하는 게 아닐까? 다시 말해서 효신공도 정치에 불만이 있어 비의를 입은 세력과 밀착한 것이 아니냐는 것이다. 효신공이라는 호칭으로 볼 때 그는 진골 귀족으로서 정국 동향에 적잖은 불만을 가진 인물로 해석된다. 비의를 입은 여인을 밖으로 보내어 정국을 비방한 행동을 김순원 일족이 주도하는 정치에 대하여 불만을 드러낸 것으로 해석한다면 효신공은 영종을 지지하는 진골 귀족세력이었다고 판단된다.

정국이 혼란스러웠던 만큼 왕비와 후궁의 대립도 정치적 측면을 빼놓고는 설명하기가 어려울 것이다. 즉 왕비가 후궁을 매우 심하게 질투했다는 것과 왕비의 집안이 후궁을 죽이려고 하였다는 것은 효성왕이 영종과 효신공의 세력과 밀착한 데 대하여 김순원 세력이 강력하게 반발하였음을 의미한다. 영종이 왕비와 그 친족들을 원망하였다는 것은 김순원 세력에 대한 영종의 불만이 드러난 행동이고, 영종의 불만은 결국 반란으로 나타났다.[126] 반란으로 기록되었다는 것은 영종이 김순원 세력에 제압되었음을 의미하며, 정국의 주도권을 쟁취하지 못했음을 알려 준다. 영종에 대한 더 이상의 기록이 없는 것으로 볼 때 그는 김순원 세력에 의하여 제거된

125 이영호, 앞의 논문, 2003, 79쪽의 주 127) 참조.

126 영종의 난과 관련하여 기존의 연구에서는 외척의 지위를 둘러싼 알력(井上秀雄, 앞의 책, 1974, 455쪽)이나 혹은 외척의 권세를 누리고 있던 김순원 일족에 대한 저항으로 보기도 한다(濱田耕策, 앞의 책, 2002, 188~189쪽).

것 같다. 결국 효성왕 4년 7월과 8월에 일어난 일련의 사건은 서로 별개가 아니라 매우 밀접한 관계 속에서 발생한 일로 보아야 할 것이다.

영종의 반란이 있은 다음 해 4월에 효성왕은 대신 정종과 사인에게 명하여 노병弩兵을 사열하게 하였다고 한다.[127] 기존의 연구에서는 이 기록을 김순원과 더불어 정종과 사인이 영종의 난을 진압하는 데 실력을 행사한 것으로 이해하였다.[128] 그렇지만 이 해석에는 문제가 있다. 영종의 반란이 진압된 다음 효성왕이 정종과 사인에게 그 같은 행동을 지시한 것은 적어도 자신의 위상을 드러내기 위한 정치적 행위로 보는 것이 타당하다. 당시 정종은 상대등이었고, 경덕왕대에 상대등에 오른 사인도 높은 위치에 있었음에 틀림없다. 사실 이 두 사람은 성덕왕대에 왕실의 측근 세력으로 활동하며 왕권을 강화한 인물들이다.[129] 노병은 주로 활을 가지고 전투에 임하는 부대의 군사이다. 효성왕이 하필 이들에게 노병을 사열하게 했다는 것은 효성왕의 지지 세력이 아직도 건재함을 보여 주기 위한 행동으로 해석될 수 있다. 비록 효성왕은 영종과 손을 잡고 김순원 세력을 제거하려다가 실패하였으나 자신에게 왕권을 유지할 능력이 충분함을 보여줄 필요가 있었고, 그것이 바로 정종과 사인의 노병 사열이었다고 생각된다.[130]

왕권을 강화하려 한 효성왕의 노력은 그의 죽음과 더불어 막을 내렸다. 효성왕은 742년 5월에 사망하였다.[131] 노병을 사열한 지 1년이 조금 지나

127 『삼국사기』 권9, 효성왕 5년 여름 4월.

128 김수태, 앞의 책, 1996, 97쪽.

129 성덕왕 31년 12월에 각간 思恭과 이찬 貞宗·允忠·思仁을 각각 장군으로 삼았다고 한다. 이러한 사실을 볼 때 이들은 적어도 왕과 관련된 인물이었으며, 효성왕이 즉위한 후 정종이 상대등이 된 것으로 볼 때 동왕과 매우 밀접한 관계를 유지하였음에 틀림없다.

130 윤태양은 외척인 김순원 세력이 척족으로서 권위를 누렸다기보다는 기만적으로 행동함으로써 일시 득세했을 뿐이며, 경덕왕대 초까지 철저한 역공을 받아 권위가 훼손당하지 않는 선에서 정계에서 퇴출된 것으로 보았다(윤태양, 앞의 논문, 2020, 28쪽).

131 『삼국사기』 권9, 효성왕 6년 5월.

사망한 것이다. 노병의 사열을 통하여 건재함을 드러내려고 하였으나 김순원 세력의 도전은 계속된 것으로 보인다. 효성왕이 죽기 약 3개월 전에 동북쪽에서 지진이 일어났으며 그 소리가 천둥 치는 것과 같았다고 한 기록은 효성왕이 정치적으로 위태로웠음을 상징적으로 드러낸 표현으로 보인다. 그 결과 효성왕은 김순원 세력을 막아내지 못하고 결국 죽음에 이르게 된 것으로 짐작된다.

* * *

신라 중대 왕 중 재위 기간이 가장 짧은 효성왕은 선비 박씨 왕비를 후비 김씨 왕비로 교체하였으며 한 명의 후궁까지 두었다. 그는 김순원 세력의 재등장으로 말미암아 박씨 왕비를 지키지 못하였으며, 김순원의 손녀인 혜명왕후와 혼인하였다. 효성왕은 후비를 들일 즈음 후궁도 들였으나 김순원 세력의 반발로 후궁을 잃었다. 효성왕은 재위하는 동안 평온하게 살지 못하였다. 그것은 당시의 불안한 정국과 매우 밀접하게 관련된다. 즉 효성왕의 평탄치 못한 삶은 외척인 김순원과 그의 정치세력을 제대로 제어하지 못한 결과였다.

효성왕은 성덕왕대부터 외척 세력으로 성장한 김순원에 대한 경계를 게을리하지 않는 한편, 태자 시절에 박씨 왕비와 혼인하였다. 이는 계속해서 왕실의 혼맥을 넓히려는 노력과 무관하지 않았으며, 박씨 왕비와 혼인한 것은 그 의도를 실천에 옮겼음을 보여 준다. 효성왕은 성덕왕이 물려준 왕권을 기반으로 하여 임금으로 즉위한 직후에는 왕권의 안정을 구축하기 위해 당으로부터 박씨 왕비의 책봉을 받아내었다. 그렇지만 김순원 세력의 계속된 정치적 압력과 외교 활동으로 말미암아 효성왕의 노력은 실패로 돌아갔고, 박씨 왕비마저 잃고 왕권도 흔들리게 되었다. 이러한 정국을 타개하기 위하여 김순원의 손녀를 왕비로 들이면서도 곧바로 동복동생을 태자로 책봉하였다. 효성왕의 이 같은 조치는 모두 왕권을 강화하고자 하는 노력이었다. 그는 후궁의 아버지인 영종을 통해 김순원 세력을 제어하고자 했으나 실패로 돌아갔고, 재위 6년에 죽음을 맞이하였다.

효성왕대의 정국은 성덕왕대에 이룩한 안정된 정치적 구도를 하루아침에 허물어 버리는 결과를 가져왔다. 그것은 성덕왕대에 새롭게 등장한 외척인 김순원 세력을 제어하지 못한 데에서 비롯되었으며, 다시 그의 손녀를 왕비로 들일 수밖에 없었던 정치적 한계 때문이기도 하였다. 신라 중대가 시작된 이후 신문왕은 외척 세력의 성장에 제동을 걸었지만, 성덕왕대를 지나 효성왕대에 이르자 외척 세력의 성장을 막을 수가 없었다. 신라 중고기의 왕비족과 달리 한 집안에서 계속 왕비가 배출된 것이다. 이는 신라 중대 정치사에서 새롭게 주목할 만한 매우 중요한 측면 중 하나이다.

제7장

경덕왕대 외척 세력 퇴출과 한계

Ⅰ. 문제 제기

신라 중대 경덕왕景德王도 두 번 혼인하였다. 그는 효성왕대에 삼모부인三毛夫人과 처음으로 혼인하였으며, 재위 2년째 되던 해에 만월부인滿月夫人을 후비로 삼았다. 즉 그는 왕위에 오른 지 1년도 되기 전에 선비를 내보낸 다음 후비 만월부인을 맞아들였다.[132] 경덕왕이 선비를 출궁시키고 후비를 맞이한 것은 아들을 얻기 위한 조치였다고 알려져 있다. 그렇지만 그는 후비인 만월부인과의 사이에서 무려 15년 만에 혜공왕 건운乾運을 얻었다. 이러한 사실로 보아 경덕왕이 아들을 얻기 위해 선비인 삼모부인을 출궁시켰다고 하는 기왕의 연구[133]를 쉽사리 따르기가 어렵다. 따

132 경덕왕은 742년 5월 무렵에 왕위를 계승하고 다음 해인 743년 여름 4월에 김의충의 딸을 왕비로 들였다고 한다(『삼국사기』 권9, 경덕왕 2년 여름 4월). 이러한 사실을 볼 때 왕위에 오른 지 채 1년도 지나기 전에 후비를 맞이하였음을 알 수 있다.

133 김수태, 앞의 책, 1996, 116쪽 참조.

라서 경덕왕이 선비인 삼모부인을 출궁시키고 후비인 만월부인을 맞이한 것을 새로운 각도에서 재검토할 필요가 있다.

이 점에 주목하여 이미 많은 연구가 이루어졌다.[134] 경덕왕대 왕비의 교체를 정치 세력 사이의 힘겨루기로 설명한 연구들로서, 왕당파와 반전제주의적 정치세력의 대립이라는 측면에서 다루거나[135] 외척 중심의 국정 운영에 반한 왕권 확립이라는 관점에서 살핀 연구가 있다.[136] 경덕왕대의 재이災異 관련 기록을 통하여 정치 상황을 언급하거나[137] 선비인 삼모부인의 행적을 통해 정치 상황에 주목한 연구도 있다.[138] 이 같은 연구 성과들은 경덕왕대 왕비의 교체 및 당대의 정치적 동향을 이해하는 데에 적잖은 도움을 주고 있다.

그렇지만 경덕왕의 혼인과 왕비 교체에 대해서는 좀 더 살펴볼 점이 있다. 우선 경덕왕은 선비와 후비 모두 아버지가 없는 이와 혼인하였다. 이것을 우연한 일이라고 치부하기는 어렵다. 분명 어떤 의도가 있었을 터인데 이를 집중적으로 살펴본 연구는 아직까지 없다. 다음으로 경덕왕이 출궁시킨 선비를 사량부인沙梁夫人으로 봉한 사실에 대해서도 살펴볼 필요가 있다. 성덕왕이 성정왕후를 출궁시키면서 막대한 재물을 준 반면 경덕왕은 선비를 사량부인으로 봉하였는데, 여기에는 필시 어떤 의미가 있을

---

134 경덕왕대의 정치상황을 논한 선구적 연구는 이기백, 「경덕왕과 단속사·원가」, 앞의 책, 1974이다. 그 외에 신형식, 「신라 중대 전제왕권의 전개과정」, 앞의 책, 1990; 이영호, 앞의 책, 2014; 김수태, 앞의 책, 1996; 조이옥, 「통일신라 경덕왕대 전제왕권과 녹읍에 대한 재해석」, 『동양고전연구』 1, 1993; 박해현, 앞의 책, 2003; 신정훈, 「경덕왕의 즉위와 왕권강화책의 추진」, 『8세기 신라의 정치와 왕권—8세기 신라의 정치적 추이와 천재지변의 성격—』, 한국학술정보, 2010 등이 있다.

135 김수태, 앞의 책, 1996의 연구가 대표적이다.

136 박해현, 앞의 책, 2003의 연구가 대표적이다.

137 신정훈, 앞의 책, 2010의 연구가 대표적이다.

138 김선주, 「신라 경덕왕대 삼모부인(三毛夫人)의 생애와 정치적 의미」, 『역사학연구』 44, 2011; 이주희, 「경덕왕의 전처 삼모부인—출궁 위자료·시주 문제를 중심으로—」, 『동아시아고대학』 38, 2015 등이 있다.

것이다. 마지막으로 경덕왕이 황룡사종을 주조하는 과정에서 선비인 삼모부인의 경제적 지원을 받은 이유를 검토할 필요가 있다. 여기에도 분명 정치적 고려가 있었을 것이기 때문이다.

Ⅱ. 헌영과 삼모부인의 혼인 배경

『삼국사기』의 기록에 따르면 경덕왕은 왕위를 계승하기 전에 이미 혼인한 것으로 나타난다. 그러면 경덕왕이 된 헌영憲英은 언제 그리고 어떤 이유로 김순정金順貞의 딸인 삼모부인과 혼인하였는지부터 살펴보자.

> A. 경덕왕景德王이 즉위하였다. 이름은 헌영憲英으로 효성왕의 동모제同母弟이다. 효성왕이 아들이 없어 헌영을 태자로 삼았던 까닭에 왕위를 이을 수 있었다. 왕비는 이찬 순정順貞의 딸이다(『三國史記』 권9, 景德王 즉위년).

A의 기록에 따르면 경덕왕은 효성왕에게 아들이 없어 태자로 책봉되었고, 효성왕이 사망하자 왕위를 계승하였다고 한다. 그리고 왕비는 이찬 (김)순정의 딸이라고 한다. 여기까지만 보면 경덕왕이 왕위를 계승할 때 장인인 김순정이 일정한 정치적 역할을 하였으리라고 생각할 수 있다.[139]

---

139 성덕왕대 이후 효성왕대에 이르기까지 외척으로서 활동한 金順元이 경덕왕의 왕위계승에 깊이 관여하였다는 설명이 있다(김수태, 앞의 책, 1996, 98쪽). 그리고 김순원 세력뿐만 아니라 김순정 세력도 경덕왕의 왕위 계승에 중요한 역할을 하였다는 견해가 있다(濱田耕策, 앞의 책, 2002, 189쪽; 박해현, 앞의 책, 2003, 122쪽; 김선주, 앞의 논문, 2011, 11쪽). 세 연구자 모두 김순원과 김순정이 서로 혈연지간이거나 그에 상응하는 관계를 유지하였고, 두 세력이 연결해 성덕왕~효성왕대의 정치 권력을 장악하였다고 파악하였다. 또한 신정훈은 경덕왕의 즉위 지원 세력으로 김순원계와 정종·사인·신충 등을 꼽았다(신정훈, 앞의 책, 2010, 40쪽). 이 해석들의 미진한 점에 대해서는 본 장에서 검토하고자 한다.

그런데 경덕왕이 왕위에 올랐을 때에 장인인 김순정은 이미 사망하고 없었다. 『속일본기續日本記』의 기록에 따르면 김순정은 성덕왕 24년(725)에 사망하였다고 한다.[140] 경덕왕의 왕위계승에 김순정이 직접 개입하였을 가능성이 없는 것이다. 김순정의 아들인 김옹金邕[141]이 있었으나 그가 정치적으로 두각을 나타낸 것은 경덕왕 19년 이후의 일이므로[142] 김옹은 누이와 헌영의 혼인에 영향력을 행사할 만한 위치에 있지 않았다.

이제 이러한 분석을 토대로 하여 헌영이 김순정의 딸과 혼인한 시기가 언제인지, 김순정이 사망한 후에 혼인하였다면 과연 그 이유가 무엇인지

---

140 『續日本記』 권9, 神龜 3년 7월.

141 김순정과 김옹의 관계에 대해서 기왕의 연구는 크게 두 가지 견해로 나뉘어 있다. 우선 김옹을 김순정의 아들로 보는 견해로 今西龍, 「聖德大王神鐘之銘」, 『新羅史硏究』, 近澤書店, 1933, 533쪽; 이호영, 앞의 논문, 1997: 『신라삼국통합과 여·제패망원인연구』, 서경문화사, 1997, 471쪽; 김수태, 앞의 책, 1996, 111~112쪽 등이 있다. 또한 신형식, 앞의 책, 1990, 138쪽; 신정훈, 앞의 책, 2010, 73쪽의 주 133) 등을 참고할 수 있다. 필자도 김옹이 김순정의 아들이라는 견해에 더 공감하며 이를 기반으로 하여 논지를 전개할 것이다.

반면 김옹을 김순정의 손자로 인정하는 견해로는 鈴木靖民, 「金順貞·金邕論—新羅政治史の一考察—」, 『朝鮮學報』 45, 1967: 『古代對外關係史の硏究』, 吉川弘文館, 1985, 319쪽; 濱田耕策, 앞의 책, 2002, 186~187쪽; 박해현, 앞의 책, 2003, 123~124쪽; 조이옥, 앞의 논문, 1993, 79~80쪽; 이영호, 「신라 중대의 정치와 권력구조」, 경북대학교 사학과 대학원 박사학위논문, 1995, 47쪽; 전덕재, 「신라 중대 대일외교의 추이와 진골귀족의 동향—성덕왕~혜공왕대를 중심으로—」, 『한국사론』 37, 1997, 24쪽; 近藤浩一, 「景德王代 王子 金太廉의 日本派遣 事情」, 『한국고대사탐구』 5, 2010, 108~109쪽 등이 있다. 또한 이기동, 「성덕대왕신종 조성의 역사적 배경」, 『성덕대왕신종』, 국립경주박물관, 1999, 45쪽; 이영호, 앞의 논문, 2011, 21쪽에서 김옹이 김순정의 손자라고 확언하였다. 박남수, 「신라 성덕왕대 '상재' 김순정과 대일교섭」, 『신라사학보』 25, 2012, 129~133쪽에서는 김옹을 김순정의 손자로 보았다. 이주희, 「신라 김순정가의 대일교역과 등원씨」, 『신라문화』 47, 2016, 248쪽에서는 김옹을 김순정의 손자로 파악하였다.

한편 김수태, 「신라 혜공왕대 만월부인의 섭정」, 『신라사학보』 22, 2011, 152~153쪽에서는 "김옹을 만월부인과 남매관계로 설정하여 경덕왕과 혜공왕대의 정치사를 설명한 수많은 해석들은 그 존립기반을 잃어버리는 것이기 때문에 매우 위험스런 작업이라고 할 수 있다"라고 하였다.

142 경덕왕 19년에 김옹이 시중으로 임명된 사실로써 알 수 있다(『삼국사기』 권9, 경덕왕 19년 여름 4월).

를 함께 살펴보자. 이 문제를 해결할 수 있는 직접적 기록이 보이지 않으므로 헌영이 김순정의 딸과 혼인한 시점부터 검토해 보자.

헌영이 삼모부인과 혼인한 시기에 대하여 지금까지 이루어진 연구들은 대체로 그가 태자로 책봉되었을 무렵에 김순정의 딸과 혼인하였다고 설명한다.[143] 하지만 이 문제에 좀 더 천착할 필요가 있는데, 혼인 시기가 태자 책봉 이전인지 아니면 책봉 이후인지를 확실히 밝혀야 하기 때문이다.

헌영은 성덕왕의 아들로 어머니는 소덕왕후이다.[144] 소덕왕후는 성덕왕 19년(720)에 왕비가 되었고 성덕왕 23년(724) 12월에 사망하였다.[145] 소덕왕후는 왕비로 지내는 기간 동안 두 명의 아들을 두었다. 효성왕이 된 승경과 경덕왕이 된 헌영이 바로 그들이다.[146] 헌영이 태어난 시기를 정확하게 알 수는 없지만 724년 이전임은 틀림없다. 그가 태자로 책봉된 해가 효성왕 3년(739)이고 임금이 된 해가 742년이므로 20세 전후에 왕위를 계승하였으며, 태자로 책봉되었을 때의 나이는 17세 무렵으로 짐작된다.

이와 같은 논증을 바탕으로 하여 이제 헌영의 혼인 시점이 태자 책봉 이전인지 아니면 태자로 책봉된 이후인지에 대하여 살펴보자. 이 문제를 밝히는 일은 매우 중요한데, 이에 따라 정치 권력의 향배가 사뭇 달라지기 때문이다.

---

143 거의 대다수의 연구자들은 경덕왕이 삼모부인과 혼인한 시기를 태자로 책봉된 효성왕 3년 무렵으로 추측한다. 이와 관련하여 濱田耕策, 앞의 책, 2002, 190쪽을 참고하라. 박해현, 앞의 책, 2003, 122쪽에서도 濱田耕策과 같은 견해를 드러내었다. 신정훈, 앞의 책, 2010, 42쪽의 주 36)에서도 경덕왕이 삼모부인과 혼인한 시기를 효성왕 2~3년 무렵으로 파악하였다. 이와 달리 鈴木靖民은 앞의 책, 1985, 164쪽에서 성덕왕대에 김순정이 정무에 참여하였을 때 그의 딸이 헌영과 혼인하였을 것으로 추측하였다.

144 아버지는 성덕왕이고 어머니는 소덕태후이다(『삼국유사』 권1, 왕력편).

145 『삼국사기』 권8, 성덕왕 19년 3월 및 성덕왕 23년 겨울 12월.

146 박해현은 효성왕과 경덕왕을 同腹이 아니라 이복형제로 파악하였다(박해현, 앞의 책, 2003, 120쪽). 김선주도 박해현의 견해에 동의하였다(김선주, 앞의 논문, 2011, 7쪽). 서정목도 이름의 돌림자를 염두에 두었을 때 효성왕 승경과 경덕왕 헌영의 어머니가 달랐을 것이라고 보았다(서정목, 앞의 책, 2016, 474쪽).

기왕의 연구에서는 효성왕대에 정국을 주도한 김순원이 김순정의 딸을 헌영의 태자비가 되도록 도와주었다고 하였다.[147] 이 같은 견해는 헌영이 태자로 책봉된 직후 김순정의 딸과 혼인하였음을 은연중에 암시한다.

그렇지만 이 견해는 김순원과 김순정이 정치적 성격이나 노선을 같이 한다는 전제하에서만 가능한 설명이다. 만약 두 사람의 정치적 노선이 다르거나 서로 견제하는 사이였다면 설명은 달라질 수밖에 없다. 잘 알려진 바와 같이 김순정은 성덕왕대에 친일적 외교노선을 중시한 귀족세력이다.[148] 반면 김순원은 정치적 활동 전반에 걸쳐 친당 노선을 우선시한 것으로 보인다.[149] 또한 성덕왕대에 김순정이 사망한 후 김사공金思恭 세력이 정계를 주도하게 되면서 김순정과 혈연관계에 있는 김효정이 이렇다 할 활동을 하지 못한 것[150]은 아무래도 김사공 세력과 김순원 세력이 정계를 주도하였기 때문으로 여겨진다. 이러한 점으로 미루어 보면 김순정과 김순원이 정치적 뜻을 같이하였거나 같은 정치적 노선을 가졌다고는 생각되지 않는다.[151]

더구나 김순원의 정치적 영향력은 헌영의 형인 효성왕을 매우 힘들게 하였다. 사정이 이러한 가운데 효성왕은 김순원의 손녀를 후비로 들인 다음 동모제인 헌영을 곧바로 태자로 책봉하였다.[152] 김순원의 집안을 또다

---

147 濱田耕策, 앞의 책, 2002, 190쪽; 박해현, 앞의 책, 2003, 122쪽.

148 鈴木靖民, 앞의 책, 1985, 327쪽; 전덕재, 앞의 논문, 1997, 21~25쪽; 연민수, 「통일기 신라와 일본관계: 공적 교류를 중심으로」, 『강좌 한국고대사』 4, 가락국사적개발연구원, 2003, 274~275쪽.

149 김수태, 앞의 논문, 1983 참조.

150 전덕재, 앞의 논문, 1997, 25쪽.

151 김순원계와 김순정계의 분쟁에 대한 기록이 없는 것으로 보아 양쪽이 가까운 동족일 가능성을 제기한 연구도 있다(濱田耕策, 앞의 책, 2002, 193쪽). 그렇지만 여기에서는 따르지 않는다.

152 효성왕이 이찬 순원의 손녀를 왕비로 들인 것은 재위 3년째인 3월의 일이고, 동생을 태자로 삼은 시기는 같은 해 5월이다. 순원의 손녀를 왕비로 들인 지 약 2개월이 지난 다음의 일이다(『삼국사기』 권9, 효성왕 3년 3월 및 5월조 참조). 『삼국사기』에서는 효성왕의

시 외척으로 만들지 않겠다는 의지를 극단적으로 보여준 것이다. 이것은 김순원 세력을 견제하고자 한 조치로서, 훗날을 염두에 둔 정치적 행위였다고 보는 것이 옳다.[153] 또한 효성왕은 헌영의 안전한 왕위계승을 위해서 김순원 세력을 제압하거나 그에게 정치적으로 맞설 능력을 가진 인물이 절실히 필요하였을 것이다. 그렇다면 정치적 영향력이 있는 집안의 딸을 태자비로 선택하고자 하였을 것이 분명하다.

하지만 삼모부인이 이미 사망한 김순정의 딸이라는 사실을 볼 때 헌영이 태자로 책봉되기 전에 혼인했음을 자연스럽게 헤아릴 수 있다. 그러니까 효성왕이 김순원의 손녀를 왕비로 들이기 전에 이미 헌영이 혼인했음을 알 수 있는 것이다. 그리고 염두에 두어야 할 점은 삼모부인의 나이이다. 앞서 보았듯이 헌영은 724년 이전인 723년 전후로 태어났을 가능성이 있다. 김순정이 사망한 해가 725년이므로 삼모부인이 그전에 태어났다면 헌영과 나이가 비슷하거나 더 많았을 것이다.[154]

그러면 이제 헌영이 김순정의 딸과 혼인한 이유에 대하여 좀 더 살펴보자.[155] 아무래도 헌영의 독단적 결정이라기보다는 동복형인 효성왕의 의도가 작용했을 것이라는 생각이 든다.

비가 김순원의 딸이라고 하나, 이 책 제6장 각주 72)에서 손녀로 보는 것이 타당하다고 설명하였으니 참고하기 바란다.

153 조이옥은 앞의 논문, 1993, 70쪽에서 경덕왕이 태자 책봉을 통해 합법적으로 왕위를 계승하였기 때문에 귀족들의 영향력을 쉽게 배제할 수 있었다고 하였다. 또한 동궁 생활을 통하여 터득한 정치적 식견을 바탕으로 하여 귀족세력과 협력하였을 수도 있다고 보았다.

154 김선주는 김순정의 손자인 김옹이 경덕왕 19년에 시중이 되어 활동한 사실을 기준으로 삼아 이렇게 판단하였다(김선주, 앞의 논문, 2011, 15쪽). 이는 김옹이 삼모부인의 조카라는 점을 염두에 둔 해석이다.

155 박남수는 김순정과 김의충의 딸이 경덕왕의 비가 된 이유로 무열계 왕실의 지친이라는 점을 꼽았다(박남수, 앞의 논문, 2012, 135 및 144쪽). 그러나 필자는 이를 따르지 않는다.

B-1. 본국 상재上宰 김순정金順貞의 때에는 배와 노가 서로 이어졌으며 항상 직공을 닦았다. 이제 그 손孫인 김옹이 자리를 계승하여 정권을 잡고 있는데, 가문의 명성을 좇아서 공봉供奉하는 데 마음을 두고 있다(『續日本記』 권33, 寶龜 5년 3월 4일).

B-2. 신라 제35대 경덕대왕이 천보 13년(754) 갑오에 황룡사종皇龍寺鐘을 조성하였다. 길이는 1장 3촌이며 두께는 9촌, 무게는 49만 7,581근이다. 시주는 효정이왕孝貞伊王과 삼모부인三毛夫人이다(『三國遺事』 권3, 塔像 4, 皇龍寺鐘·芬皇寺藥師·奉德寺鐘).

B-1의 기록을 보면, 삼모부인의 아버지 김순정이 상재로서 일본과 활발히 교역하였음을 알 수 있다. 이는 그가 대일외교 정책을 적극적으로 추진하였음을 말해 준다.[156] 그의 아들인 김옹[157]도 김순정 사후에 계속해서 일본과 긴밀한 관계를 유지하였음을 쇼무천황聖武天皇이 밝히고 있다. B-1의 기록에서 김순정이 일본에 대하여 항상 직공을 닦았다고 한 문구를 지속적으로 교역하였다는 의미로 받아들여도 무리한 해석은 아닐 것이다. 그렇다면 김순정이 대일본 교역을 통해 막대한 부를 축적하였을 가능성을 고려할 수 있다.[158]

B-2의 기록에서는 효정 이간[159]과 삼모부인이 황룡사종을 주조하는 데 시주하였다고 한다. 효정 이간이 삼모부인의 삼촌일 가능성도 있으므로[160] 두 사람이 국가적 사업이라 할 황룡사종을 제작하는 데 시주를 많이 하

156 성덕왕 18년(719)부터 김순정의 죽음이 알려진 성덕왕 25년(726)까지 신라는 2년에 1회씩 어김없이 일본에 사신을 파견하였고, 일본도 2년에 1회 정도로 견신라사를 파견하였다(박남수, 앞의 논문, 2012, 160쪽).

157 B-1의 기록에는 '그 孫'이라고 나오지만 손자가 아니라 후손이라는 뜻으로 해석하는 것이 옳다. 이에 대하여 본 장의 각주 141)에서 자세하게 밝혀 두었다.

158 이주희, 「수로부인의 가족」, 『신라문화』 44, 2014, 183쪽.

159 孝貞伊王은 효정 伊干의 誤刻으로 보인다.

160 이기백은 두 사람이 부녀 관계였는지도 모르겠으나, 적어도 혈연적으로 가까운 관계였

였다는 사실은 효정 이간과 삼모부인을 중심으로 한 집안에서 막대한 재산을 가지고 있었다는 사실을 알려 준다.[161]

경덕왕은 삼모부인을 출궁시킨 다음 사량부인으로 봉하였는데,[162] 여기서 주목할 만한 점은 금입택金入宅 가운데 사량택沙梁宅이 있었다는 사실이다.[163] 비록 기록에서는 찾을 수 없으나, 경덕왕이 삼모부인을 사량부인으로 봉하였다는 점으로 보아 그녀는 사량택 출신이었을 가능성이 높다.[164] 금입택은 경주 진골 귀족들의 경제적 측면을 단적으로 알려 주는 증거물과 같다. 이 지점에서 그녀의 아버지가 김순정이라는 사실을 떠올리지 않을 수 없다. 김순정은 일본과 가까운 관계를 유지하며 교역을 통하여 많은 이익을 취하였을 인물이다. 따라서 경주의 금입택 가운데 사량택을

음은 틀림없다고 보았다(이기백, 앞의 책, 1974, 168쪽;「황룡사와 그 창건」,『신라시대의 국가불교와 유교』, 한국연구원, 1978:『신라사상사연구』, 일조각, 1986, 73쪽). 또한 황룡사종을 만든 직접적 동기가 삼모부인이 아들 낳기를 비는 것이었는지도 모르겠다고 하였다. 이에 대하여 김수태는 삼모부인이 일찍 출궁당하였으므로 그러한 해석은 잘못이라고 하였다(김수태, 앞의 책, 1996, 114쪽의 주 45) 참조). 박해현, 앞의 책, 2003, 125쪽에서도 효정과 삼모부인의 관계를 친족관계로 보았다. 濱田耕策, 앞의 책, 2002, 193쪽에서는 효정을 김순정의 일족으로 파악하였다. 김지은,「경덕왕대의 대일외교－752년 교역의 성격을 중심으로－」,『신라문화』 30, 2007, 123쪽에서도 삼모부인과 효정이 친족관계였을 가능성을 언급하였다. 전덕재도 앞의 논문, 1997, 24쪽의 주 58)에서 "아마도 順貞이 '貞'자를 동일하게 사용하고 있다는 점에서 두 사람이 혹시 형제 사이가 아닐까 추정된다. 설령 그렇지 않을지라도 두 사람은 매우 밀접한 관계였음을 부인할 수 없겠다"라고 하였다. 한편 주보돈은「한국고대 사회 속 여성의 지위」,『계명사학』 21, 2010, 48쪽에서 효정과 삼모부인의 관계를 남매 사이로 보았으나, 순정과 효정이라는 이름을 염두에 두면 이 같은 이해는 옳지 않다. 이와 달리 이성시는 황룡사종 주조 당시인 754년 삼모부인이 효정 이간의 부인이었다고 하였다(이성시 지음, 김창석 옮김,『동아시아의 왕권과 교역』, 청년사, 1999, 75쪽). 그러나 출궁한 왕비가 재혼하였다고 보는 시각에는 문제가 있다고 본다.

161 김지은, 앞의 논문, 2007, 135쪽.

162『삼국유사』 권2, 기이 2, 경덕왕·충담사·표훈대덕.

163 이기동, 앞의 책, 1984, 184쪽.

164 김지은은 "단정할 수는 없으나 차후에 금입택에 나오는 사량택도 혹시 삼모부인과 연관된 것이 아닐까?"라고 의문을 제기하였다(김지은, 앞의 논문, 2007, 125쪽).

소유하고 있었다고 해도 억측은 아닐 것이다.

그렇다면 헌영과 김순정 딸과의 혼인에 있어서 김순정의 경제적 기반을 배제하고서는 이야기하기가 힘들어 보인다. 대일본 교역을 통하여 막대한 부를 축적하였을 김순정의 경제적 기반은 헌영과 효성왕이 혼인을 결정하는 데 중요한 요소로 작용하였을 것으로 여겨진다.

Ⅲ. 삼모부인의 출궁과 사량부인

경덕왕은 재위 2년째 되던 해에 서불한 김의충金義忠의 딸을 새로운 왕비로 맞아들였다. 이는 경덕왕이 왕위를 계승한 이후 삼모부인을 출궁시키고 곧바로 새로운 왕비를 맞이하였음을 말해 준다. 그러면 경덕왕은 왜 그 일을 추진하였을까.

C-1. 서불한 김의충金義忠의 딸을 맞아들여 왕비로 삼았다(『三國史記』 권9, 景德王 2년 여름 4월).

C-2. 처음 왕비는 삼모부인三毛夫人으로 궁중에서 폐출되어 후사가 없었다[165] (『三國遺事』 권1, 王歷篇, 35대 景德王).

C-3. 왕은 옥경玉莖의 길이가 8치나 되었다. 아들이 없으므로 〔왕비를〕 폐하여 사량부인沙梁夫人으로 봉하였다(『三國遺事』 권2, 紀異 2, 景德王·忠談師·表訓大德).

C군의 기록을 자세히 보면, 우선 C-1의 기록인 『삼국사기』에서는 삼모부인을 출궁시켰다는 언급이 없으며 김의충의 딸을 맞아들여 왕비로 삼

165 '先妃三毛夫人 出宮无後'라는 기록을 눈여겨볼 필요가 있다.

았다는 사실만 알려 준다. C-2의 기록에서는 아들이 없어 폐출된 것이 아니라 폐출되었기 때문에 아들이 없었다고 한다. 이는 여러 판본의 『삼국유사』를 비교해 보아도 같다. 다만 C-3의 기록에서는 아들이 없어 왕비를 폐하고 사량부인으로 삼았다고 하였다. 기왕의 연구들은 C-3의 기록만을 인정하여 아들이 없어 삼모부인을 폐하였다고 해석하는데, 이는 문제가 있다.[166] 왜냐하면 같은 사서인 『삼국유사』에서 다른 내용이 나타나기 때문이다. 그렇지만 지금까지는 C-3의 기록만을 중시하여 논지를 전개하였으므로, 경덕왕대의 정치적 사정을 재검토하여 C-2 기록의 사실 여부를 파악할 필요가 있다.

다만 여기서 간과하지 말아야 할 점은 경덕왕이 삼모부인을 출궁시킨 것은 의심의 여지가 없는 사실이라는 것이다. 새로운 왕비를 맞아들였다고 한 기록(C-1)으로 볼 때 적어도 선비인 삼모부인은 새 왕비가 들어오기 전에 궁 밖으로 나갔다. 그렇다면 삼모부인의 출궁 시기는 늦어도 경덕왕 재위 2년 4월 이전임에는 틀림없다. 성덕왕과 효성왕의 경우를 보아도 신라 중대 왕비의 출궁과 새로운 왕비의 입궁 사이에는 어느 정도 시간이 필요하였기 때문이다. 따라서 삼모부인의 출궁은 경덕왕 재위 2년 이전 어느 시점에 이루어졌을 것이다.

경덕왕이 후비를 맞이한 사실과 관련해서는 여러 가지 해석이 있다. 선비인 삼모부인에게 아들이 없자 왕위계승권자를 얼른 확보하려는 경덕왕

166 신정훈은 삼모부인이 아들이 없어서가 아니라 다른 이유로 인해 출궁되었을 것이라고 파악하였다(신정훈, 앞의 책, 2010, 44쪽). 이현주도 「신라 중대 왕모의 칭호와 위상—혜공왕대 만월태후를 중심으로—」, 『한국고대사연구』 85, 2017, 431쪽에서 삼모부인의 출궁 이유를 단순히 無子라고만 볼 수는 없고, 정치 세력 사이의 알력일 가능성이 크다고 하였다. 또한 "만월이 경덕왕 2년에 혼인한 이후에 '왕후'의 책봉을 받지 못한 채 여전히 '부인'이었던 것은 정치 세력 간의 알력과 혼인 후에 한동안 '無子'였다는 점이 그 이유였을 것이다"라고 하였다.

의 뜻으로 파악하기도 하고,[167] 경덕왕과 삼모부인의 관계가 원만하지 못하여 왕비가 교체된 것으로 보기도 한다.[168] 심지어 삼모부인이 아들이 없어 출궁된 것[169]이 아니라 경덕왕이 즉위한 이후 왕권이 미약한 상태에서 김순원계와 대신 정종 및 사인 등의 영향력 때문에 왕비가 출궁된 것으로 파악하기도 한다.[170] 이와 달리 경덕왕에 의한 일방적인 출궁이 아니라 삼모부인과 상호 합의하여 이루어진 것으로 보는 경우도 있고,[171] 경덕왕이 효성왕대의 대일정책 실패에 대한 비난을 완화하기 위하여 삼모부인을 출궁시켰다고 보기도 한다.[172]

그러나 이상과 같은 여러 해석에도 여전히 의문이 든다. 아들을 얻기 위하여 삼모부인을 출궁시켰다면, 후비인 만월부인이 왕비가 된 이후 15년 동안이나 아들을 낳지 못하였음에도 불구하고 폐출되지 않은 사실을 어떻게 해석해야 할까?[173] 경덕왕과 삼모부인의 관계가 원만하지 못했다는 주장에 대해서도 추가 설명이나 근거를 찾아볼 수 없다. 김순원계와 중요 요직에 있던 대신들의 영향력 때문에 삼모부인이 출궁당했다는 주장 역시 경덕왕이 즉위한 후에도 김순원의 정치적 영향력에서 벗어나지 못하였음을 전제하므로 쉽사리 이해하기가 어렵다.[174]

---

167 김수태, 앞의 책, 1996, 116쪽.

168 박해현, 앞의 책, 2003, 127쪽. 반면 전덕재는 김순정 가문과 김사인 가문의 정치적 대립으로 말미암아 김사인 측에서 김순정의 딸을 의도적으로 출궁시켰다고 파악하였다(전덕재, 앞의 논문, 1997, 32쪽).

169 이영호는 無子가 출궁의 주요 원인이었다고 하였다(이영호, 앞의 책, 2014, 93쪽).

170 신정훈, 앞의 책, 2010, 46~47쪽.

171 김선주, 앞의 논문, 2011, 15쪽.

172 윤태양, 앞의 논문, 2020, 25쪽.

173 신정훈, 앞의 책, 2010, 44쪽.

174 김순원이 언제 사망하였는지는 알 수 없다. 다만 그가 효성왕대에 손녀를 왕비로 들여보낸 것으로 보아 효성왕이 재위한 기간까지는 생존하였을 가능성을 배제할 수는 없다. 하지만 경덕왕이 즉위한 이후 삼모부인을 출궁시키는 과정에서 김순원이 간여하였다고는 믿어지지 않는다.

그러면 삼모부인을 출궁시킨 주체가 누구인가부터 살펴보자. 김수태는 경덕왕이 주체가 되어 아들을 낳지 못하는 삼모부인을 출궁시켰다고 파악하지만, 앞서 보았듯이 아들이 없어 출궁한 것으로 이해하기에는 문제가 있는 만큼 이러한 논리는 성립하기 어려워 보인다. 경덕왕이 주도하여 삼모부인을 출궁시켰다면 그 이유에 대해서 좀 더 자세하게 살펴보아야 할 것이다.

D. 일본국 사신이 이르렀으나 받아들이지 않았다(『三國史記』 권9, 景德王 즉위년 겨울 10월).

D의 기록을 보면, 경덕왕이 즉위한 직후 일본 사신이 방문하였으나 받아들이지 않았다고 한다. 일본에서 신라로 사절을 파견한 목적은 경덕왕의 즉위를 축하하고 양국 간의 관계를 개선하는 것이었을 가능성이 크다.[175] 그렇지만 경덕왕이 일본 사신을 만나 주지 않은 것은 당시 신라가 친당정책을 추구하였기 때문이다. 특히 김순정 사후에 김사공을 중심으로 한 정치세력이 대당외교를 강화하면서 대일외교를 등한시했고,[176] 이런 사정으로 인하여 일본에서 온 사신을 접견하지 않았을지도 모른다.[177]

그렇다면 경덕왕의 조치에 대하여 불만을 가진 사람이나 정치세력은 없었을까. 『속일본기』의 기록에 따르면 김옹의 집안은 대를 이어 일본에 잘 알려져 있었다고 한다.[178] 일본왕이 김순정의 죽음에 애도를 표할 정도였

175 김은숙, 「8세기의 신라와 일본의 관계」, 『국사관논총』 29, 1991, 122쪽.

176 濱田耕策, 앞의 책, 2002, 139~140쪽; 전덕재, 앞의 논문, 1997, 25쪽에서도 같은 내용을 언급하고 있다.

177 당시 집권 세력의 대일관이 경덕왕에게도 영향을 미쳤다고 생각할 수 있다. 이에 대해서는 전덕재, 위의 논문, 1997, 18~25쪽 참조.

178 『續日本記』 권33, 光仁天皇 5년 3월.

다. 일본과 매우 밀접한 관계를 유지하던 김순정이 사망한 다음 신라 조정에서 대일외교보다 대당외교에 더 관심을 기울이는 데 대하여 삼모부인을 중심으로 한 정치세력은 적잖이 불만스러워 했을 것이고, 그러한 상황에서 경덕왕이 일본에서 파견한 사신을 만나 주지도 않자 불만을 드러냈을 것으로 판단된다.

일본 사신에 대한 경덕왕의 홀대에도 불구하고 김효정과 김순정의 딸인 삼모부인은 그들을 대접하였을 뿐만 아니라 필요로 하는 물건까지 지급해준 것 같다. 당시 일본은 향료와 약재, 서역산西域產 제품을 신라를 통해 구매하여 황실과 귀족의 사치품 수요를 충족하고 새로운 문물을 접할 수 있었다.[179] 이 같은 사실을 염두에 두면 삼모부인 측에서 효정을 통해 일본이 필요로 하는 물건을 사신들에게 보내지 않았을까. 특히 삼모부인이 사적 공방을 통해 제작한 물건들을 일본 사신에게 주었을 것이라고 짐작해볼 수도 있다.[180]

이러한 사실을 알게 된 경덕왕은 왕의 대외정책에 반기를 든 삼모부인과 그 추종세력이 탐탁지 않았을 것이다.[181] 또한 경덕왕 측에서는 삼모부인이 왕비가 된 후 그녀를 중심으로 하여 새로운 정치세력이 형성되는 것을 달가워하지 않았을 것이다. B-2의 기록에서 볼 수 있듯이 삼모부인과 가까운 효정이 바로 그런 세력을 가진 인물 가운데 한 사람이었다. 효정은 성덕왕 13년 정월에 중시에 임명되어 17년 정월에 물러났다. 그가 경덕왕 후반기까지 활동한 것으로 볼 때 적어도 그를 중심으로 형성된 정치세력

179 김창석, 「8세기 신라·일본간 외교관계의 추이」, 『역사학보』 184, 2004, 33쪽.

180 당시 진골 귀족들의 공방에서 만들어진 모전이 일본에 수출되었음을 염두에 두면 신빙성 있는 주장이다(김창석, 위의 논문, 2004, 14~15쪽 참조).

181 한준수는 "사량부인이 출궁된 근본적 원인은 성덕왕대 대일외교를 김순정 세력이 주도했다는 사실이 작용되었을 가능성이 크다"라고 하였다(한준수, 앞의 책, 2012, 187쪽). 필자의 논지 전개와 비슷하지만 한준수는 아주 간단하게만 언급하였다.

이 삼모부인과 연결되어 정치적 영향력을 키워 나가고자 하였을 것으로 짐작할 수 있다.

사정이 이러하자 경덕왕은 효성왕의 전철을 밟지 않고자 노력하였을 것이다. 즉 김순원의 정치적 영향력이 효성왕대 왕권을 약화시켰음을 잘 아는 그는 왕비인 삼모부인을 통하여 김효정계 세력이 커지는 것을 달가워하지 않았을 것이다. 비록 삼모부인의 생부는 이미 사망하였으나 경덕왕은 삼모부인을 중심으로 새로운 정치세력이 성장하는 것을 견제할 뿐만 아니라 왕권 약화를 불러올 외척 세력의 등장을 사전에 막으려고 하였을 것이다.[182] 이에 삼모부인을 출궁시키고 새로운 왕비를 들인 것으로 생각된다. C-3의 기록에는 아들을 얻지 못해서 왕비를 폐출하였다고 되어 있지만, 그것은 하나의 구실에 불과했다고 생각된다. 경덕왕은 즉위한 해에 삼모부인과 그녀를 둘러싼 정치세력이 일본 사신에게 취한 예우를 빌미로 삼아 삼모부인을 출궁시켰을지도 모른다.

그런데 경덕왕이 삼모부인을 폐하여 사량부인으로 삼았다는 기록(C-3)에서 눈길을 거둘 수 없다. 성덕왕이 성정왕후를 출궁시키고 취한 조치와는 사뭇 다르기 때문이다. 기왕의 연구에서는 이러한 조치에 특별한 의미가 있다고 이해하였다.[183] 특히 '부인'으로 봉한 사실을 통해 그에 따른 지위나 격에 합당한 보상이 있었을 가능성을 염두에 두었다.[184] 그렇지만 성덕왕이 성정왕후에게 준 것과 같은 경제적 지원에 대한 기록이 없는 것으로 볼 때 사량부인으로 봉한 것은 다분히 상징적인 조치가 아닐까 싶다.

182 한준수는 앞의 책, 2012, 186쪽에서 "사실 사량부인의 출궁은 무자가 이유로 되어 있으나, 외척 세력의 제거가 목적이었던 듯하다"라고 하였다. 다만 자세하게 논증하지는 않았다.

183 김선주, 앞의 논문, 2011, 16~17쪽; 이주희, 앞의 논문, 2015, 125쪽에서는 위자료 성격으로 離宮인 사량궁에 거처하게 한 것으로 보았다.

184 이주희, 위의 논문, 2015, 119쪽.

앞에서 밝혔듯이 삼모부인은 사량택 출신이었을 가능성이 크다. 그런 만큼 삼모부인은 상당한 경제력을 가지고 있었을 것이므로 경제적 지원을 받지 않았을 것으로 짐작된다.

그러면 경덕왕이 삼모부인을 사량부인으로 삼은 궁극적인 의미는 무엇일까.[185] 확실한 점은 경덕왕이 삼모부인의 정치적·경제적 위상과 지위를 고려했다는 것이다. 삼모부인의 출궁을 왕비에서 부인으로 격하시킨 조치라고 판단하기보다는, 경덕왕이 그녀가 왕비였다는 사실을 인정하고 그에 상응하는 위상을 유지시켜준 것으로 판단하는 것이 옳지 않을까 싶다.

Ⅳ. 경덕왕과 만월부인의 혼인

경덕왕이 삼모부인을 출궁시킨 다음 만월부인을 후비로 맞이한 이유에 대하여 살펴보자. 경덕왕이 선비 삼모부인을 맞아들일 때 장인이 없었던 것처럼 후비 만월부인을 택할 때도 그녀의 아버지 김의충은 사망한 상태였다. 그렇다면 경덕왕이 김의충의 딸을 후비로 맞아들인 이유가 궁금하지 않을 수 없다.[186]

---

185 이영호, 앞의 논문, 2011, 32쪽에서 "왕후에서 부인으로 지위가 강등되었음을 웅변해주고 있는 것이다"라고 하였다.

186 몇몇 연구들은 만월부인을 삼모부인의 조카로 파악하고 있으며 왕비를 교체한 것에 대해서는 하루바삐 후계자를 정하는 것이 중요하였기 때문이라고 설명한다. 이와 관련하여 대표적인 연구로 박해현, 앞의 책, 2003, 127쪽을 참고할 수 있다. 그는 만월부인이 왕비가 된 지 대략 15년 만에 왕자를 낳았으나 그동안 아들이 없다는 이유로 출궁되지 않고 계속해서 왕비 지위를 유지한 것도 외척 세력이 그만큼 강했기 때문이라고 파악하였다. 그렇지만 이러한 견해는 쉽사리 받아들일 수 없다. 아들을 얻기 위해 고모인 삼모부인을 출궁시키고 대신 조카가 왕비가 되어 무려 15년 동안 자식을 얻지 못하였음에도 불구하고 교체되지 않은 것은 후계자를 정하는 것이 중요하였다는 설명과 서로 모순되기 때문이다. 후계자를 정하는 것이 중요하였다면 당연히 만월부인도 교체되어야 했을 것이다. 그렇지만 15년을 기다려 아들을 얻은 것을 볼 때 출궁이 후계자 지정과는 아무

김의충은 효성왕 즉위년에 중시가 되었다가 동왕 3년(739) 정월에 사망한 것으로 알려져 있다.[187] 따라서 경덕왕은 왕비를 들일 때 비의 아버지가 사망한 사실을 알고 있었다. 경덕왕은 효성왕의 동모제로서 왕위를 계승하였기 때문에 정치적 배경이 뛰어난 집안의 여인을 왕비로 맞아들이기가 어렵지 않았을 것이다. 효성왕이 김순원계를 배척하기 위해 헌영을 태자로 삼았고 그러한 상태에서 왕위를 계승하였기 때문에 경덕왕은 원한다면 그를 지지해줄 정치세력을 택할 수 있었다. 헌영과 김의충 두 사람 사이를 알려줄 만한 기록은 찾을 수 없지만, 사망한 김의충의 딸을 왕비로 맞이한 데에는 이유가 있었음에 틀림없다.

이를 알기 위해 김의충이 활동한 효성왕대의 정치 상황을 잠시 돌아보면, 효성왕은 박씨 왕비가 있었음에도 김순원의 손녀를 새로운 왕비로 들였다.[188] 그런데 새로운 왕비를 들이기 직전에 김의충이 사망하였는데, 이는 김순원 세력과의 정치적 대립에서 패한 결과라고 짐작된다.[189] 그렇다면 시중 김의충은 효성왕은 물론 헌영과도 밀접한 관계에 있었다고 헤아려볼 수 있다. 김의충이 효성왕대에 박씨 왕비를 지지하는 세력이었고 결국 효성왕을 지지하였다는 의미이다.[190] 효성왕대의 정치 상황을 지켜보면서 성장한 헌영은 왕위를 계승하게 되자 효성왕대 김의충의 정치적 활

련 관련이 없다고 해야 할 것이다. 그렇다면 이 문제를 다른 측면에서 살피는 것이 옳다고 생각된다. 이와 관련하여 신정훈의 견해가 주목된다. 그는 김순원과 김순정이 같은 계열이라면 서로 혈연관계에 있는 왕비를 출궁시키고 새롭게 바꿀 필요가 없었을 것이라고 하였다(신정훈, 앞의 책, 2010, 43~44쪽). 그러나 박남수는 앞의 논문, 2012, 134쪽의 각주 17)에서 김의충을 김순정의 아들로 파악하고, 그의 딸을 경덕왕이 비로 맞이한 것은 왕통을 잇겠다는 의도에서 비롯된 행동이라고 보았다. 이 문제는 앞으로도 계속해서 논쟁의 대상이 될 전망이다.

187 『삼국사기』 권9, 효성왕 즉위년 및 3년 봄 정월.

188 『삼국사기』 권9, 효성왕 3년 3월.

189 조범환, 앞의 논문, 2011, 53쪽.

190 조범환, 위의 논문, 2011, 52~53쪽.

동을 고려하여 그의 딸을 후비로 들이게 된 것이라 이해된다.

다음으로 생각해볼 점은 대외정책과 관련한 문제이다. 김의충은 주로 대당외교를 담당하였다. 그는 성덕왕대에 당으로부터 패강 이남의 땅을 인정받아 오는 데 큰 공로를 세웠으며, 효성왕대에 노자의 『도덕경道德經』 등 당의 문물을 수용하는 데 앞장선 인물이다.[191] 김의충을 중심으로 한 정치세력은 대일관계보다 대당관계에 더 많은 관심을 쏟았던 것이다. 이는 경덕왕이 추구한 대당외교 정책과 노선을 같이한 것으로, 그의 딸을 후비로 맞이하게 된 중요한 이유 중 하나가 되었을 것이다.

이렇게 보면 경덕왕은 그가 왕위를 계승하기 이전에 정치적으로 밀접한 관계에 있었던 이의 딸을 왕비로 들인 것으로 짐작된다. 무엇보다 경덕왕이 김의충의 딸을 왕비로 들인 가장 중요한 이유는 바로 김의충이 사망하였다는 사실이었을 것이다. 그는 삼모부인을 통하여 외척 세력이 결코 왕권 강화에 도움이 되지 않음을 경험한 바 있다.

따라서 경덕왕이 왕위에 오른 직후에 왕권이 약했다는 견해는 받아들이기가 어렵다.[192] 오히려 경덕왕은 왕권의 안정과 내실을 추구하기 위하여 이러한 일을 추진한 것으로 생각된다. 즉위한 해에 선비를 출궁시키고 새로운 왕비를 맞이한 것은 삼모부인을 중심으로 한 새로운 정치세력의 등장을 사전에 막기 위한 조치로 파악된다. 이것은 만월부인이 15년 동안 아들을 낳지 못했음에도 폐출하거나 출궁시키지 않은 것과도 관련이 있다고 해야 할 것이다.[193]

---

191 『삼국사기』 권9, 효성왕 2년 3월.

192 신정훈은 새로 즉위한 왕이 관례상 죄인을 크게 사면하고 중신을 임명하며 시조묘와 신궁에 친사하는 일이 상례임에도 불구하고 경덕왕은 그 어느 것도 하지 못한 점을 들어 경덕왕의 태자 책봉과 왕위계승에 관여한 세력이 경덕왕 초반기의 정국을 주도하였다고 보았다(신정훈, 앞의 책, 2010, 48쪽). 그러나 경덕왕이 왕비를 교체한 것으로 볼 때 이러한 판단은 재고할 필요가 있다.

193 서정목은 『삼국 시대의 원자들』, 역락, 2017, 288쪽에서 "만월부인은 그 15년 사이에 다

V. 삼모부인의 재등장과 경덕왕의 정국 운영[194]

경덕왕에 의해 출궁되어 사량부인으로 봉해진 삼모부인은 경덕왕 후반기에 다시 모습을 드러낸다. 이와 관련하여 B-2의 기록을 다시 살펴보자.

B-2의 기록을 보면, 경덕왕이 황룡사종을 주조하는 과정에서 효정 이간과 삼모부인이 단월이었음을 알 수 있다. 황룡사종이 만들어진 시기가 경덕왕 13년(754)임을 염두에 두면 출궁한 삼모부인이 새롭게 등장한 것이다.

효정은 성덕왕 13년(714)에 중시에 임명되었다가 17년(718)에 관직에서 물러난 인물이다. 성덕왕대에 4년 정도 중시를 역임하였는데, 경덕왕대 황룡사종을 주조하는 데 참여한 것으로 보아 경덕왕대까지 생존하였음을 알 수 있다. 성덕왕 후반기부터 활동이 보이지 않다가 경덕왕대 후반기에 다시 나타난 것으로 볼 때 정치적으로 중요한 위치에 있었다고는 할 수 없지만 경제적 기반만큼은 컸던 것 같다. 더구나 경덕왕의 첫 번째 부인인 삼모부인과 함께 주종 사업에 참여한 것으로 볼 때 두 사람은 매우 가까운 관계였는데 삼모부인의 삼촌이었을 가능성이 있다.

경덕왕은 황룡사종을 주조하는 과정에서 왜 출궁시킨 삼모부인과 효정 이간을 단월로 삼았을까. 두 사람이 황룡사종을 주조하는 데 시주하였다고 한 점으로 볼 때 단월로 파악해도 무리하지는 않다. 기존의 연구에서도 밝혔듯이 황룡사종을 주조하는 데 있어 경제적 능력이 있다고 해서 누구

른 아들들을 낳았을 것이다. 딸도 낳고 아들도 낳고, 아마도 아들들은 부쭈하였을 것이다"라고 하였다.

194 이 절의 내용은 처음에 발표된 내용과 많이 달라졌다. 학술지에 발표하였을 때는 경덕왕과 삼모부인이 정치적으로 대립하는 관계였다고 보았으나, 여기에서는 두 사람이 협력적 관계였다고 설명하였다. 그리고 그러한 관계를 유지한 이유를 자세하게 설명하였다.

나 단월이 될 수는 없었기 때문이다.[195] 따라서 경덕왕이 삼모부인과 다시 손을 잡게 된 점이 궁금하지 않을 수 없다.

경덕왕 13년(754)에 황룡사종을 조성하기까지 많은 시간이 소요되었을 터인데, 그렇다면 최소한 종을 제작하기 시작한 시점에는 삼모부인 측이 경덕왕의 경제적 지원 요청을 받아들일 만큼 서로 유기적 관계를 맺고 있었다고 볼 수 있다. 적어도 두 사람의 합의로 삼모부인이 단월이 되었다는 데에는 의심의 여지가 없다. 그러므로 삼모부인이 출궁한 이후 얼마 지나지 않아 황룡사종을 제작하기 위한 노력이 시작되었다고 추측해볼 수 있다.

E-1. 지진이 일어났다(『三國史記』 권9, 景德王 2년 가을 8월).

E-2. 요사스러운 별이 하늘 가운데 나타났는데, 크기가 다섯 말들이 그릇만 하였고 열흘 만에 없어졌다(『三國史記』 권9, 景德王 3년 겨울).

E-3. 서울에 우박이 내렸는데 크기가 달걀만 하였다(『三國史記』 권9, 景德王 4년 여름 4월).

E-4. 가물었다(『三國史記』 권9, 景德王 4년 5월).

E-5. 가을에 가물었다. 겨울에 눈이 내리지 않았다. 백성들이 굶주리고 또 전염병이 번졌으므로 使者를 10개 방면으로 보내어 백성들을 위로하고 안정시켰다(『三國史記』 권9, 景德王 6년).

E-6. 천구天狗의 별이 땅에 떨어졌다(『三國史記』 권9, 景德王 7년 봄 정월).

E-7. 폭풍이 불어 나무가 뽑혔다(『三國史記』 권9, 景德王 8년 봄 2월).

E-8. 경덕왕 천보 12년 계사(753) 여름에 가뭄이 심하였다(『三國遺事』 권4, 義解 5, 賢瑜珈 海華嚴).

E-9. 서울에 우박이 내렸는데 크기가 계란만 하였다(『三國史記』 권9, 景德王 13년 여름 4월).

E-10. 가뭄과 누리의 재해가 있었다(『三國史記』 권9, 景德王 13년 8월).

195 김선주, 앞의 논문, 2011, 18쪽.

E군의 기록은 경덕왕이 재위하고 나서부터 황룡사종이 만들어진 시점까지 일어난 자연재해와 관련된 것이다. E군의 기록에 따르면 경덕왕 즉위 이후 거의 매년 재해가 일어났는데 이에 대한 국가적 대응 조치는 거의 보이지 않는다.[196] 이는 재해 피해를 입은 백성들에게 보상하지 못할 만큼 국가 재정에 문제가 발생하였음을 짐작하게 한다.

경덕왕은 재해 상황을 타개하기 위해 여러 불사佛事를 벌였다. 분황사에 구리 30만 근 이상의 거대한 약사불을 국가 주도로 조성한 것이 그중 하나이다.[197] 그가 황룡사종을 조성한 이유도 부처의 힘을 빌려 난국을 타개하는 것이었다. 그런데 이처럼 다양한 불사를 국가가 수행하기에는 경제 상태가 좋지 않았기 때문에 진골 귀족의 힘을 빌려야 했을 것이고 삼모부인에게도 도움을 청한 것으로 이해할 수 있다.

그러면 이러한 이유만으로 경덕왕이 삼모부인과 협력 관계를 유지한 것일까. 다시 말해서 경덕왕의 궁극적 목적이 어디에 있었는가를 알아보지 않을 수 없다.

F-1. 이찬 유정惟正이 관직에서 물러나자 이찬 대정大正을 중시로 삼았다(『三國史記』 권9, 景德王 4년 5월).

F-2. 시중 대정大正이 관직에서 물러나자 이찬 조량朝良을 시중으로 삼았다(『三國史記』 권9, 景德王 9년 봄 정월).

F-3. 옛 향전鄕傳에 기재된 것은 이상과 같으나, 절의 기록에는 경덕왕 때 대상 대성大城이 천보天寶 10년 신묘(751)에 처음으로 불국사佛國寺를 세우다가 혜공왕 때를 지나 대력 9년 갑인(774) 12월 2일 대성이 죽자 국가에서

196 경덕왕은 웅천주 효자 향덕을 경제적으로 배려해 주었다. 하지만 이는 경덕왕 14년의 일이므로 여기서는 제외하였다.

197 『삼국유사』 권3, 탑상4 분황사약사. 분황사의 약사여래동상이 만들어진 시기는 755년이나 이를 만들기 위해 그전부터 준비하였음을 염두에 둘 필요가 있다.

이를 완성하였다(『三國遺事』 권5, 孝善 9, 大城孝二世父母 神文代).

F-1과 F-2의 기록을 보면, 이찬 대정 즉 김대성金大城이 경덕왕 4년에 중시가 되었다가 경덕왕 9년에 중시 직에서 물러났음을 알 수 있다. 그리고 다음 해인 751년에 김대성이 불국사를 창건하기 시작한 것으로 나타난다.

그런데 불국사 조영에 신라 중대 유가瑜伽계 사찰인 황복사의 승려 표훈表訓이 관여하였다고 알려져 있다.[198] 설화에 따르면 표훈은 아들을 얻게 해달라는 경덕왕의 소원을 천제에게 전달한 인물이다. 결과적으로 만월부인이 아들을 얻은 것은 표훈의 노력이 있었기에 가능하였다.

이러한 점에 주목하면 만월부인과 김대성, 표훈이 서로 밀접하게 연결되어 있음을 알 수 있다.[199] 이를 좀 더 확대 해석하면, 만월부인을 중심으로 한 김의충계 세력이 크게 성장하였으며 불교계의 유가계와 밀접히 관련되었다고 헤아려볼 수 있다.

경덕왕은 아들이 없었음에도 삼모부인과 달리 만월부인의 왕비 지위를 계속 유지시켜 주었다. 이러한 사실은 김의충계 세력이 성장하는 기반이 되었지만 경덕왕의 왕권을 약화시키는 계기도 되었을 것이다. 이러한 사실을 염려한 경덕왕은 새로운 조치를 취할 수밖에 없었을 것이다.

G. 이듬해 갑오(필자 주: 754, 경덕왕 13년) 여름에 왕은 또 대덕 법해法海를 황룡사皇龍寺로 초청하여 『화엄경華嚴經』을 강하도록 하고, 친히 가서 행향行香하였다. 조용히 말하기를, "지난 여름에 대현大賢 법사가 『금광명경金光明經』을 강하여 우물물이 일곱 길이나 솟았소. 이분의 법도는 어떠하오?"

---

198 김복순, 『신라화엄종연구』, 민족사, 1990, 79쪽.

199 김복순, 위의 책, 1990, 79~80쪽.

라고 하였다. 법해가 말하기를 "〔그것은〕 극히 작은 일인데, 무엇을 그렇게 칭찬하십니까? 곧바로 창해를 기울여서 동악을 잠기게 하고 서울을 물에 떠내려가게 하는 것도 어렵지 않습니다"라고 하였다. 왕은 그것을 믿지 않고 농담으로만 여겼다. 낮에 강경할 때 향로를 당겨 잡고 잠잠히 있노라니, 잠시 후 내궁에서 갑자기 우는 소리가 나고 궁의 관리가 달려와서 보고하기를, "동쪽의 못이 이미 넘쳐서 내전 50여 칸이 떠내려갔습니다"라고 하였다. 왕이 망연자실하자 법해가 웃으면서 말하기를, "동해가 기울어지려고 수맥이 먼저 불어났을 뿐입니다"라고 하였다. 왕은 자기도 모르는 사이에 일어나 절하였다(『三國遺事』 권4, 義解 5, 賢瑜珈 海華嚴).

G의 기록을 보면, 경덕왕이 재위 13년 되던 해 여름에 황룡사에서 법해로 하여금 『화엄경』을 강하게 하고, 친히 가서 향을 피웠다고 한다. 그런데 같은 해인 754년에 황룡사종이 완성되었다고 하는 사실(B-2의 기록)은 서로 불가분의 관계에 있어 보인다. 두 가지 일의 선후 관계를 구체적으로 알 수는 없으나, 황룡사에서 같은 해에 두 가지 일이 함께 일어났다고 한 것을 눈여겨볼 필요가 있다.

우선 G의 기록을 통해 알 수 있는 사실은 신라 중대에 황룡사가 주목받고 있었다는 점이다. 지금까지 신라 중대에 황룡사의 위상이 매우 낮아졌다고 하는 연구가 주류[200]를 이루었으나, 경덕왕이 황룡사에 행차한 것으로 보아 신라 중대 후반에 황룡사가 왕실의 주목을 받았음을 알 수 있다.[201] 더욱 중요한 점은 경덕왕이 황룡사에 행향行香한 때와 삼모부인에 의하

200 채상식, 「신라사에 있어서 황룡사의 위상과 그 추이」, 『신라문화제학술논문집: 황룡사의 종합적 고찰』 22, 2001 참조.

201 조범환, 「신라시대 황룡사의 위상」, 『경주문화연구』 4, 2001; 이종욱, 「역사학적 연구의 현황과 과제」, 『황룡사 연구의 현황과 과제』, 황룡사연구총서 4, 2009; 곽승훈, 「황룡사의 위상과 소속 승려들의 활동」, 『황룡사 복원기반 연구』, 황룡사연구총서 6, 2010 등은 신라 중대에도 황룡사의 위상이 창건 이후부터 변함 없었음을 강조하고 있다.

여 황룡사종이 조성된 시기가 같은 해라는 점이다. 따라서 황룡사를 매개로 하여 경덕왕과 삼모부인이 서로 유기적 관계에 있었다고 이해할 수 있다.[202]

삼모부인 측에서 국가사업인 황룡사종을 주종하는 과정에 경제적 지원을 한 것은 적어도 그들이 황룡사에 관심이 있었음을 알려 준다.[203] 황룡사는 신라 사찰 가운데 가장 중요한 핵심 사찰로 그 위상이 매우 높았다. 그러한 사찰에서 대형 종을 주조하는 데에 삼모부인 일가가 시주를 아끼지 않았다는 점은 그것을 통하여 새로운 정치세력을 형성하고자 한 행동으로 이해되기도 한다.[204]

그러나 이는 삼모부인이 아니라 경덕왕이 의도한 고도의 정치적 목적이 내포된 행위로 보는 것이 옳지 않을까 싶다. G의 기록 중 경덕왕이 대덕 법해를 황룡사로 초청하였다는 사실이 주목된다.[205] 즉 경덕왕은 법해에게 황룡사 운영을 맡길 생각이 있었다고 보아야 할 것이다. 경덕왕은 지난해 여름에 대현이 활동한 바를 법해에게 이야기하면서 그의 능력을 시험하였다. 이에 대하여 법해가 실력을 발휘하자 그를 믿게 되었다고 한다. 이는

---

202 김선주는 삼모부인이 비록 출궁하였지만 경덕왕과 협력 관계를 이루었을 것으로 파악하였다(김선주, 앞의 논문, 2011,19쪽).

203 김복순은 황룡사종이 경덕왕 13년에 조성되고 法海가 대내에서 화엄경을 강경한 것이 경덕왕 13년의 일이며, 緣起가 華嚴寺에서 80권본 『화엄경』을 사경한 것도 경덕왕 13년에서 14년에 걸친 시기의 일임을 들어 이러한 사건들은 우연한 일이 아니라 출궁당한 삼모부인 측의 후원과 깊은 관계가 있었을 것이라고 파악하였다(김복순, 앞의 책, 1990, 67쪽). 그러면서 그는 삼모부인과 효정 이간 그리고 김옹과 김양상 등이 세력 회복을 위하여 정치적으로 결속하였다고 보았다.

204 김복순은 앞의 책, 1990, 78~81쪽에서 후비인 만월부인은 유가계와 연결되었고 선비인 삼모부인은 화엄종과 관련되었다고 하였다. 그리고 경덕왕대에 일어난 이 같은 일은 결국 화엄이 점차 전면에 나서면서 법상종과 교차된 내용을 알려 준다고 이해하였다.

205 이병욱, 「≪삼국유사≫의 '현유가 해화엄'의 사상적 의미」, 『신라 왕경유적과 고승이야기』, 경주시·신라문화선양회, 동국대학교 신라문화연구소, 2013, 106쪽의 주 6)에서 기왕의 연구 성과를 잘 정리해 두었다. 참고하기 바란다.

경덕왕이 황룡사에 깊은 관심이 있었음을 보여 주는 일화이자 한편으로는 삼모부인과 효정을 단월로 삼아 황룡사종을 조성하게 하고 그들 세력을 통해 김의충계 세력을 견제하고자 한 것으로 볼 수 있다. 그러니까 경덕왕은 선비 세력을 이용하여 후비 세력을 견제하고자 하였다고 파악된다.

이 같은 일이 있은 지 약 6년 후인 경덕왕 19년에 삼모부인과 혈연적으로 매우 밀접한 김옹[206]이 염상을 이어 시중 직에 올랐다.[207] 경덕왕이 시중을 교체한 이유는 잘 알 수 없지만 삼모부인과 인척인 김옹을 시중에 임명하였다는 사실은 의미하는 바가 적잖다. 경덕왕이 왕권과 매우 밀접하게 관련된 직책인 시중에 김옹을 임명하였다는 것은 적어도 그를 신임하였기 때문이라고 보아야 할 것이다. 기왕의 연구에서는 김옹을 경덕왕에 대항한 반대파로 보기도 하지만[208] 이에 대해서는 좀 더 생각해볼 점이 있다.

우선 경덕왕이 삼모부인과 남매 관계인 그를 시중에 임명한 이유를 다시 살펴보지 않을 수 없다. 적잖은 연구들이 김옹과 만월부인을 남매 관계로 해석하여 김옹이 경덕왕 및 혜공왕과 불가분의 관계에 있었다고 한다.[209] 그리고 그 견해를 바탕으로 김옹을 철저하게 친왕당파적 인물로 파악할 뿐만 아니라 성덕대왕신종에 나오는 '원구元舅'를 김옹으로 인정하고 그것을 기반으로 하여 논지를 진행하였다. 이와 반대로 김옹의 시중 임명을 중요한 전환기로 파악하여, 그가 등장함으로써 경덕왕이 실시한 한화정책漢化政策이 부정되고, 그것이 신라 중대의 부정으로 연결된다고 파악한 연구도 있다.[210]

---

206 필자는 전덕재, 앞의 논문, 1997, 24쪽의 견해에 따라 김순정과 효정이 형제 사이라고 생각한다. 그렇다면 효정은 삼모부인에게 삼촌이며, 김옹과 삼모부인은 남매간이 된다.

207 『삼국사기』 권9, 경덕왕 19년 여름 4월.

208 김수태, 앞의 책, 1996, 112쪽.

209 박해현, 앞의 책, 2003, 124쪽; 濱田耕策, 앞의 책, 2002, 187쪽; 이영호, 앞의 논문, 1995, 47쪽 참조.

210 김수태, 앞의 책, 1996, 121쪽.

그러나 앞에서 설명한 것처럼 김옹이 삼모부인과 밀접한 관계에 있었음을 염두에 두고 살펴보지 않을 수 없다. 경덕왕이 김옹을 시중에 임명한 시기는 경덕왕 19년이다. 그러니까 삼모부인이 효정과 더불어 황룡사종을 제작한 시기가 경덕왕 13년이므로 약 6년 후에 김옹이 시중이 된 것이다. 경덕왕은 삼모부인이 황룡사에 종을 시주하자 대덕 법해로 하여금 황룡사를 주관하도록 하였다. 경덕왕이 염상을 시중에서 물러나게 하고 김옹을 시중에 임명한 것은 황룡사종을 주조하는 데 삼모부인의 경제적 지원이 컸기 때문으로 보는 것이 가장 타당해 보인다.

더욱 중요한 점은 경덕왕 후반기의 정치 상황과 김옹의 시중 임명이 서로 연결되어 있다는 것이다. 잘 알려진 바와 같이 경덕왕 후반기에 녹읍이 부활하였는데, 그것은 진골 귀족들의 불만과 직접 관련된 것으로 알려져 있으나,[211] 천재지변과 재정 과다 지출로 인한 국가재정의 궁핍을 보완할 목적으로 부활시켰다고 보는 것이 옳지 않나 하는 생각이 든다.[212] 더구나 경덕왕의 한화정책에 대하여 진골 귀족들의 불만이 적잖았을 것이다. 사정이 이러하자 경덕왕은 김옹을 시중으로 임명하여 그들의 불만을 해소하려 했다고 볼 수 있다. 즉 경덕왕의 왕권 강화 정책을 반대하는 세력의 입장을 보듬기 위해 김옹을 시중으로 임명한 것이다. 당시 정치 상황에서 그를 시중에 임명하였다는 것은 상당히 시사하는 바가 크다. 그런데 경덕왕은 김옹을 시중에 임명하면서도 상대등을 교체하지 않았다. 당시 상대등은 적극적인 왕당파 인물로 알려진 신충이었다.[213] 따라서 경덕왕은 상대등 신충과 시중 김옹을 동시에 기용해 정치적 세력 균형을 이루면서 왕

---

211 김철준, 「신라 귀족세력의 기반」, 『한국고대사회연구』, 지식산업사, 1975; 강진철, 「신라의 녹읍에 대하여」, 『이홍직박사회갑기념 한국사학논총』, 신구문화사, 1969 등이다.

212 전덕재, 「신라 녹읍제의 성격과 그 변동에 관한 연구」, 『역사연구』 1, 1992, 35~50쪽.

213 김수태, 앞의 책, 1996, 120쪽.

권을 안정시키고자 노력하였다고 할 수 있다.

김옹은 경덕왕 22년 8월에 시중 직에서 물러났다.[214] 그는 약 3년 4개월 동안 시중 직에 있었다. 물론 그가 물러났다고 해서 정치적으로 소외당한 것은 아니었다. 혜공왕대에 조성된 성덕대왕신종에서 그의 이름이 발견되기 때문이다. 경덕왕은 삼모부인과 혈연관계에 있는 김옹을 시중으로 발탁함으로써 김옹으로 대표된 정치세력을 통해 경덕왕 후반기에 만월부인을 중심으로 성장한 김의충계를 견제하고, 녹읍을 부활시켜 개혁을 추진해 나갔다고 볼 수 있다.

그러나 이때부터 서서히 혼란의 조짐이 시작된 듯하다. 경덕왕 22년 8월에 상대등과 시중이 함께 물러난 후 23년(764) 봄 정월에야 이찬 만종을 상대등에, 양상을 시중으로 삼을 만큼 정국이 혼란스러웠다. 그로부터 1년 후, 경덕왕은 세상을 떠나고 말았다.

* * *

경덕왕은 왕위에 오른 지 채 1년도 되기 전에 선비인 삼모부인을 폐출하고 후비인 만월부인을 맞이하였는데 이 혼인은 선비를 중심으로 한 정치세력이 왕과 외교 노선을 달리하였기 때문에 이루어졌다. 선비를 중심으로 한 세력은 경덕왕이 왕권을 강화하고 어려운 정국을 안정시키는 데 도움을 주기는커녕 정치 상황을 어렵게 만들었다. 경덕왕은 친당정책을 유지하고자 하였으나 삼모부인을 중심으로 한 정치세력은 친일정책을 추구하였다. 그 결과 경덕왕은 삼모부인을 폐출하였으며, 왕권을 안정적으로 유지하기 위하여 아버지가 없는 만월부인을 새 왕비로 맞이하였다. 그

214 『삼국사기』 권9, 경덕왕 22년 8월.

렇다면 이제는 경덕왕이 선비인 삼모부인을 출궁시킨 것을 아들을 얻지 못해 일어난 일로 해석하는 기존의 연구와는 다른 시각이 필요하다.

경덕왕은 출궁시킨 삼모부인을 사량부인으로 봉하여 그녀의 위상을 지속시켰다. 삼모부인의 경제적 기반을 무시할 수 없어서 취해진 이 조치는 경덕왕이 재위 13년 이전에 삼모부인과 다시 협력 관계로 돌아가는 계기가 되었다. 이들의 협력 관계는 계속해서 이어진 자연재해에서 벗어나기 위한 노력과 유관하였다. 경덕왕은 재위 초기부터 지속적으로 이어진 자연재해를 해결하고자 불사에 많은 공을 들였는데, 황룡사종을 주조할 때 삼모부인으로부터 경제적 지원을 받았다. 효정 이간과 삼모부인이 황룡사종 제작의 단월로 활동한 것이다. 이것은 경덕왕이 쓴 고도의 정치적 술수였는데, 바로 만월부인의 정치세력이 커지는 것을 견제하는 것이었다. 그가 직접 만월부인을 견제하지 않고 선비의 세력을 이용하여 견제하는 이이제이 방식을 취한 것이다.

삼모부인으로부터 경제적 도움을 받은 경덕왕은 그녀와 혈연관계에 있는 김옹을 시중으로 삼았다. 경덕왕과 김옹의 정치적 성격이 달랐다고 알려져 있으나 실제로는 경덕왕이 김옹의 도움을 받아 녹읍을 부활시킬 수 있었다. 그러나 이 같은 조치는 경덕왕이 그동안 추구해 온 왕권 안정에 균열을 유발하였고, 무열왕계의 종말로 치닫는 계기가 되었다. 출궁시킨 왕비와 다시 협력 관계로 지내게 된 것이 그 출발점으로 작용한 것이다.

제8장

혜공왕대 원·차비의 공존과 신라 중대의 종말

Ⅰ. 문제 제기

혜공왕惠恭王(765~780)은 신라 중대의 마지막 왕이다. 8세의 어린 나이로 즉위하여 왕모인 만월부인滿月夫人의 섭정攝政을 받았으며, 재위 초반기부터 여러 차례 반란을 겪다가 결국 죽임을 당하였다. 이로써 태종무열왕으로부터 시작된 신라 중대가 끝났고, 선덕왕宣德王이 즉위함으로써 신라 하대가 시작되었다.

이러한 점에 주목한 연구자들은 혜공왕대에 이 같은 일이 일어난 이유에 대하여 살펴보았을 뿐만 아니라,[215] 동왕대 오묘제五廟制 개정에 주목

215 혜공왕대의 정국 동향에 관한 연구 성과가 전덕재, 「신라 중대」, 『한국 고대사 연구의 새 동향』, 서경문화사, 2007, 139~142쪽에 잘 정리되어 있으므로 참고할 만하다. 이후의 연구 성과로는 신정훈, 앞의 책, 2010; 김수태, 앞의 논문, 2011; 박명호, 앞의 책, 2017; 김창겸, 「신라 선덕왕의 즉위에 대한 재검토」, 『한국고대사탐구』 25, 2017: 『신라 하대 국왕과 정치사』, 온샘, 2018; 이현주, 앞의 논문, 2017; 전덕재, 「신라 혜공왕의 시해와 역사적 평가에 대한 고찰」, 『신라문화제학술발표논문집』 39, 2018 등이 있다.

하고 그러한 조치에 대하여 정치사적으로 접근하려고 노력하였다.[216] 그리고 현재까지도 혜공왕대의 정치 상황을 어떻게 이해할 것인가에 대한 논의가 계속되고 있다.[217]

그렇지만 이 같은 연구 성과에도 불구하고 지금까지 제대로 밝혀지지 않은 부분이 혜공왕의 혼인이다. 기록에 따르면 그에게 두 명의 왕비가 있었는데, 무엇보다 주목되는 사실은 혜공왕의 혼인 시기를 기록에서 찾을 수가 없다는 점이다. 또한 원비元妃와 차비次妃가 동시에 존재하였는지 아니면 선비가 어떤 이유로 물러나고 후비를 맞이하였는지조차 헤아리기 어려운 실정이다.[218] 또한 이 같은 혼인의 정치적 의미에 대해서도 궁금한 바가 적잖다.

이에 본 장에서는 먼저 혜공왕이 첫째 왕비인 신보부인新寶夫人을 맞이한 시점과 그 이유, 다음으로 둘째 왕비인 창창부인昌昌夫人을 왕비로 맞이한 시점과 그 이유에 대해서 알아보고자 한다. 그리고 혜공왕이 목숨을 잃은 이유와 두 왕비의 관련성에 대해서도 검토해볼 것이다. 이 문제가 해결되면 혜공왕 혼인의 정치적 성격을 자연스럽게 이해할 수 있을 뿐만 아니라 신라 중대 말 혜공왕대의 정치사를 이해하는 데에 새로운 시각을 보탤 수 있을 것이다.

---

216 이문기, 「신라 혜공왕대 오묘제 개혁의 정치적 의미」, 『백산학보』 52, 1999; 채미하, 「신라 혜공왕대 오묘제의 개정」, 『한국사연구』 108, 2000: 『신라 국가제사와 왕권』, 혜안, 2008; 안주홍, 「신라 혜공왕대 종묘제의 개편과 그 함의」, 『역사와 경계』 111, 2019; 강진원, 「신라 중대 宗廟制 운영과 五廟 始定」, 『역사학보』 245, 2020 등이 도움을 준다.

217 김수태, 앞의 논문, 2011에서는 혜공왕과 만월부인을 정치적 운명을 함께한 세력으로 보았다.

218 혜공왕의 혼인과 관련하여 이영호는 앞의 책, 2014, 98쪽에서 원비와 차비 모두가 만월부인 섭정기에 납비되었을 가능성은 없다고 보았으며, 혜공왕이 특정 가문의 왕실 지배에서 벗어나 귀족사회를 화합하기 위해 두 명의 왕비를 두었다고 보았다. 김수태, 앞의 논문, 2011, 150쪽에서도 혜공왕대에 두 명의 왕비가 공존하였다고 보았다.

Ⅱ. 만월부인의 섭정하에서 혜공왕의 혼인

혜공왕은 경덕왕이 만월부인과 혼인한 후 무려 15년 만에 얻은 아들이다. 경덕왕이 표훈 대덕에게 딸을 아들로 바꿔 달라고 했다는 설화나 혜공왕의 행동 등을 볼 때 그의 성 정체성이 의심되기도 하나,[219] 어찌 되었든 혜공왕은 신라 중대 왕들이 그러했듯이 혼인하였다.

> A-1. 원비元妃인 신보왕후新寶王后는 이찬 유성維誠의 딸이고 차비次妃는 이찬 김장金璋의 딸인데 사서史書에는 궁중에 들어온 날짜가 빠져 있다(『三國史記』 권9, 惠恭王 16년).
>
> A-2. 선비先妃는 신파부인神巴夫人으로 위정魏正 각간의 딸이고, (다음) 왕비는 창창부인昌昌夫人으로 김장金將 각간의 딸이다[220](『三國遺事』 권1, 王曆篇, 36대 惠恭王).

A-1과 A-2의 기록은 혜공왕에게 두 명의 왕비가 있었음을 알려 준다. 첫 번째 왕비의 이름이 신보新寶와 신파神巴 왕후로 각각 다르게 기록되어 있지만 현재 두 사람이 동일인이라는 데에는 이견이 없다.[221] 또한 A-1의 기록에서는 보이지 않는 두 번째 왕비의 이름이 A-2의 기록에서 창창부인昌昌夫人이라고 나온다. 혜공왕은 시기를 알 수 없지만 이찬 유성의 딸을 왕비로 삼은 후 어떠한 이유에서인지는 몰라도 어느 시점에 창창부인

219 전덕재, 앞의 논문, 2018, 309쪽.

220 혜공왕의 후비를 昌思부인으로 판독한 연구자도 있는데(이병도, 『원문겸역주 삼국유사』, 동국문화사, 1969, 20쪽), 본 장에서는 연세대학교 박물관, 『파른본 삼국유사 교감』, 연세대학교 박물관, 2016, 50쪽의 판독에 따랐음을 밝혀 둔다.

221 장보고의 어렸을 때의 이름을 『삼국사기』에서는 弓福이라 하였고, 『삼국유사』에서는 弓巴라 하였다. 이와 같은 사실로 미루어 보면 신보와 신파도 같은 사람의 이름을 다르게 기록한 것이라 할 수 있다.

을 후비로 맞이하였다.

그런데 A-1과 A-2의 기록에서 왕비의 존재에 대한 설명이 서로 다르다. 즉 혜공왕의 첫 번째 왕비에 대하여 A-1에서는 원비元妃라 하였는데 A-2에서는 선비先妃라고 하였다. 원비와 선비는 서로 의미가 다르다. 원비와 차비로 각각 기록된 경우는 왕비가 복수임을 나타낸다고 한다.[222] 즉 한 왕대에 두 명의 왕비가 동시에 존재한 경우를 말한다. 그렇다면 A-1의 기록은 혜공왕이 유성의 딸 신보부인을 맞이한 다음 어느 시점에 다시 김장의 딸을 맞이하여 두 명의 왕비가 동시에 존재한 것으로 이해할 수 있다.

하지만 A-2에서는 위정의 딸 신파부인을 선비라 하고 이어서 후비라고 지칭하지 않은 채 비妃인 창창부인이 있었다고 밝히고 있다.[223] 선비는 처음 맞이한 왕비를 말하고, 비록 후비라고 기록되어 있지는 않지만 '비'로만 기록된 것으로 미루어 보면 이는 후비에서 '후後'가 생략된 것으로 보아도 좋을 것이다.[224] A-2의 기록만을 근거로 하면, 왕궁에 먼저 들어온 선비가 사망하였거나 어떤 이유로 왕궁에서 나가게 되어 새로운 왕비를 맞아들였다고 이해할 수 있다.[225]

이상과 같이 보면 A-1과 A-2의 기록이 서로 달라 해석도 각각 다를 수밖에 없다. 그러므로 두 기록에 좀 더 신중하게 접근할 필요가 있다. 이와 관련하여 다음의 기록이 실상에 가깝게 다가가는 데 도움을 준다.

B. 상대등 김양상金良相이 이찬 경신敬信과 함께 군사를 일으켜 김지정 등을

---

222 이영호, 앞의 논문, 2011, 48쪽.

223 원문은 '先妃神巴夫人 魏正角干之女 妃昌昌夫人 金將角干之女'이다.

224 아무래도 판각하는 과정에서 후를 생략하거나 누락한 것 같다. 魏正角干之女와 妃昌昌夫人 사이에 한 글자가 들어갈 공간이 있기 때문이다. 이는 최근 발견된 파른본 『삼국유사』 왕력편에서도 찾아볼 수 있다(연세대학교 박물관, 앞의 책, 2016, 25쪽).

225 이영호, 앞의 논문, 2011, 47쪽.

죽였으나 왕王과 후비后妃는 반란군에게 살해되었다. 양상 등이 왕의 시호를 혜공왕惠恭王이라 하였다. 첫째 왕비 신보왕후는 이찬 유성의 딸이고 둘째 왕비는 이찬 김장의 딸인데 사서에는 궁중에 들어온 날짜가 빠져 있다(『三國史記』 권9, 惠恭王 16년 여름 4월).

B의 기록을 보면, 혜공왕 말년에 반란이 일어났고 그 일로 인하여 왕과 후비后妃가 살해되었다고 한다. 후비는 후后와 비妃로 나눌 수 있는데 후는 태후, 비는 왕비를 지칭하는 것으로 짐작된다. 즉 후는 혜공왕의 어머니인 만월태후를, 비는 혜공왕의 두 왕비를 의미한다고 이해할 수 있다.[226] 따라서 『삼국유사』의 기록과 달리 『삼국사기』의 기록에 근거하여 원비와 차비로 이해하는 것이 더 타당하다고 생각된다.

이상과 같이 생각하는 이유는 B의 기록을 좀 더 자세히 살펴보면 알 수 있다. 왕과 왕비가 반란군에게 살해당하였다고 하면서 첫째 왕비와 둘째 왕비에 대하여 자세하게 기록한 사실을 주목하지 않을 수 없다. 즉 반란군에게 두 명의 왕비가 함께 시해당하였음을 알리기 위하여 자세한 기록을 남긴 것으로 짐작된다. 결국 혜공왕이 시해당하였을 때 모후인 만월태후 및 두 명의 왕비도 함께 죽음을 맞이하였다고 보는 것이 옳다고 판단된다.

이러한 이해가 타당하다면 혜공왕은 유성의 딸 신보부인과 혼인한 이후 어느 시점에 김장의 딸 창창부인을 차비로 맞이하였다.[227] 즉 혜공왕의 혼

226 신정훈은 后를 만월태후로, 비를 혜공왕의 원비와 차비로 이해하였다(신정훈, 앞의 책, 2010, 188쪽의 주 187) 참조). 그러나 김수태는 후비가 태후 한 명을 지칭한다고 보아 만월부인이라고 하였다(김수태, 앞의 논문, 2011, 170쪽). 필자는 신정훈의 견해를 따랐다.

227 박해현은 원비를 후비로 파악하여, 김장의 딸을 선비로, 신보왕후를 후비로 보았다(박해현, 앞의 책, 2003, 174쪽). 그러나 이 견해는 상식에 맞지 않는다. 선비라고 기록되었다는 것은 유성의 딸 신보부인이 창창부인보다 먼저 혜공왕과 혼인하였음을 의미하기 때문이다.

인은 두 번 이루어졌고, 원비가 있는 상태에서 차비를 맞이한 것으로 이해할 수 있다.[228]

그러면 혜공왕이 선비인 신보부인과 혼인한 시기부터 살펴보자.[229] A-1과 A-2의 기록에서 보듯이 왕비가 궁중에 들어온 날짜가 적혀 있지 않다. 그러므로 혜공왕이 언제 혼인하였는지를 밝혀내는 일이 무엇보다 중요하다. 왜냐하면 왕의 혼인은 당대 정치와 깊이 연관되므로 기록에 보이지 않는 혼인 시기를 알아낸다면 혜공왕대의 정국을 이해하는 데에 한 걸음 더 다가갈 수 있기 때문이다. 그렇지만 이를 알려 주는 기록을 찾을 수 없으므로 먼저 혜공왕 즉위 이후의 사정을 살펴보겠다.

만월부인은 아들 혜공왕이 8세의 어린 나이로 즉위하였기 때문에 섭정하였다고 한다.[230] 그녀의 섭정 기간에 대하여 여러 견해가 있지만, 혜공왕이 재위 11년째 되던 해에 비로소 친정을 시작했다는 견해에 따르면[231] 혜공왕이 선비인 신보왕후와 혼인한 시기는 만월부인의 섭정 기간 중이라고 보아야 순리에 맞는다. 집요한 노력 끝에 아들을 얻은 만월부인의 입장에서는 아들인 혜공왕이 일찍 혼인하여 후사를 보기를 원하였을 것이다. 그리고 혜공왕 11년에 혜공왕은 18세였으므로 그전에 혼인하였을 가능성이 크다.

그러면 혜공왕의 혼인 시기를 좀 더 구체적으로 알아낼 수는 없을까? 아

---

228 필자는 앞서 학술지에 발표한 내용에서 선비를 출궁시킨 다음 후비를 맞이한 것으로 이해하여 논지를 전개하였으나, 여기서는 생각을 달리하여 혜공왕이 두 왕비와 함께 생활한 것으로 파악한 다음 그것을 바탕으로 하여 새로운 의견을 제시하였다.

229 김수태는 혜공왕이 즉위한 후에 혼인하였다고 보았다(김수태, 앞의 책, 1996, 127쪽).

230 『삼국사기』 권9, 혜공왕 즉위년.

231 혜공왕 11년은 그가 18세가 된 해이므로 많은 연구자들이 친정의 가능성을 열어 두고 있다. 혜공왕의 친정과 관련하여 여러 견해가 있으나 김수태, 앞의 논문, 2011, 154~159쪽이 참고할 만하다. 필자는 김수태의 견해에 따라 혜공왕 7년부터 친정하였을 가능성을 상정하였고, 이와 관련하여 본 장 Ⅲ절에서 자세하게 살펴보겠다.

래의 기록이 도움이 된다.

C-1. 태자가 8세 때에 왕이 돌아가 왕위에 오르니, 이가 혜공대왕惠恭大王이다. 나이가 어렸으므로 태후가 조정에 나섰으나 정사가 다스려지지 못하고 도적이 벌떼처럼 일어나 미처 막을 수가 없었으니, 표훈 스님의 말이 맞았다(『三國遺事』 권2, 紀異 2, 景德王·忠談師·表訓大德).

C-2. 이찬 김은거金隱居를 당에 보내 토산물을 바치고 책봉해 주기를 청하였다. 황제가 자신전紫宸殿에 나와 연회를 베풀고 접견하였다(『三國史記』 권9, 惠恭王 3년 가을 7월).

C-3. 당의 대종代宗이 창부낭중倉部郎中 귀숭경歸崇敬에게 어사중승御史中丞을 겸직시켜 보내, 부절과 책봉조서를 가지고 와서 왕을 개부의동삼사開府儀同三司 신라왕新羅王으로 책봉하고 어머니 김씨를 대비大妃로 책봉하였다(『三國史記』 권9, 惠恭王 4년 봄).

C-4. 일길찬 대공大恭이 아우 이찬 대렴大廉과 함께 반란을 일으켰다. 무리를 모아 33일간 왕궁을 에워쌌으나 왕의 군사가 이를 물리쳐서 평정하고 9족을 목 베어 죽였다(『三國史記』 권9, 惠恭王 4년 가을 7월).

C-1의 기록을 보면, 혜공왕이 어린 나이로 즉위하여 만월부인이 섭정하였는데 정사가 제대로 다스려지지 않았다고 한다. 즉 혜공왕 즉위 초반기에는 정국이 매우 불안정하였다.

이 같은 정치 상황을 극복하기 위해 만월태후는 김은거를 당에 사신으로 파견하였다(C-2). 어린 아들을 대신해 섭정하는 행위의 당위성을 얻기 위하여 견당사를 파견한 것이다. 당은 C-3의 기록과 같이 혜공왕 4년에 사신 귀숭경을 보내 왕을 책봉하였고 만월부인을 대비로 책봉하였다.[232]

---

232 신라의 왕모가 당으로부터 책봉을 받은 사례는 만월태후가 처음이다(이현주, 앞의 논문, 2017, 432쪽).

혜공왕이 즉위한 지 4년째가 되어서야 비로소 대내외적으로 지위를 인정받은 것이다. 신라 중대에 왕의 모후가 대비로 책봉된 사례는 만월부인이 유일하다.[233] 이러한 점으로 볼 때 만월부인은 당의 책봉을 바탕으로 하여 혜공왕 집권 초반기의 어수선한 정국을 안정시키고 신라 국내 정치를 장악하는 기반을 마련하였다고 해도 과언이 아닐 것이다.[234]

만월부인은 어린 아들을 앞세워 정국을 운영해 나가는 과정에서 당으로부터 책봉을 받기 이전과 이후가 다르다는 것을 몸소 체험하였을 것이다. 당으로부터 책봉을 받기 이전에는 정치적 위치가 불안하여[235] 정국 운영이 조심스러울 수밖에 없었겠으나, 대비로 책봉된 후에는 그전보다 자신감을 가졌을 것이다. 만월부인의 자신감은 정국 운영에 있어 조심성이 옅어지는 결과로 이어졌다고 짐작된다.

C-4의 기록을 통해 알 수 있듯이 당으로부터 책봉을 받은 지 몇 달 후인 7월에 일길찬 대공大恭과 그 아우인 이찬 대렴大廉이 난을 일으켰고 그의 무리가 33일간 왕궁을 에워쌌다고 한다. 그렇지만 왕의 군대가 평정하였다고 한 것으로 보아 만월부인을 중심으로 한 정치세력이 이들을 제압하였음을 알 수 있다.[236] 이 반란은 만월부인을 중심으로 한 집권 세력이 어린 혜공왕을 앞세워 정국을 주도하면서 당으로부터 대비로 책봉되어 정당성까지 확보하자 반대 세력이 불만을 폭발시킨 사건으로 짐작된다.[237]

233 김수태, 앞의 책, 1996, 127쪽.

234 김수태는 위의 책, 1996, 127쪽에서 만월부인의 책봉에 대하여 "혜공왕의 모후인 만월부인은 이러한 대외적 인정을 바탕으로 하여 결국 신라 국내의 정치에 커다란 영향력을 미치려고 한 것으로 여겨진다"라고 하였다.

235 신정훈, 앞의 책, 2010, 127쪽.

236 이기백은 김은거가 반란 평정의 공으로 중시에 임명된 것으로 파악하였다(이기백, 앞의 책, 1974, 233쪽).

237 박해현, 앞의 책, 2003, 157~158쪽 참조. 반면 전덕재는 앞의 논문, 2018, 276~286쪽에서 경덕왕대 후반과 혜공왕대 초반에 김옹·김양상 세력에 의해 정치적으로 소외당한 대공과 대렴 형제가 반란을 일으킨 사건으로 파악하였으며, 288~289쪽에서는 혜공왕

난을 진압하였다는 것은 만월부인의 섭정이 그대로 유지됨과 아울러 섭정을 통한 정국 운영이 정당성을 확보하였다는 뜻이다. 그렇다고 해서 만월부인을 중심으로 한 집권세력에 대한 불만이 완전히 사라지지는 않았을 터이므로 그들을 회유하는 일이 매우 중요하였을 것이다.

D. 임해전臨海殿에서 여러 신하들에게 연회를 베풀었다(『三國史記』 권9, 惠恭王 5년 봄 3월).

혜공왕 5년 봄에 임해전에서 연회를 베푼 이유를 구체적으로 헤아리기는 어려우나, 난을 진압한 이후 정국을 수습하고 만월부인의 위상을 높이기 위한 조치로 짐작된다.[238] 임해전과 관련하여 효소왕 6년(697)에 "군신들을 임해전에 모아 잔치를 베풀었다"라는 내용이 보이며, 이후 왕이 임해전에서 군신과 회합하거나 연회를 베푼 기록이 「신라본기」에 4회 등장한다.[239] 신라 역사에서 임해전의 연회는 보통의 연회와 달리 정치적 성격이 강한 일종의 이벤트였던 것이다. 따라서 혜공왕 5년 봄의 연회는 만월부인을 중심으로 한 정치세력이 그들의 위상을 드러냄과 아울러 반란 세력 진압 후 불만 세력을 회유하기 위한 목적에서 주최한 것으로 볼 수 있다.

또한 만월부인은 연회를 통해 정국을 주도적으로 이끌어 나가는 데 도움을 줄 세력을 포섭하고자 하였을 것이다. 그리고 어쩌면 혜공왕의 혼인

과 만월부인, 그리고 집권 세력인 김옹·김양상 세력의 실정에 대한 하늘의 경고라는 인식을 이용하여 혜공왕의 퇴위 및 김옹·김양상 세력의 驅逐을 명분으로 난을 일으킨 것이라 하였다.

238 대공의 난으로 흐트러진 정국을 수습하기 위하여 행한 조치로 보기도 하고(박해현, 앞의 책, 2003, 160쪽), 정치적 불안이 안정화되었음을 드러냄과 아울러 새로 임명된 상대등과 시중에 대한 축하연 성격을 띤다고 보기도 한다(신정훈, 앞의 책, 2010, 141쪽). 그러나 상대등이나 시중의 임명과 관련하여 임해전에서 연회를 하였다고 생각되지는 않는다.

239 혜공왕 5년(769), 헌안왕 4년(860), 헌강왕 7년(881), 경순왕 5년(931) 등이다.

을 통한 정치세력 재편으로 이어졌을 수도 있다. 만월부인은 혜공왕의 혼인을 서둘러 추진하여 확실한 지지세력을 만듦으로써 정국 운영의 주도권을 가져오고자 하였을 것이다. 이에 만월부인은 이찬 유성의 딸을 혜공왕의 비로 삼기로 결심한 것으로 짐작된다.

> E. 우러러 생각건대 태후께서는 은혜로움이 땅처럼 평평하여 백성들을 어진 교화로 감화하시고 마음은 하늘처럼 맑아서 부자(경덕왕과 혜공왕)의 효성을 장려하셨다. 이는 아침에는 원구元舅의 어짐과 저녁에는 충신의 보필을 받아 말을 가리지 않음이 없으니 어찌 행동에 허물이 있으리오. 이에 유언을 돌아보고 드디어 옛 뜻을 이루고자 하였다[240](金弼奧 撰,「聖德大王神鐘銘」).

위의 기록은 「성덕대왕신종명聖德大王神鐘銘」의 일부분으로 혜공왕대 정치사를 연구하는 많은 연구자들이 주목하여 인용하는 구절이다. 그중 원구元舅라는 단어가 눈에 들어온다. 현재 학계에서는 원구를 왕의 외숙으로 설명하고, 김옹金邕이 그 사람이라고 거의 의심 없이 받아들이고 있다.[241] 그러나 「성덕대왕신종명」에서 보이는 원구가 김옹임을 입증하는 기록은 없다.[242] 따라서 원구를 왕의 장인으로 해석할 여지도 충분하다.[243]

---

240 仰惟太后 恩若地平 化黔黎於仁敎 心如天鏡 奬父子之孝誠 是知朝於元舅之賢 夕於忠臣之輔 無言不擇 何行有愆 乃顧遺言 遂成宿意.

241 김옹을 혜공왕의 외삼촌으로 인식하여 그와 만월부인을 남매로 파악한 연구는 다음과 같다. 鈴木靖民, 앞의 책, 1985, 319쪽; 박해현, 앞의 책, 2003, 124쪽; 이영호, 앞의 책, 2014, 164쪽의 각주 61) 참조; 이주희,「수로부인의 가족」,『신라문화』 44, 2014, 175쪽; 新飼 早樹子,「新羅國内情勢の動向と惠恭王代派遣の新羅使」,『コリア研究』 10, 2019, 60쪽.

242 전덕재, 앞의 책, 2007, 142쪽; 앞의 논문, 2018, 283쪽에서 "元舅를 김옹으로 이해하는 것은 재고의 여지가 전혀 없지 않다고 말하고 싶은 것이 솔직한 심정임을 밝혀두고자 한다"라고 하였다.

243 사전에서 찾아보면 원구는 '왕의 장인'을 지칭하기도 한다. 김수태도 앞의 논문, 2011, 152쪽에서 원구를 국왕의 장인으로 해석할 가능성을 시사한 바 있다.

원구를 왕의 장인으로 해석한다면 혜공왕이 재위 7년에 이미 혼인한 상태였고, 신보왕후의 아버지인 유성이 원구라는 결론에 이른다.[244] 이것은 혜공왕이 원구의 도움을 받아 정치를 하였음을 알려 준다. 성덕대왕신종이 완성된 시기가 혜공왕 7년(771)이므로 이 종이 완성될 무렵에 혜공왕이 혼인한 상태였다고 생각해도 무리가 없다. 따라서 성덕대왕신종이 주조된 해에는 혜공왕이 신보왕후와 함께 궁궐에서 생활하고 있었다고 보아야 할 것이다.

이렇게 볼 때 혜공왕은 재위 7년 이전, 즉 14세가 되기 전에 유성의 딸인 신보왕후와 혼인하였을 가능성이 크다. 아버지 경덕왕이 대략 15세 무렵에 혼인하였음을 염두에 두면,[245] 혜공왕도 그와 비슷한 나이에 신보부인을 왕비로 맞이하였다고 볼 수 있다.

혜공왕의 모후인 만월부인은 남편인 경덕왕이 아들을 얻고자 노력한 바를 잊지 않고 있었기에 혜공왕의 혼인을 서둘렀을 것으로 여겨진다. 혜공왕이 만월부인의 주선으로 이찬 유성의 딸과 혼인하였다면, 성덕대왕신종이 주조되기 전에 혼인이 이루어진 것이다. 만월부인은 이 혼인으로 관계를 맺은 혜공왕의 장인 세력을 섭정에 유리한 방향으로 이용할 생각이었을 것이다.

---

244 윤태양은 앞의 논문, 2020, 25쪽에서 '충신'과 단독으로 대구되어 나타날 만큼 정국에 크게 공헌한 '원구'를 높이는 것 또한 종의 조성 목적에 포함되었을 것이므로 원구를 김옹으로 보는 것이 옳다고 하였다. 그러나 필자는 따르지 않는다.

245 대다수의 연구자들은 경덕왕이 삼모부인과 혼인한 시기를 태자로 책봉된 효성왕 3년 무렵으로 추측한다. 濱田耕策, 앞의 책, 2002, 190쪽과 박해현, 앞의 책, 2003, 122쪽에서 그러한 견해를 밝혔다. 신정훈, 앞의 책, 2010, 42쪽의 주 36)에서도 경덕왕이 삼모부인과 혼인한 시기를 효성왕 2~3년 무렵으로 파악하였다. 이와 달리 鈴木靖民, 앞의 책, 1985, 164쪽에서는 성덕왕대 김순정이 정무에 참여하였을 때 그의 딸이 헌영과 혼인한 것으로 추측하였다. 그러나 잘못된 생각이다. 김순정이 중시로 활동한 시기는 성덕왕 13년(714)에서 17년(718) 사이인데 이때는 성덕왕이 김순원의 딸과 혼인하기 전이다. 경덕왕의 혼인과 관련해서는 이 책 제7장 II절을 참고하라.

그러면 이제 만월부인이 유성을 선택한 이유에 대해서 알아보자. 혜공왕의 원비의 아버지가 A-1에는 유성으로, A-2에는 위정으로 기록되어 있으나 현재 학계에서는 동일 인물을 달리 표기한 것으로 파악하고 있다.[246] 유성을 경덕왕 초에 중시에 임명된 유정으로 파악한 연구도 있으나[247] 이러한 이해는 음상사音相似에 따른 것으로 신빙성이 떨어진다.

유성에 대한 기록은 더 이상 찾을 수가 없다. 다만 「성덕대왕신종명」에 기록된 원구가 유성이라면 정치적 지위가 낮지 않았을 것이다. 앞에서도 설명하였지만, 만월부인이 유성의 딸을 혜공왕의 비로 맞아들인 것은 그가 정치적으로 중요하였기 때문이다.

만월부인의 섭정 기간에 혜공왕이 혼인하였으므로 유성은 만월부인의 지지 세력이었음에 틀림없을 것이다. 그리고 외교적 측면에 있어서 친당노선을 취하였을 가능성이 크다. 또한 만월부인의 섭정을 적극적으로 지원하고 도운 인물로 생각된다. 이러한 점을 염두에 두면, 만월부인은 유성의 딸을 혜공왕의 비로 맞아들여 그를 혜공왕의 정치적 후원자로 삼을 뿐만 아니라 그를 통하여 자파 세력을 더욱 확대하고자 하였다.

Ⅲ. 혜공왕의 친정과 차비次妃와의 혼인[248]

혜공왕은 모후인 만월부인의 주도로 이찬 유성의 딸을 왕비로 맞이하였

246 이기백, 앞의 책, 1974, 168쪽의 주 44)에서 同音異寫로 파악하였다.

247 이기백, 위의 책, 1974, 168쪽. 유성은 경덕왕 3년(744) 1월부터 4년(745) 5월까지 중시에 재임하였다고 한다. 혜공왕이 유성의 딸을 왕비로 맞이할 즈음에는 유성이 중시에서 퇴임한 이후 20여 년에 가까운 세월이 지났으므로 그가 살아 있었는지도 의문스럽다. 또한 그의 구체적인 정치적 위상도 알 수 없다.

248 이 절은 기존에 발표한 원고를 대폭 수정한 것임을 밝혀 둔다.

다. 그 후 혜공왕은 김장의 딸 창창부인을 차비로 맞이하였다(A-1과 A-2 기록 참조). 혜공왕이 친정을 시작한 시기는 성덕대왕신종이 완성된 해인 재위 7년 무렵부터라고 할 수 있으므로[249] 혜공왕이 혼인한 후에도 모후인 만월부인의 섭정이 지속되었을 수 있다.

혜공왕 6년(770)째 되던 해 봄, 왕이 서원경에 거둥하였는데 거쳐 간 주와 현의 죄수들을 정상을 살펴 사면하였다고 한다.[250] 그리고 4월에야 서원경에서 왕궁으로 돌아왔다고 한다. 혜공왕의 행차는 대공의 난을 계기로 하여 지방 세력의 이반 현상이 심각하게 표출되자 이를 수습하려는 의도[251]에서 비롯된 것으로 볼 수도 있다. 하지만 또 다른 정치적 목적이 있었을 수 있는데, 왕이 무려 석 달 동안 경주에서 멀리 떨어진 서원경까지 행차함으로써 섭정에서 벗어나 적극적으로 왕권을 행사하려는 모습을 대내외적으로 과시하려고 하였던 것 같다.

혜공왕이 왕궁으로 돌아온 지 약 4개월 만인 같은 해 8월에 대아찬 김융金融이 반란을 일으켰다.[252] 김융이 반혜공왕파의 반란에 가담하였기 때문에 반란을 일으켰다는 견해가 있고,[253] 성덕왕 및 효성왕대 외척 세력의 비대를 견제하려고 반란을 주도하였다는 견해도 있다.[254] 또는 만월부인의 섭정에 대한 불만에서 비롯된 것으로 보기도 한다.[255] 어쨌든 김융의 반란은 진압되었는데, 이는 적어도 만월부인과 그 지지 세력이 난을 제압할 정

---

249 혜공왕의 친정 시기를 성덕대왕신종이 주조된 해로 새롭게 해석한 김수태의 견해에 따른다(김수태, 앞의 논문, 2011, 154~159쪽 참조).

250 『삼국사기』권9, 혜공왕 6년 봄 정월.

251 박해현, 앞의 책, 2003, 161쪽. 신정훈은 왕의 서원경 행차와 관련하여 『삼국사기』에 혜공왕이 일정한 때가 없이 대궐 밖에 거둥하여 궁궐의 기강이 문란해진 것과 연결지어 해석하였다(신정훈, 앞의 책, 2010, 145쪽).

252 『삼국사기』권9, 혜공왕 6년 가을 8월.

253 이기백, 앞의 책, 1974, 249쪽.

254 박해현, 앞의 책, 2003, 164쪽.

255 신정훈, 앞의 책, 2010, 146쪽.

도의 정치적·군사적 권력을 가졌음을 보여 준다. 이 난으로 인해 김은거가 시중 직에서 물러나고 이찬 정문正門이 시중에 임명되었다.[256] 김은거는 만월부인과 매우 가까운 인물이었는데[257] 김융의 난에 대한 책임을 지고 물러났을 것이라는 지적은 충분히 타당해 보인다.[258]

비록 반란 사건이 있었으나 혜공왕은 재위 7년에 친정의 수순을 밟기 시작하였다. 경덕왕대에 제작되기 시작한 성덕대왕신종은 혜공왕 7년에 완성되었는데, 이는 혜공왕의 친정을 의미한다.[259] 그렇다면 이때부터 혜공왕이 만월부인의 섭정에서 벗어나 독자적으로 정국을 운영하기 위해 노력하였다는 해석이 가능하다.[260] 그런데 『삼국사기』에 혜공왕 재위 7년째의 기사가 없다는 사실이 매우 의미심장해 보인다. 그리고 혜공왕 재위 8년부터 10년까지는 반란 사건이 보이지 않는다. 이는 친정이 시작된 후 어느 정도 왕권이 안정되었음을 의미한다고 받아들여도 좋을 것이다. 더구나 혜공왕 8년부터 12년까지 매년 당에 사신을 보내었다.[261] 이는 혜공왕을 지지한 세력이 정권을 더욱 굳건히 하고자 당을 정치적으로 이용하였다고 보아야 할 것이다.[262]

그러면 여기서 짚어 보아야 할 점은, 혜공왕이 친정하도록 도운 정치세력의 실체가 무엇이었을까 하는 것이다. 혜공왕이 재위 8년째 되던 해부

---

256 『삼국사기』 권9, 혜공왕 6년 12월.

257 김은거는 견당사로서 만월부인의 책봉과 밀접한 관계가 있는 인물이다. 이에 대해서는 이기백, 앞의 책, 1974, 231쪽 참조.

258 이문기, 앞의 논문, 1999, 829쪽 참조.

259 김수태, 앞의 논문, 2011, 159쪽.

260 김수태는 혜공왕의 친정을 그와 연결되어 만월부인의 섭정을 반대한 정치세력이 움직여서 나온 결과로 이해하였다(김수태, 위의 논문, 2011, 161쪽).

261 8년 정월에 당에 사신을 보내어 신년 하례를 한 사실, 9년 4월 및 6월에 사신을 파견한 일, 10년 4월 및 10월에 사신을 당에 보내어 조공한 일, 11년 정월 및 6월에 사신을 당에 보내어 조공한 일 등에 대한 기록을 찾아볼 수 있다.

262 이기백, 앞의 책, 1974, 235쪽.

터 매년 당에 사신을 보낼 수 있도록 그를 도운 정치 세력이 있었음은 분명하다. 이와 관련하여 주목되는 기록이 바로 「성덕대왕신종명」이다.

E의 기록인 「성덕대왕신종명」은 혜공왕이 원구와 충신의 도움을 받아 정치를 하였음을 알려 준다. 원구는 혜공왕의 장인인 유성으로 볼 수 있으며, 충신은 누구를 가리키는지 알 수 없으나 아무래도 종명에 보이는 김옹과 김양상 등을 말하는 것으로 생각된다.[263] 두 사람이 종 제작의 책임자였기 때문이다. 따라서 혜공왕이 모후의 섭정에서 벗어나 친정을 시작하면서 원구 세력과 김옹을 중심으로 한 정치세력의 도움을 받았을 것으로 헤아려 볼 수 있다.[264]

이렇게 해석하면 혜공왕의 장인인 유성은 만월부인과 정치적으로 일정한 관계를 유지하면서 한편으로는 혜공왕의 친정에도 도움을 주었던 것으로 이해할 수 있다. 물론 그가 이러한 정국을 주도하지는 못하였을 것이고 아무래도 김옹을 중심으로 한 세력이 좀 더 주도적으로 혜공왕의 친정에 도움을 주었던 것으로 생각된다.

혜공왕이 김옹을 중심으로 한 세력의 도움을 받아 친정을 주도하면서 왕권이 안정되어 가던 재위 11년 6월에 이찬 김은거가 반란을 일으켰다가 목이 베인 것으로 나타난다.[265] 같은 해 가을 8월에는 이찬 염상廉相이 시중 정문과 함께 반역을 꾀하다가 죽임을 당하였다.[266] 이는 혜공왕 11년의 정국이 매우 혼란하였음을 알려 준다. 또한 혜공왕이 친정을 시작한 지 약 4년 만에 정국이 크게 요동치고 있었음을 말해 준다.

---

263 檢校使兵部令兼殿中令司馭府令修城府令監四天王寺府令幷撿校眞智大王寺使上相大角干臣金邕
檢校使肅政臺令兼修城府令檢校感恩寺使角干臣金良相.

264 필자는 혜공왕이 친정하는 데 김옹과 김양상 세력의 도움을 받았을 뿐, 김수태처럼 이들을 반전제주의 세력으로 보지는 않는다.

265 『삼국사기』 권9, 혜공왕 11년 여름 6월.

266 『삼국사기』 권9, 혜공왕 11년 가을 8월.

이 같은 사실에 대하여 기왕의 연구에서는 김은거와 염상, 정문 등이 모두 왕당파로서 반전제주의 귀족세력에 의해 제거된 것으로 이해하고 있다.[267] 그렇지만 이들의 정치 활동을 보면 세 사람 모두 왕당파라고 부를 수 있을지 의문스럽다.

김은거는 만월부인의 섭정 시기인 혜공왕 4년 10월에 시중이 되었으며 정치적으로 활발히 활동하였다. 그러던 그가 김융의 반란에 대한 책임을 지고 시중에서 물러난 후에 반란이라는 극단적 선택을 하게 된 것은 혜공왕의 어떤 정치 행위에 불만을 품었기 때문으로 추측되며, 이는 혜공왕이 차비를 들인 것과 관련되었을 것으로 짐작된다.

만월부인이 친정하던 시기에 혜공왕은 이찬 유성의 딸과 혼인하였다. 혜공왕과 신보부인의 혼인은 모후의 정치적 영향력이 작용한 결과였다. 혜공왕은 친정을 시작한 이후부터 만월부인과 연결되거나 모후를 지지하는 세력의 그늘에서 벗어나 점차 그를 지지하는 세력의 도움을 받아 독자적으로 정국을 이끌어 나가고자 하였을 것이다. 그러한 노력의 결과가 바로 차비인 창창부인과의 혼인이 아닐까 하고 조심스레 추측해 보게 된다.

혜공왕은 비록 외척이 아니더라도 모후와 연결된 세력이 자신의 정치적 행보에 걸림돌로 작용할 것을 잘 헤아렸기 때문에 모후 세력을 견제하고 나아가 그들에게 정치적 제재를 가하고자 새로운 왕비를 들이는 일을 감행한 것으로 볼 수 있다. 혜공왕의 특단의 조치에 대하여 장인인 이찬 유성이 어떠한 태도를 취하였는지는 기록이 없어 알 수 없지만, 적잖이 불만스러웠을 것임은 당연하다. 왜냐하면 혜공왕이 친정하도록 도와주었는데도 불구하고 새로운 왕비를 들였기 때문이다. 만월부인도 혜공왕의 행동

267 김수태, 앞의 책, 1996, 132쪽; 앞의 논문, 2011, 166~167쪽에서는 김은거와 만월부인, 혜공왕이 정치적 운명을 같이한 관계였다고 이해하였다. 또한 염상과 정문도 그러한 인물로 파악하였다.

에 불만을 드러냈을 것이다.

이 같은 상황에서 장인 유성이나 만월부인을 중심으로 한 세력은 혜공왕의 왕권을 약화시킨 다음 정치 권력을 되찾기 위하여 노력하였을 것이다. 그 과정에서 그들은 김은거를 주목하였다고 생각된다. 김은거는 김융의 반란 이후 책임을 지고 시중 직에서 물러나 있었다. 정치적 지위를 상실하였고 그를 중심으로 모인 세력들의 결속력도 약해졌을 가능성이 크다. 이 같은 사정을 헤아린 유성과 모후 측이 그를 부추겨 김은거가 반란을 일으켰다고 생각된다. 반란의 배후로 유성이나 혜공왕의 모후를 지목하는 이유는, 당시 정치적 중심에서 퇴출된 김은거가 다른 정치세력의 도움 없이 반란을 일으키기는 불가능하기 때문이다. 김은거의 반란은 그의 정치적 소외에서 비롯되었지만, 그 배경에는 혜공왕이 차비를 들인 데 불만을 품은 유성이나 만월부인이 있었다는 것이다.

김은거의 반란이 있은 지 두 달 만인 같은 해 8월, 이찬 염상이 시중을 지낸 정문과 함께 반역을 일으켰다. 기존의 연구에서는 이들을 김은거와 같은 세력으로 인정하고 이들의 반란을 친왕파의 반란으로 이해하였다. 특히 정문은 시중 직에서 물러난 지 5개월 만에 반란을 일으켰는데, 그는 혜공왕 6년 12월에 김은거에 이어 시중에 오른 인물이다. 그가 시중에 임명된 것은 만월부인을 중심으로 한 정치세력의 지원이 있었기 때문에 가능하였을 것이다. 그렇다면 정문과 만월부인 사이에 정치적 관계가 있었다고 가정해볼 수 있는데, 실제로 그러했을까?

정문은 혜공왕 11년 3월에 시중 직을 김순金順에게 내어 주었으므로 대략 5년 정도 시중 자리에 있었다. 혜공왕이 친정을 시작한 이후에도 계속해서 시중 직을 유지하였다는 것은 그가 모후 세력과 거리를 두고 친혜공왕파로 돌아섰음을 말해 준다고 할 수 있다.

그런데 혜공왕이 11년 3월에 이찬 김순을 시중으로 발탁하면서 정문은 시중 직에서 물러나게 되었다. 그가 시중으로 있던 시절에 반란이나 천재지변이 없었는데도 물러나게 된 데에는 혜공왕의 정치적 의도가 반영되었다고 보아야 할 것이다. 이로 인해 불만을 품은 정문에게 유성이나 모후 세력이 접근하였을 가능성이 있다. 김은거의 반란은 실패로 끝났지만, 이후에도 그들은 혜공왕에게 불만을 가진 세력을 부추겨 반란을 일으키려고 하지 않았을까. 즉 염상과 정문의 모반은 김은거의 반란과 궤를 같이한다고 보아도 좋지 않을까 싶다.[268] 결론적으로 혜공왕의 친정으로 정치 권력이 옮겨 가는 정국에서 모후 세력과 연결된 유성이 정치 전면에서 물러나게 되자 그와 모후 세력이 불만을 품고 김은거와 정문을 이용하였다고 볼 수 있다.[269]

지금까지 보았듯이 혜공왕의 친정은 만월부인과 거리를 두는 것으로부터 시작하였다. 그 결과 그동안 만월부인과 긴밀한 관계를 유지하던 정치세력은 점차 정치 핵심부에서 밀려났고, 그것이 혜공왕에 대한 불만으로 드러나게 되었을 것이다. 특히 혜공왕이 친정을 시작하고 새로운 왕비를 맞아들인 것은 왕과 대립하는 태도로 돌아서는 데 중요한 계기가 되었을 것이다. 이러한 사정을 극복하기 위해 혜공왕은 새로운 정치적 조치를 취하였다. 혜공왕 12년의 교서에 그 내용이 실려 있다.

F. 교서를 내려 관직의 이름을 모두 옛것으로 회복시켰다(『三國史記』 권9, 惠恭王 12년 봄 정월).

위의 기록은 혜공왕 12년 봄 정월, 경덕왕대에 시행한 한화정책을 부정

268 이들의 정치적 성격에 대해서는 이기백, 앞의 책, 1974, 236쪽 참조.

269 이문기는 혜공왕의 친정이 11년부터 시작되었으며, 염상과 정문의 반란이 혜공왕의 친정 개시에 대한 불만에서 비롯되었다고 보았다(이문기, 앞의 논문, 1999, 829쪽).

하고 과거의 것을 복구하였음을 알려 준다. 왕권 강화와 밀접한 관련이 있는 한화정책을 부정하고 과거로 돌아가는 조치를 시행하였다는 것은 왕권 강화를 포기하겠다는 뜻보다는 자신의 치세를 새로운 각도에서 시작하겠다는 선언이었다. 이는 혜공왕이 친정하는 과정에서 모후 세력의 반발을 극복하기 위한 노력이었다고 짐작된다.[270]

혜공왕은 관호의 복구를 명한 다음 곧바로 감은사感恩寺에 거둥하여 망제를 지냈으며,[271] 2월에는 국학國學에 거둥하여 강의를 들었다.[272] 신문왕 2년에 문무왕을 기려 동해변에 개창한[273] 감은사에서 망제를 지낸 것은 왕의 정통성을 확인하는 정치적 행동이었다.[274] 또한 혜공왕은 이찬 김은거와 염상의 반란을 진압한 후 국학에 거둥함으로써 왕권의 위상을 국학생들에게 보여 주고자 하였다.[275]

이와 더불어 혜공왕대에 오묘五廟를 시정始定했다는 기록에 주목해 보자.[276] 이 내용이 본기에는 없고 제사지에만 실려 있다는 점이 특이하다. 오묘 시정 시기가 언제인지 정확하게 나와 있지 않으나, 『삼국사절요三國史節要』에서는 혜공왕 12년(776)으로 특정하였다. 이를 근거로 하여 이때

---

270 당시 정국의 주도권이 김양상과 김경신에게로 넘어갔음을 알려 주는 사건으로 보는 시각도 있다(김수태, 앞의 논문, 2011, 168쪽). 반면 이문기는 혜공왕의 관호복고가 혜공왕의 친정을 지지한 세력에 의해 이루어졌으며, 혜공왕이 친정을 시작하면서 경덕왕대 이래 모후 섭정기 동안 이어져 온 정국 운영의 기조를 친정체제에 걸맞게 개혁하려는 의도로 추진되었다고 파악하였다(이문기, 앞의 논문, 1999, 824~827쪽). 필자는 이문기의 견해에 따른다.

271 『삼국사기』 권9, 혜공왕 12년 봄 정월.

272 『삼국사기』 권9, 혜공왕 12년 2월.

273 『삼국유사』 권2, 기이 2, 만파식적.

274 신정훈, 앞의 책, 2010, 169쪽.

275 혜공왕 12년의 국학 행차를 왕권 강화 측면에서 설명한 연구가 있다(김수태, 앞의 책, 1996, 129쪽; 채미하, 앞의 책, 2008, 184~186쪽). 그러나 혜공왕의 왕권 강화라는 측면에서만 설명하는 시각은 한계가 있다.

276 『삼국사기』 권32, 잡지 1, 제사.

혜공왕이 오묘제를 개혁하였다고 보기도 하나,[277] 본기에 실리지 않은 점으로 볼 때 오묘제가 개혁되었다기보다는 그것의 운용 원칙을 이때 정하려고 하였던 것으로 볼 수 있다. 이 같은 일을 추진한 주체는 혜공왕이 아니라 만월부인이었을 것이다. 혜공왕이 친정하게 되면서 정치 핵심부에서 밀려난 만월부인이 자신의 정치적 위상을 만회하기 위해 종묘제의 변화를 시도한 것으로 볼 수 있다. 오묘제의 의미를 왕실 구성원의 차별적 지위를 강조하고 제사의례를 통해 결속력을 다지는 것으로 이해한다면[278] 만월부인으로서는 오묘제 개혁이 자신의 위상을 드러내기에 아주 적절한 조치였다. 혜공왕이 정치적 복고를 선언했을 때 이 조치가 함께 이루어졌다면,[279] 그것은 혜공왕과 다른 정치적 입장을 견지하겠다는 목적을 가졌다고 볼 수 있다. 따라서 혜공왕이 다양한 정치세력을 연합하여 새로운 정치를 펼치기 위해 오묘제를 개혁하였다는 견해는[280] 문제가 있다. 그보다는 만월부인이 정국을 호도하기 위하여 그렇게 하였다고 보는 것이 타당하다.[281]

사정이 이러한 가운데 같은 해 7월과 10월에 혜공왕은 당에 사신을 보내어 조공하였다. 이는 당을 통해 정권을 안정시키려는 조치였을 것이

277 이문기, 앞의 논문, 1999, 806~807쪽; 채미하, 앞의 책, 2008, 171쪽.

278 이문기, 위의 논문, 1999, 830쪽. 반면 채미하는 다른 지배자 집단과의 차별성을 드러내기 위해 오묘제를 개편한 것으로 파악하였다(채미하, 앞의 책, 177~184쪽). 채미하의 견해를 수용한 안주홍은 혜공왕이 자신의 정통성을 드러내고 신문왕의 후손들을 근친왕족 범위에서 제외하는 재편을 시도했다고 하였다(안주홍, 앞의 논문, 2019, 139~146쪽). 그러나 이와 같은 이해는 혜공왕이 오묘제 개편을 직접 주도하였다는 점이 전제되어야 하므로 수용되기가 어렵다.

279 이문기, 위의 논문, 1999, 816쪽.

280 이문기, 위의 논문, 1999, 832~833쪽.

281 강진원, 앞의 논문, 2020, 163쪽에서는 혜공왕의 오묘 시정이 재위 초에 이루어졌다고 파악하였다. 그는 애장왕 2년(801)에 일어난 종묘 개정 조치가 숙부 金彦昇의 섭정하에서 이루어진 것을 근거로 하여 오묘 시정이 혜공왕 재위 초에 이루어졌다고 이해하였다. 그의 견해에 따르면 오묘 시정은 만월부인이 주도하였다고 볼 수 있다.

다.[282] 여기에서 중요한 점은 7월에 한 번, 10월에 또 한 번 사신을 보냈다는 사실이다. 대체로 신라 중대에 당에 사신을 7월이나 10월에 보낸 경우가 많지 않으며,[283] 3개월 차이로 연이어 사신을 보낸 데에도 특별한 이유가 있었을 것이다. 추측건대 7월에 새로운 왕비를 들였음을 알리는 사신을 보냈는데 당 왕조의 추인이 늦어지자 10월에 다시 사신을 보낸 것이 아닐까 싶다. 만약 이러한 추측이 허용된다면, 혜공왕은 12년 7월 이전에 김장의 딸을 차비로 맞이하였다고 볼 수 있다.[284] 즉 새 왕비를 맞아들임으로써 새로운 세력과 연합하여 왕권을 강화하고자 노력하였다는 것이다.

그러면 김장의 딸을 차비로 맞이한 이유는 무엇일까?[285] 김장에 대하여 알려진 바가 없어 단정하기는 힘들지만, 사서에서 전혀 찾아볼 수 없다는 사실을 볼 때 정치적으로 유력한 인물은 아니었을 것이다. 이같이 추정하는 이유는, 그동안 왕권 강화를 목표로 한 왕들이 아버지가 사망한 여성들을 후비로 맞아들였기 때문이다. 물론 혜공왕이 모후 세력으로부터 완전히 벗어나기 위하여 그를 지지해줄 세력이 필요하였을 수 있지만, 이미 김양상을 중심으로 한 정치세력이 존재하였다. 따라서 장인이 없어도 문제가 없었던 것이 아닐까 한다.

이 같은 혜공왕의 노력은 새로운 저항에 부딪혔다. 다음 기록에서 그 정황을 엿볼 수 있다.

G. 상대등 김양상金良相이 왕에게 글을 올려 시국의 정치를 극론極論하였다

282 이기백, 앞의 책, 1974, 235쪽.

283 권덕영, 앞의 책, 1997, 57~60쪽 및 69~70쪽 참조.

284 이영호는 혜공왕 13년(777) 상대등 김양상이 시정을 극론한 것을 통하여 이 무렵에 차비가 입궁하였을 것이라고 파악하였다(이영호, 앞의 책, 2014, 105쪽의 주 166) 참조).

285 이영호는 혜공왕이 원비와 차비를 동시에 두었다고 파악하였으며, 이는 특정 가문이 왕실을 지배하는 상황을 벗어나 귀족사회를 화합시키고자 한 혜공왕의 노력이라고 파악하였다(이영호, 앞의 책, 2014, 99~100쪽).

(『三國史記』 권9, 惠恭王 13년 4월).

위의 기록에서 상대등 김양상이 올린 상소의 내용을 알 수는 없지만, 시국의 정치를 극론하였다는 것으로 볼 때 혜공왕의 정치적 행위에 대하여 불만을 드러낸 것이 틀림없다.[286] 그렇다면 그가 불만을 드러낸 혜공왕의 조치는 무엇이었을까? 김양상의 정치적 활동을 살펴보면 이 같은 문제를 해결하는 데 도움이 될 것이다.

김양상은 경덕왕 23년 1월부터 혜공왕 4년 10월까지 약 4년 9개월가량 정권 교체기에 시중 직에 있었다. 그는 혜공왕 4년에 일어난 대공의 난에 대한 책임을 지고 시중 직에서 물러난 것으로 짐작되는데,[287] 이러한 사실로 미루어 볼 때 그는 혜공왕이 어린 나이에 즉위하고 만월부인이 섭정하는 것을 정치적으로 지지한 세력이었다고 할 수 있다. 새로운 왕이 즉위하였으나 시중 직에서 물러나지 않고 무려 4년간 그 자리에 있었다는 사실은 김양상이 만월부인과 정치적으로 밀접한 관계였음을 의미한다. 비록 대공의 난으로 말미암아 시중 직에서 물러났지만 김양상은 혜공왕 7년 성덕대왕신종을 제작할 때 김옹金邕과 더불어 주종 책임자로 참여하였다.[288] 이러한 사실로 볼 때 그는 혜공왕과 정치적으로 불가분의 관계에 있었던

286 혜공왕 13년 김양상의 상소에 대하여 여러 가지 해석이 나와 있다. ① 중대 왕권 복구에 대한 일련의 경고(이기백, 앞의 책, 1974, 236~237쪽; 김수태, 앞의 책, 1996, 125~135쪽), ② 혜공왕이 주도한 연합정치에 대한 반기이자 김양상으로 대표된 나물왕계 김씨 세력의 이탈(李文基, 앞의 논문, 1999, 838~839쪽), ③ 재앙과 이변에 적절하게 대처하지 못한 국왕의 실정에 대한 충성스러운 신하로서의 비장한 간언(이영호, 앞의 책, 2014, 159쪽), ④ 권력을 장악하면서 나타난 반대 세력의 움직임을 적극 차단하기 위한 상소(박해현, 앞의 책, 2003, 173~174쪽), ⑤ 재이 발생에 대한 상소(이기봉, 「신라 혜공왕대의 천거와 재이」, 『신라문화』 51, 2018, 160쪽) 등이 있다.

287 이문기, 앞의 논문, 1999, 822쪽.

288 「성덕대왕신종명」에서 다음 기록을 찾아볼 수 있다. "檢校使 肅政臺令 兼 修城府令 檢校感恩寺使 角干 臣金良相".

인물이다.

혜공왕 10년 9월 김양상은 이찬 신유神猷에 이어 상대등에 올랐다.[289] 이러한 사실은 그가 친혜공왕 세력일 가능성을 강하게 암시한다. 더 나아가 김양상은 혜공왕이 친정을 시작하자 만월부인과 거리를 두고 혜공왕과 밀접한 관계에 있었다고 짐작된다. 그러니까 만월부인이 섭정하는 동안에는 만월부인과 정치적으로 유기적 관계에 있었으나 혜공왕이 친정을 시도하자 혜공왕과 정치적으로 더 밀접한 사이가 되었다고 생각된다. 김양상이 신유에 이어 상대등에 오른 사실이 그 점을 입증한다.

이 같은 파악이 옳다면 김양상을 반혜공왕파적 인물이 아니라 왕당파로 파악하는 것이 옳아 보인다. 즉 혜공왕이 친정을 시작한 직후부터 김양상이 시정을 극론하는 상소문을 올리기 전까지 그가 혜공왕을 도와 정국을 주도하였다고 보아도 좋을 듯싶다. 또한 김양상의 어머니가 성덕왕의 딸이므로 김양상은 혜공왕과 인척관계에 있었다.[290] 그러한 김양상이 갑자기 시정을 극론하는 상소를 올렸다면 혜공왕의 어떤 정치적 행위에 대하여 강한 불만이 생겼다고 보아도 좋을 것이다. 이에 대하여 좀 더 구체적으로 검토해 보자.

혜공왕은 재위 7년 무렵에 만월부인의 섭정에서 벗어나면서 유력 진골귀족들, 즉 김옹과 김양상의 도움을 받아 정치를 주도하였다. 그것은 「성덕대왕신종명」을 통해 짐작할 수 있다. 명문에서 대각간 김옹은 상상上相으로 표기되었고 병부령兵部令·전중령殿中令을 비롯하여 다수의 요직을 겸한 당대 최고의 권력자였다.[291] 차비를 맞이한 후 김은거, 염상과 정문

---

289 『삼국사기』 권9, 혜공왕 10년 가을 9월.

290 김창겸, 『신라 하대 왕위계승 연구』, 경인문화사, 2003, 28쪽에서 김양상의 어머니 즉 사소부인을 성덕왕의 첫 번째 왕비인 성정왕후의 소생으로 파악하였다.

291 김수태, 「신라 중대의 대신과 재상—〈성덕대왕신종명〉을 중심으로—」, 『신라사학보』 45, 2019, 324쪽에서 "병부령으로서 상재에 있는 사람이 당시의 정권을 장악하면서 주

의 반란이 이어지는 가운데 혜공왕은 김양상을 주축으로 한 세력의 도움으로 반란을 진압하였고, 재위 12년에 이르러 여러 가지 개혁을 주도하게 되었다.[292]

그러면 어째서 김양상은 혜공왕 13년 4월에 시정을 극론하는 등 혜공왕을 반대하는 입장으로 돌아서게 되었을까. 앞서 보았듯이 관호의 복구는 김양상 일파의 도움으로 이루어졌다. 그렇다면 이 조치가 불만을 유발한 이유는 아니므로 다른 데에서 그 원인을 찾아야 할 것이다.

H-1. 왕은 어려서 왕위에 올랐는데, 장성하자 음악과 여자에 빠져 나돌아다니며 노는데 절도가 없고 기강이 문란해졌으며, 천재지변이 자주 일어나고 인심이 등을 돌려 나라가 불안하였다(『三國史記』 권9, 惠恭王 16년 봄 정월).

H-2. 건중建中 4년(783)에 건운建運(혜공왕)이 사망하였다. 아들이 없었으므로 국인國人들이 상상上相 김양상을 세워 왕으로 삼았다(『舊唐書』 권199상, 東夷列傳 新羅).

H-3. 일찍이 혜공왕 말년에 반역하는 신하가 발호跋扈했을 때 선덕은 당시 상대등으로서 임금 주위에 있는 나쁜 무리를 제거할 것을 앞장서 주장하였다. 경신도 여기에 참가하여 반란을 평정하는 데 공이 있었기 때문에 선덕이 즉위하자 곧바로 상대등이 되었다(『三國史記』 권10, 元聖王 즉위년).

H-1의 기록에 따르면 혜공왕은 장성하자 음악과 여자에 빠지고 자주 궁궐 밖을 돌아다녔다고 한다. 특히 여자에 빠지게 된 것이 혹시 두 명의 왕비로부터 자식을 얻지 못하여 그러하였던 것은 아닐까?[293]

도해 나갔다고 하겠다"라 하였다.

292 혜공왕 10년 이후 김옹이 기록에서 보이지 않는 것으로 보아 사망하였을 가능성이 있다(이문기, 앞의 논문, 1999, 821쪽).

293 물론 혜공왕이 시해당하였기 때문에 자식을 두지 못하였다고 할 수도 있지만, 두 명의 왕비가 있었고 재위 후반기에는 성년이었기 때문에 자식을 얻을 기회가 있었다고 보는

그런데 H-3의 기록을 보면 김양상이 시정을 극론한 이유를 어느 정도 헤아릴 수 있다. 임금 주위에 있는 나쁜 무리로 인해 혜공왕의 정국 운영이 쉽지 않았던 것 같다. 그러면 도대체 김양상이 말하는 나쁜 무리는 누구를 말하는 것일까.

혜공왕 주위에 있는 나쁜 무리를 혜공왕의 삼촌과 사촌들로 볼 수도 있지만,[294] 필자의 생각에는 만월부인과 두 왕비가 아닐까 싶다. 원비는 만월부인이 섭정할 때 맞아들인 왕비이고, 차비는 혜공왕이 친정을 시작한 이후 맞아들인 왕비이기 때문에 두 세력은 정치적 성격을 달리하였음에 틀림없다. 이들은 자파 세력을 키우기 위해 다른 세력들을 견제하였을 것이고 그러한 과정에서 밀려난 김지정이 반란을 일으킨 것으로 볼 수 있다.

결국 혜공왕이 두 명의 왕비를 둔 조치는 귀족 세력의 화합을 낳기는커녕 더 많은 분란을 초래하고 말았다. 원비의 세력을 제어하지 못한 채 차비의 세력을 맞이한 결과 두 세력 사이의 분쟁이 갈수록 심화된 것으로 짐작된다. 이러한 분란의 소용돌이에서 두 왕비를 중심으로 한 외척 세력은 더욱 비대해졌고 혜공왕이 더 이상 손쓸 수 없는 지경에 이르렀다고 할 수 있다.

이와 같은 상황에서 H-1의 기록과 달리 『삼국유사』에는 김양상 일파가 혜공왕을 시해하였다고 기록되어 있다.[295] 이에 대하여 학계에서는 의

것이 합리적이다.

294 전덕재, 앞의 논문, 2018, 302쪽에서 혜공왕이 후손을 두지 못했기 때문에 삼촌과 사촌들이 왕위 계승 후보자였다고 하였다.

295 어린 왕은 본래 여자로 태어날 운명인데 남자가 되었으므로 돌날부터 왕위에 오를 때까지 항상 婦女가 즐기는 놀이를 하고, 비단주머니(錦囊) 차기를 좋아하였으며, 道流와 어울려 戲弄하였다. 그러므로 나라에 큰 난리가 있어 마침내 왕은 宣德과 金良相에게 시해되었다(『삼국유사』 권2, 기이 2, 경덕왕·충담사·표훈대덕). 여기에 보이는 김양상은 김경신을 잘못 기록한 것이다.

견이 나뉘어 있는데,[296] 아무래도 『삼국유사』의 기록에서 보이는 것처럼 김양상 일파가 혜공왕을 시해했다고 보는 것이 옳지 않을까 싶다.[297] 앞에서도 밝혔듯이 김양상은 성덕왕이 외조부이므로 혜공왕과도 혈연적으로 밀접한 관계에 있었다. 이러한 상황에서 두 명의 왕비를 중심으로 한 외척 세력의 발호는 혜공왕대 후반기 정국 운영의 걸림돌이 되었을 것이다. 이에 김양상은 김지정이 반란을 일으키자 그것을 이용하여 혜공왕과 태후 그리고 두 왕비를 제거한 것으로 생각된다.

* * *

신라 중대 말 혜공왕대의 정국은 그야말로 혼란의 도가니였다. 8세 왕의 즉위로 시작된 만월부인의 섭정 그리고 혜공왕의 친정으로 이어지는 동안 발생한 여러 차례의 반란이 그러한 사실을 말해 준다. 결국 반란병에 의하여 왕과 만월부인, 두 명의 왕비가 함께 시해당하였다. 어찌 보면 신라 중대가 혜공왕을 마지막으로 마감할 수밖에 없는 상황에 직면하였던 것이다. 다시 말해서 신라 중대에 누적된 여러 정치적 혼란이 결국 혜공왕의 죽음으로 끝맺었다고 할 수 있다.

혜공왕이 두 번이나 혼인한 것은 당시의 정치 상황 때문이었다. 첫 번째 혼인은 왕모의 섭정에서 비롯되었고, 두 번째 혼인은 친정을 시작하면서

296 전덕재, 앞의 논문, 2018, 298~299쪽의 각주 50) 참조.

297 전덕재는 김양상(선덕왕)이 자신의 의지와 무관하게 어쩔 수 없이 추대되어 왕위에 올랐다고 언급한 점, 재위 기간 동안 왕위를 양보하려 하였던 점 등을 두루 감안하면, 김양상이 과연 보위를 차지하기 위해 수단과 방법을 가리지 않은 야심가였는가에 대해서 의문을 가지지 않을 수 없다고 하였다(전덕재, 앞의 논문, 2018, 301쪽). 그렇지만 선덕왕의 유조 내용을 그대로 수용하기 힘든 측면도 있다. 왜냐하면 김양상 자신이 혜공왕을 시해하는 데 일조하고 왕위에 오른 만큼 그 일을 변명해야 하였기 때문이다. 유조의 내용을 뒤집어 볼 필요도 있는 것이다.

왕권을 강화하고 후사를 잇기 위한 목적으로 이루어졌다.

사실 두 번의 혼인은 신라 중대의 여러 왕들이 행한 바 있다. 다만 혜공왕은 선대의 왕들과 달리 원비를 출궁시키지 않고 그대로 둔 상태에서 차비를 맞이하였다. 즉 두 명의 왕비를 둠으로써 귀족 세력들을 통합하려 하였으나 오히려 두 외척 세력이 첨예하게 대립함으로써 국정이 혼란해졌고, 결국 혜공왕과 두 왕비, 만월부인까지 모두 시해당하는 파국에 이른 것이다.

혜공왕은 두 명의 왕비를 동시에 둠으로써 일부일처제를 지향한 신라 중대 왕실의 혼인 원칙을 깨뜨렸다. 이는 정치적 파국뿐만 아니라 무열왕계의 몰락을 가져오는 중요한 원인을 제공하였다.

신라 중대 왕권과 외척 세력
—결론에 대신하여—

전근대 국가에서 왕실혼은 새로운 성원을 생산하여 왕실을 유지하고 지속하는 방법이었다. 또한 왕실은 최고 신분층이나 정치 권력의 핵심에 위치한 인물의 딸을 왕 혹은 태자의 배필로 맞이함으로써 정국 방향을 바꾸거나 정치 권력의 지형을 변화시켜 왕권을 안정시키거나 강화하고자 하였다. 그러므로 왕실은 신중에 신중을 거듭하여 왕비나 태자비를 선택하였다. 신라 중대 왕실혼도 이러한 범주에서 크게 벗어나지 않았다. 따라서 왕실혼은 당대 정치사의 단면을 조망하게 해줄 중요한 정보를 제공한다고 해도 과언이 아니다.

태종무열왕 김춘추로부터 시작하여 여덟 명의 왕, 약 125년간 존속한 신라 중대 무열왕계는 혜공왕을 끝으로 역사 속으로 사라졌다. 태종무열왕부터 혜공왕까지 이어진 신라 중대 왕실혼에는 몇 가지 특징이 있다. 첫째로, 총 여덟 명의 왕 중 네 명(신문왕·성덕왕·효성왕·경덕왕)이 먼저 맞이한 왕비를 출궁시킨 다음 후비를 맞이하였다. 그러한 정치적 행위가 이루어진 사실을 한 가지 이유만으로 설명할 수는 없지만, 적어도 그것이 외척 세력과 대립하는 과정에서 불거진 사건이었음에는 틀림없다. 둘째로, 특정한 집안에서 연속해서 후비를 맞이하였다. 이러한 사실도 왕이 외척 세력과 불가분의 관계에 있었음을 말해 준다. 따라서 신라 중대 왕실혼은 외척 세력과 끝없이 이어진 대립과 갈등의 산물이었다.

태종무열왕 김춘추는 열 명의 아들을 두었는데, 문희 소생의 적자가 일곱 명, 서자가 세 명이었다. 서자가 있었다는 것은 무열왕이 중혼하였음을 의미한다. 그는 딸도 다섯 명이 있었는데, 그중 고타소랑은 첫 번째 부인의 자식임이 분명하고 요석공주, 김흠운과 혼인한 딸, 김유신에게 시집간 지소는 모두 문희 소생이다.

김춘추는 김유신의 여동생인 문희를 두 번째 부인으로 맞이한 다음 김유신의 군사적 기반을 이용하여 주위 세력을 물리치고 왕위에 올랐다. 태종무열왕은 왕위를 계승하자 첫 번째 부인 대신에 문희를 왕비로 삼았으며, 딸 지소를 김유신에게 시집보냈다. 그는 혼인을 통해 김유신 집안과 더욱 밀접한 관계를 유지함으로써 왕권을 신장하고 더 나아가 삼국통일의 기틀을 마련하였다.

김춘추가 김유신의 여동생을 아내로 맞이한 것은 김유신의 모계를 염두에 둔 것이라 볼 수 있다. 김유신의 모계를 거슬러 올라가 보면 진흥왕의 동복과 연결되어 김춘추 집안과도 무관하지 않았다. 즉 김춘추와 문희의 혼인은 진흥왕과 혈연관계에 있던 방계 후손들이 만난 것으로, 무열왕계 왕실의 출발점으로서 그 의미가 크다.

태종무열왕의 맏아들인 문무왕 법민은 태자로 책봉되기 이전에 혼인하였다. 문무왕의 비는 자의왕후로 아버지의 이름은 선품이며 그는 구륜공의 아들이다. 구륜공은 진흥왕의 셋째 아들이므로 자의왕후에게 진흥왕은 증조부가 된다. 그러니까 김법민과 구륜공 손녀의 혼인 역시 진흥왕의 방계 후손들 간에 이루어진 혼인이다. 김춘추-문희의 혼인과 김법민-구륜공 손녀의 혼인은 모두 인통姻統을 유지한 결합이었다. 문무왕은 자의 왕후 외에 부인을 두지 않았으며, 외척 세력으로 인한 정치적 혼란도 겪지 않았다. 그것은 문무왕이 오랫동안 전쟁을 치르면서 외척 세력을 적절하게 이용한 결과로 보아도 좋지 않을까 싶다.

문무왕이 아들 정명을 태자로 책봉한 때는 부여융과 취리산에서 회맹을 치르고 돌아온 직후였다. 그가 이 시점에 태자를 책봉한 이유는 당의 공세를 벗어나려는 목적도 있었지만 추락한 왕의 권위를 대내외적으로 드러내기 위한 것이기도 하였다. 문무왕은 죽기 직전에 남긴 유조에서 아들 신문왕이 자신의 관 앞에서 즉위하라고 당부하였다. 이는 당의 지원으로 움직이는 동생 김인문의 정치적 활동을 염려한 조치였다.

신문왕 정명은 태자 시절에 혼인하였다. 왕비는 김흠돌의 딸로 부왕인 문무왕이 개입한 정치적 혼인이었다. 김흠돌은 6정 군단의 최고 책임자로 활동하였기에 문무왕이 군대를 운용하려면 그의 힘을 빌리지 않을 수 없었다. 그러나 신문왕은 왕위를 계승하자 장인 김흠돌을 제거하고 왕비를 출궁시켰다. 정치적으로 성장한 외척 세력을 제거한 것이다.

신문왕은 곧바로 당의 혼인 의례인 친영례를 통해 거의 30세에 가까운 사촌 여동생을 후비로 삼았다. 후비인 신목왕후의 아버지 김흠운은 태종무열왕의 사위로 655년 조천성 전투에서 사망한 인물이다. 따라서 신문왕은 신목왕후 집안이 외척 세력으로 쉽게 성장하지 못할 것이라고 생각한 듯하다. 그가 김흠운의 딸을 후비로 맞이한 또 다른 이유는 두 사람이 일찍부터 관계하여 무려 세 명의 아들을 두었기 때문이다. 어쨌든 신문왕과 신목왕후의 혼인은 진흥왕의 핏줄이 계속해서 유기적으로 결합하는 족내혼의 전형을 보여 준다.

효소왕 이홍은 원자가 아님에도 신문왕대에 태자로 책봉되었고, 신문왕 사후에 왕위를 계승하였다. 그가 재위 중에 혼인하였다는 기록이 보이지는 않으나 왕녀를 두었다는 기록으로 미루어 볼 때 혼인하였을 가능성이 있다. 그런데 효소왕 재위 전반기에는 왕모인 신목태후와 함께 정국을 운영하였기 때문에 왕권을 행사하기가 쉽지 않았다. 이후 효소왕이 친정하면서 신목태후 세력과 거리를 두려고 하였으나, 왕모가 주도한 경영의 난으로 말미암아 왕권이 크게 흔들렸다. 결국 효소왕대 후반기에는 모후 세력으로 인하여 정국이 혼란하였고 외척 세력이 발호한 것으로 보아도 무리가 없다. 신문왕이 신목왕후를 왕비로 맞아들일 때의 의도와는 다른 결과가 나타난 것이다.

효소왕 사후에 국인이 추대하여 22세에 왕위에 오른 성덕왕 홍광은 김원태의 딸을 왕비로 맞이하였다. 그를 추대한 국인 세력 안에서 배필을 정한 것이다. 이는 신라 중대 왕실의 시작과 함께 지속된 범진흥왕계의 인통에서 벗어난 첫 번째 사례이다. 성덕왕은 국인의 추대로 왕위를 계승한 만큼 재위 초반에는 왕권이 강하지 못하였다. 그러나 점차 여러 가지 정책을 추진하였고, 특히 백관잠을 지어 신하들에게 따르게 하는 등 왕권을 어느 정도 안정시켜 나갔다. 성덕왕이 성정왕후와의 사이에서 태어난 아들 중경의 태자 책봉을 미루자 왕비의 아버지인 김원태 세력은 불만이 커져 갔을 것이다. 이러한 상황에서 성덕왕은 성정왕후와 정치적으로 타협하여 왕후의 출궁을 조건으로 중경의 태자 책봉을 약속하였다. 성덕왕의 약속은 지켜졌으나 얼마 후 태자가 사망한 것을 볼 때, 외척 세력을 배척하는 과정에서 의도적으로 일어난 사건이 아닐까 짐작된다.

성정왕후의 출궁 이후 성덕왕은 김순원의 딸을 후비로 맞이하였다. 성덕왕이 이 혼인을 통해 추구한 것은 왕권 강화였고, 어느 정도 성공을 거두었다. 그렇지만 후비인 소덕왕후가 사망한 이후 죽을 때까지 약 13년간 왕비 없이 혼자 지낸 것은 외척 세력의 발호를 염려한 때문으로 짐작된다.

성덕왕의 이 같은 생각과 의지는 아들인 효성왕 승경에게도 이어졌다.

효성왕은 태자 시절에 박씨 집안의 여인과 혼인하였다. 이는 김씨 왕비를 맞이하던 관행에서 벗어난 파격적인 혼인으로서, 아버지 성덕왕의 의지가 반영된 것이었다. 그러나 효성왕은 밝혀지지 않은 이유로 박씨 왕비와 헤어지고 김순원의 손녀를 후비로 맞이하였다. 2대에 걸쳐 김순원 집안에서 왕비를 배출한 것으로 보아 효성왕도 외척 세력의 영향력에서 벗어나기가 어려웠던 것 같다.

효성왕은 외척인 김순원 집안과 거리를 두기 위해 동모제인 헌영을 태자로 책봉하였다. 그는 왕비보다 후궁을 총애하며 왕권의 강화를 꾀하였으나, 김순원 집안의 반격을 받아 후궁의 아버지 영종의 반란은 실패로 끝났다. 이는 효성왕이 외척 세력에게 휘둘렸을 뿐만 아니라 왕권이 매우 약하였음을 알려 준다.

효성왕 사후에 동모제인 경덕왕 헌영이 왕위를 계승하였다. 그는 효성왕이 김순원의 손녀를 왕비로 맞이할 무렵에 김순정의 딸인 삼모부인을 배필로 삼았다. 김순정은 대일본 교역을 통해 막대한 부를 축적한 인물로서 헌영이 혼인할 무렵에는 이미 사망한 상태였다. 외척 세력을 만들지 않으려는 효성왕이 의도적으로 김순정의 딸을 태자의 배필로 선택한 것이다.

그러나 경덕왕은 왕위에 오르자마자 삼모부인을 폐출하였다. 기존 연구들은 그 이유를 왕비가 아들을 낳지 못하였다는 기록을 근거로 하여 설명하였으나, 필자가 자세히 살펴본 결과 왕비 집안이 대외정책에 혼선을 일으켰기 때문임을 알 수 있었다. 즉 대일본 교역을 통해 막대한 경제력을 쌓은 왕비 집안은 친당정책을 추진한 경덕왕과는 추구하는 외교정책의 방향이 달랐다. 또한 경덕왕은 삼모부인 측의 경제력이 외척 세력으로 성장하는 데 주요 발판으로 작용할 것을 염려하여 왕비를 출궁시켰다고 이해할 수 있다. 이 과정에서 경덕왕은 삼모부인과 타협하여 그녀를 사량부인으로 봉하였다. 비록 삼모부인을 왕실 밖으로 나가 살게 하였으나 그녀의 위상을 고려한 특별 조치였다.

경덕왕은 삼모부인을 출궁시킨 후 만월부인을 왕비로 삼았다. 만월부인의 아버지인 김의충은 효성왕대에 사망하였기 때문에 외척 세력의 성장에 대한 염려를 덜 수 있었다. 만월부인이 아들이 없는데도 15년이나 왕비 자리에 있었던 것도 같은 선상에서 이해할 수 있다. 그렇지만 경덕왕은 재위 후반기에 황룡사종을 주조할 때 삼모부인의 도움을 받을 정도로 선비와 협력 관계를 유지하였다. 이는 경덕왕이 신라 중대 왕실에서 추구한 일부일처제 원칙을 지키기는 하였으나 선비와 관계를 유지하는 사례를 만들어 왕실의 혼인 원칙을 무너뜨리는 시발점이 되었다는 점에서 주목하지 않을 수 없다.

이러한 가운데 경덕왕이 어린 아들인 건운을 두고 세상을 떠나자 만월부인이 섭정을 하게 되었다. 비록 김의충이 죽고 없었으나 만월부인을 중심으로 한 세력의 영향력이 컸으므로 혜공왕은 외척 세력의 영향력에서 벗어나기가 힘들었다. 혜공왕의 혼인도 만월부인이 주도하였으므로 왕권 약화는 불 보듯 뻔한 상황이었다. 시간이 지나 혜공왕이 친정할 수 있는 나이에 이르자 그는 만월부인을 중심으로 한 외척 세력을 견제하기 위해서 원비를 둔 상태에서 차비를 맞이하였다. 이러한 정치적 노력은 도리어 지지 세력의 반발을 초래하였고, 그 결과 반란의 와중에서 목숨을 잃고 말았다. 또한 혜공왕의 혼인은 신라 중대 왕실의 혼인 방식과 전혀 다른 방향으로 진행된 것으로 무열왕계 몰락의 원인을 제공하였다고 해도 과인이 아니다.

이상에서 살펴보았듯이 신라 중대 왕실을 중심으로 한 왕 혹은 태자의 혼인은 결과적으로 외척 세력과의 끊임없는 정치적 대결 구도를 양산하였다. 선비를 출궁시키고 후비를 맞이하는 관습은 이 같은 정치적 구도하에서 진행되었다. 그 과정에서 김순원 집안의 딸이 각각 성덕왕과 효성왕의 후비가 되었는데, 이는 외척 세력의 영향력이 정국 동향에 큰 영향을 미쳤을 뿐만 아니라 왕권이 상대적으로 약화되었음을 보여 준다. 또한 왕이 어린 나이에 왕위를 계승하거나 국인의 추대로 왕위에 올랐을 때에는 모후 세력이나 국인 세력이 왕권을 제약하는 요소로 작용하였다.

신라 중대 왕실 혼인의 또 다른 특징은 족내혼, 족외혼과 관련된다. 태종무열왕대에 처음 맺어져 효소왕까지 이어진 범진흥왕계 간의 혼인은 족내혼 성격을 띠었다. 성덕왕은 족내혼을 차단하고 족외혼으로 나아가는 돌파구를 마련하였다. 경덕왕대부터 김순원 세력이 더 이상 보이지 않는 것으로 볼 때 족외혼이 정착되었음을 알 수 있다.

신라 중대 왕실혼이 족내혼에서 족외혼으로 바뀌자 왕비를 배출하려는 진골 귀족들의 열망이 충족될 환경이 만들어졌다. 그러나 혜공왕이 일부일처제를 부정하고 중혼함으로써 신라 중대 왕실의 혼인 원칙을 무너뜨렸고, 결국 중대 무열왕계는 끊어지고 말았다. 외척 세력을 제어하고자 두 명의 왕비를 함께 둔 정치적 결정이 오히려 무열왕계를 끊어버리는 계기가 되었다는 것은 역사의 아이러니라 할 수밖에 없다.

참고문헌

1. 저서

강만길 외, 『한국사 3』, 한길사, 1994.
權憲永, 『古代韓中外交史－遣唐使硏究－』, 一潮閣, 1997.
권순형, 『고려의 혼인제와 여성의 삶』, 혜안, 2006.
金福順, 『新羅華嚴宗硏究』, 民族社, 1990.
———외, 『江原佛教史硏究』, 小花, 1996.
———, 『한국 고대 불교사 연구』, 민족사, 2002.
김상기, 『東方史論叢』, 서울대학교출판부, 1974.
金壽泰, 『新羅中代政治史硏究』, 一潮閣, 1996.
김영미, 『新羅 彌陀淨土思想 硏究』, 民族社, 1988.
김영하, 『신라중대사회연구』, 일지사, 2007.
金昌謙, 『新羅 下代 王位繼承 硏究』, 京仁文化社, 2003.
———, 『신라 하대 국왕과 정치사』, 온샘, 2018.
김철준, 『한국고대사회연구』, 지식산업사, 1975.
김태식, 『화랑세기, 또 하나의 신라』, 김영사, 2002.
문경현, 『增補新羅史硏究』, 도서출판 춤, 2000.
朴南守, 『新羅手工業史』, 신서원, 1996.
박명호, 『7세기 신라 정치사의 이해』, 京仁文化社, 2017.
朴海鉉, 『신라중대 정치사연구』, 국학자료원, 2003.
서정목, 『향가 모죽지랑가 연구』, 서강대학교 출판부, 2014.
———, 『요석』, 글누림, 2016.
———, 『삼국 시대의 원자들』, 역락, 2017.
선석열, 『신라 왕위계승 원리 연구』, 혜안, 2015.

신라사학회 편, 『흥무대왕 김유신 연구』, 경인문화사, 2011.
신정훈, 『8세기 신라의 정치와 왕권—8세기 신라의 정치적 추이와 천재지변의 성격—』, 한국학술정보, 2010.
申瀅植, 『統一新羅史硏究』, 삼지원, 1990.
양기석, 『新羅 西原小京 硏究』, 서경문화사, 2001.
연세대학교 박물관, 『파른본 삼국유사 교감』, 연세대학교 박물관, 2016.
李基東, 『新羅骨品制社會와 花郞徒』, 一潮閣, 1984.
李基白, 『新羅政治社會史硏究』, 一潮閣, 1974.
———, 『新羅時代의 國家佛敎와 儒敎』, 韓國硏究院, 1978.
———, 『韓國史講座 Ⅰ—古代篇』, 一潮閣, 1982.
———, 『新羅思想史硏究』, 一潮閣, 1986.
———, 『한국사신론』(신수판), 一潮閣, 1990.
———, 『韓國史 轉換期의 문제들』, 지식산업사, 1993.
——— 외, 『韓國史上의 政治形態』, 一潮閣, 1993.
———, 『韓國古代政治社會史硏究』, 一潮閣, 1996.
———, 『韓國古典硏究』, 一潮閣, 2004.
李德成, 『朝鮮古代社會硏究』, 정음사, 1949.
이병도, 『국역 삼국사기』, 을유문화사, 1977.
이영호, 『신라 중대의 정치와 권력구조』, 지식산업사, 2014.
이인철, 『신라 정치경제사 연구』, 일지사, 2003.
이종욱 외, 『韓國史上의 政治形態』, 一潮閣, 1993.
李鍾旭, 『新羅骨品制硏究』, 一潮閣, 1999.
———, 『신라의 역사 2』, 김영사, 2002.
이주희, 『수로부인과 김순정가』, 지성인, 2019.
李昊榮, 『新羅三國統合과 麗·濟敗亡原因硏究』, 書景文化社, 1997.
李熙德, 『韓國古代 自然觀과 王道政治』, 혜안, 1999.
장원섭, 『신라 삼국통일 연구』, 학연문화사, 2018.
전덕재, 『한국 고대사 연구의 새 동향』, 서경문화사, 2007.
전북전통문화연구소, 『후백제 견훤정권과 전주』, 주류성, 2001.
주보돈, 『김춘추와 그의 사람들』, 지식산업사, 2018.
채미하, 『신라 국가제사와 왕권』, 혜안, 2008.
———, 『신라의 오례와 왕권』, 혜안, 2015.
하워드 J. 웨슬러 지음, 임대희 옮김, 『비단같고 주옥같은 정치』, 고즈윈, 2005.
하일식, 『신라 집권 관료제 연구』, 혜안, 2006.
한국고대학회 편, 『취리산회맹과 백제』, 혜안, 2010.
한국목간학회 편, 『문자와 고대 한국 1』, 주류성, 2019.
한준수, 『신라중대 율령정치사 연구』, 서경문화사, 2012.

今西龍,『新羅史研究』, 近澤書店, 1933.
旗田巍·井上秀雄 編,『古代の朝鮮』, 學生社, 1974.
氣賀澤保規,『絢爛たる世界帝國一隋唐時代』, 講談社, 2005.
末松保和,『新羅史の諸問題』, 東洋文庫, 1954.
濱田耕策,『新羅國史の研究』, 吉川弘文館, 2002.
鈴木靖民,『古代對外關係史の研究』, 吉川弘文館, 1985.
井上秀雄,『古代朝鮮』, 日本放送出版協會, 1972.
―――,『新羅史基礎研究』, 東出版, 1974.
井上秀雄 譯注,『三國史記 1』(東洋文庫 372), 平凡社, 1980.

2. 논문

강진원,「신라 중대 宗廟制 운영과 五廟 始定」,『역사학보』 245, 2020.
강진철,「신라의 녹읍에 대하여」,『이홍직박사회갑기념 한국사학논총』, 신구문화사, 1969.
곽승훈,「황룡사의 위상과 소속 승려들의 활동」,『황룡사 복원 기반 연구』(황룡사연구총서 6), 2010.
권기현,「8세기 중엽 신라의 對唐關係―在唐 新羅人 金日晟 墓誌銘을 중심으로―」,『한국고대사탐구』 35, 2020.
권덕영,「金仁問 小傳」,『文化史學』 21, 2004.
近藤浩一,「景德王代 王子 金太廉의 日本派遣 事情」,『韓國古代史探究』 5, 2010.
김복순,「新羅 下代 華嚴의 一例」,『史叢』 33, 1988.
김상기,「甄萱의 家鄕에 대하여」,『가람李秉岐博士頌壽紀念論文集』, 1966.
김선주,「신라 경덕왕대 삼모부인(三毛夫人)의 생애와 정치적 의미」,『역사학연구』 44, 2011.
김성혜,「만파식적 관련 연구사 검토(Ⅰ)」,『신라문화제학술논문집』 39, 2018.
金壽泰,「新羅 聖德王·孝成王代 金順元의 政治的 活動」,『東亞研究』 3, 1983.
―――,「新羅中代 專制王權과 眞骨貴族」, 서강대학교 사학과 박사학위논문, 1990.
―――,「신라 문무왕대의 대복속민 정책―백제유민에 대한 관등수여를 중심으로―」,『신라문화』 16, 1998.
―――,「문무왕」,『韓國史市民講座』 13, 일조각, 1993.
―――,「羅唐關係의 變化와 金仁問」,『백산학보』 52, 1999.
―――,「신라 혜공왕대 만월부인의 섭정」,『新羅史學報』 22, 2011.
―――,「신라 신문왕대 국왕 친영례의 시행」,『新羅史學報』 29, 2013.
―――,「신라사에서의 전제정치론과 왕권」,『역사와 담론』 85, 2018.
―――,「신라 중대의 대신과 재상―〈성덕대왕신종명〉을 중심으로―」,『新羅史學報』

45, 2019.
金榮官,「古代 淸州地域의 歷史的 動向」,『白山學報』 82, 2008.
김영미,「統一新羅時代 阿彌陀信仰의 歷史的 性格」,『韓國史硏究』 50·51합집, 1985.
———,「聖德王代 專制王權에 대한 一考察—甘山寺 彌勒像·阿彌陀像銘文과 관련하여—」,『梨大史苑』 22·23합집, 1988.
김은숙,「8세기의 신라와 일본의 관계」,『國史館論叢』 29, 1991.
김종복,「8세기 초 나당관계의 재개와 사신 파견—『삼국사기』 신라본기의 기사의 오류 수정을 중심으로—」,『震檀學報』 126, 2016.
金志垠,「경덕왕대의 대일외교—752년 교역의 성격을 중심으로—」,『新羅文化』 30, 2007.
金昌謙,「新羅時代 太子制度의 性格」,『韓國上古史學報』 13, 1993.
———,「新羅 眞興王의 卽位過程」,『韓國上古史學報』 23, 1996.
———,「신라 宣德王의 즉위에 대한 재검토」,『韓國古代史探究』 25, 2017.
김창석,「韓國 古代 市의 原形과 性格變化」,『韓國史硏究』 99·100합집, 1997.
———,「8세기 신라·일본간 외교관계의 추이」,『歷史學報』 184, 2004.
김창현,「신라왕실과 고려왕실의 칭호」,『한국고대사연구』 55, 2009.
김태식,「月經과 暴巫, 두 키워드로 본 '모략가' 김유신」,『白山學報』 70, 2004.
———,「金庾信의 興武大王 추봉 시기」,『新羅史學報』 6, 2006.
———,「'王母'으로서의 新羅 神睦太后」,『新羅史學報』 22, 2011.
김홍규,「정복자와 수호자—5~7세기 한국사의 왕립 금석문과 왕권의 수사—」,『고전문학연구』 44, 2013.
나희라,「新羅의 卽位儀禮」,『韓國史硏究』 116, 2002.
두창구,「만파식적고」,『강원민속학』, 7·8합집, 1990.
文暻鉉,「新羅 朴氏의 骨品에 대하여」,『歷史教育論集』 13·14합집, 1990.
———,「金庾信의 婚姻과 家族」,『文化史學』 27, 2007.
文明大,「新羅 法相宗(瑜伽宗)의 成立問題와 그 美術 (下)—甘山寺 彌勒菩薩像 및 阿彌陀佛像과 그 銘文을 中心으로—」,『歷史學報』 63, 1974.
박광연,「한국 오대산신앙 관련 자료의 검토—『삼국유사』 기록의 비판적 해석—」,『사학연구』 118, 2015.
朴南守,「統一主導勢力의 形成과 政治改革」, 慶尙北道·東國大學校 新羅文化硏究所 編,『統一期의 新羅社會 硏究』, 1987.
———,「新羅 聖德王代 '上宰' 金順貞과 對日交易」,『新羅史學報』 25, 2012.
박문옥,「『화랑세기』로 본 金庾信의 世系, 姻統과 婚姻—신라 골품제하에서의 지위—」,『韓國上古史學報』 43, 2004.
박미선,「新羅 五臺山信仰의 成立 時期」,『韓國思想史學』 28, 2007.
朴淳教,「金春秋의 執權過程 硏究」, 慶北大 博士學位論文, 1999.
박인희,「〈信忠掛冠〉과 〈怨歌〉 연구」,『新羅文化』 28, 2006.

박해현,「신라 효성왕대 정치세력의 추이」,『역사학연구』 12, 1993.
───,「신라중대의 성립과 신문왕의 왕권강화」,『호남학연구』 24, 1996.
───,「新羅 聖德王代 정치세력의 추이」,『韓國古代史研究』 31, 2003.
박현숙,「『삼국유사』「기이」편 太宗 春秋公條의 내용 구성과 神異性」,『신라문화제학술발표논문집』 39, 2018.
배재훈,「성덕왕의 왕위 계승 과정 검토」,『한국전통문화연구』 16, 2015.
서영교,「신문왕의 혼례의—≪고려사≫ 예지와의 비교를 통하여—」,『백산학보』 70, 2004.
서정목,「효소왕의 출생시기 관련 기록 검토」,『震檀學報』 122, 2014.
───,「『삼국유사』의 '淨神王'·'淨神 太子'에 대한 재해석—『삼국유사』 권3, 탑상 4「대산 오만 진신」과「명주 오대산 보질도 태자 전기」를 중심으로—」,『韓國古代史探究』 19, 2015.
───,「『삼국사기』의 '元子'의 용법과 신라 중대 왕자들」,『韓國古代史探究』 21, 2015.
───,「신라 34대 孝成王의 계비 惠明王妃의 아버지에 관하여」,『震檀學報』 126, 2016.
───,「입당 구법승 교각〔地藏〕, 무상, 무루의 정체와 출가계기」,『西江人文論叢』 47, 2016.
선석열,「신라사 속의 가야인들」,『한국 고대사 속의 가야』, 혜안, 2001.
辛鍾遠,「新羅五臺山事蹟과 聖德王의 即位背景」,『崔永禧先生華甲紀念 韓國史學論叢』, 探求堂, 1987.
안주홍,「통일기 신라 왕실의 후비제 검토」, 한국고대사학회 제132회 발표문, 2013.
───,「신라 혜공왕대 종묘제의 개편과 그 함의」,『역사와 경계』 111, 2019.
연민수,「통일기 신라와 일본관계: 공적 교류를 중심으로」,『강좌 한국고대사』 4, 가락국사적개발연구원, 2003.
염중섭,「보천과 효명의 오대산 은거 기록 속 문제점 검토」,『한국불교학』 95, 2020.
윤선태,「신라 중대의 율령—중국 율령 수용의 신라적 특질과 관련하여—」,『강좌 한국고대사』 3, 가락국사적개발연구원, 2003.
───,「新羅 中代末~下代初의 地方社會와 佛教信仰結社」,『新羅文化』 26, 2005.
윤재운,「신라 성덕왕·효성왕대의 정치와 사회—『三國遺事』 聖德王·水路夫人·孝成王條를 중심으로—」,『신라문화제학술발표논문집』 39, 2018.
윤진석,「태종무열왕 김춘추의 재조명」,『경주문화』 17, 2011.
윤태양,「孝成王代의 정치·외교적 動向과 景德王으로의 왕위 계승」,『震檀學報』 135, 2020.
───,「孝昭王代 후기 新羅의 對唐사절 파견의 의미」,『한국문화』 92, 2020.
이근직,「신라의 상장례와 능원제도」,『신라문화제학술발표논문집』 28, 2007, 208쪽.
李基東,「新羅 金入宅考」,『震檀學報』 45, 1978.

———,「新羅 聖德王代 政治와 社會－'君子國'의 內府事情－」,『歷史學報』160, 1998.
———,「聖德大王神鐘 造成의 歷史的 背景」,『聖德大王神鐘』, 국립경주박물관, 1999.
李基白,「新羅 惠恭王代의 政治的 變革」,『社會科學』2, 1958.
———,「신라 집사부의 성립」,『진단학보』25·6·7 합병호, 1964.
———,「浮石寺와 太白山」,『三佛金元龍教授停年退任紀念論叢 II』, 一志社, 1987.
———,「三國遺事 塔像篇의 意義」,『斗溪李丙燾博士九旬紀念 韓國史學論叢』, 知識產業社, 1987.
李文基,「新羅 惠恭王代 五廟制 改革의 政治的 意味」,『白山學報』52, 1999.
이병욱,「≪삼국유사≫의 '賢瑜珈 海華嚴'의 사상적 의미」,『신라 왕경유적과 고승이야기』, 경주시·신라문화선양회, 동국대학교 신라문화연구소, 2013.
李成制,「唐 高宗의 泰山 封禪과 高句麗의 對應을 둘러싼 몇 가지 문제」,『高句麗渤海研究』64, 2019.
이승현,「新羅의 東宮制度」,『韓國古代史研究』55, 2009.
이영호,「신라 문무왕릉비의 재검토」,『역사교육논집』8, 1986.
———,「新羅 中代의 政治와 權力構造」, 경북대학교 사학과 대학원 박사학위논문, 1995.
———,「新羅의 王權과 貴族社會－중대 국왕의 혼인 문제를 중심으로－」,『新羅文化』22, 2003.
———,「통일신라시대의 王과 王妃」,『신라사학보』22, 2011.
———,「신라 중대 성덕왕대의 정치적 동향과 왕비의 교체」,『신라사학보』22, 2011.
李仁哲,「新羅 中代의 政治形態」,『韓國學報』77, 1994.
이종욱,「역사학적 연구의 현황과 과제」,『황룡사 연구의 현황과 과제』(황룡사연구총서 4), 2009.
이주희,「水路夫人의 신분」,『嶺南學』24, 2013.
———,「水路夫人의 家族」,『신라문화』44, 2014.
———,「경덕왕의 前妻 三毛夫人－출궁 위자료·시주 문제를 중심으로」,『동아시아고대학』38, 2015.
———,「新羅 金順貞家의 對日交易과 藤原氏」,『신라문화』47, 2016.
이천우,「신라 효소왕대 정국운영과 성덕왕의 즉위 과정」,『歷史學研究』65, 2017.
이현주,「신라 중대 신목왕후(神穆王后)의 혼인과 위상」,『여성과 역사』22, 2015.
———,「신라 중대 효성왕대 혜명왕후와 '正妃'의 위상」,『韓國古代史探究』21, 2015.
———,「신라 중대 王母의 칭호와 위상－혜공왕대 만월태후를 중심으로－」,『韓國古代史研究』85, 2017.
李昊榮,「新羅 中代 王室과 奉德寺」,『史學志』8, 1974.
장활식,「효소왕의 출생연대의 즉위과정」,『新羅文化』51, 2018.
全吉姬,「新羅時代 庶族에 대한 小考」,『梨大史苑』2, 1960.
全德在,「新羅 祿邑制의 性格과 그 變動에 관한 연구」,『역사연구』1, 1992.

———, 「新羅 中代 對日外交의 推移와 眞骨貴族의 動向—聖德王~惠恭王代를 중심으로—」, 『韓國史論』 37, 1997.
———, 「신라 惠恭王의 弑害와 歷史的平價에 대한 考察」, 『신라문화제학술발표논문집』 39, 2018.
정구복, 「金庾信(595~673)의 정신세계」, 『悠山姜仁求教授停年紀念 東北亞古文化論叢』, 民昌文化社, 2002.
정병준, 「新羅 文武王 21년(681) 遺詔에 보이는 律令格式 改正令」, 『韓國古代史研究』 90, 2018.
丁仲煥, 「金庾信(595~673)論」, 高柄翊先生 回甲紀念史學論叢 刊行委員會 編, 『歷史와 人間의 對應—韓國史篇』, 한울, 1985.
曺凡煥, 「新羅末 花郎勢力과 王位繼承」, 『史學研究』 57, 1999.
———, 「신라시대 황룡사의 위상」, 『경주문화연구』 4, 2001.
———, 「新羅 下代 憲德王의 副君 설치와 그 정치적 의미」, 『震檀學報』 110, 2010.
———, 「神穆太后—신라 중대 효소왕대의 정치적 동향과 신목태후의 섭정—」, 『서강인문논총』 29, 2010.
———, 「新羅 中代 聖德王代의 政治的 動向과 王妃의 交替」, 『新羅史學報』 22, 2011.
———, 「王妃의 交替를 통하여 본 孝成王代의 政治的 動向」, 『韓國史研究』 154, 2011.
———, 「『삼국유사』 왕력편의 異種記事를 통해 본 중대 신라의 정치구조—신라 중대 경덕왕의 왕비 교체와 정치적 동향을 중심으로—」, 『新羅史學報』 30, 2014.
———, 「신라 중대말 혜공왕의 혼인을 통하여 본 정국의 동향」, 『新羅文化』 43, 2014.
———, 「신라 중대 聖德王의 왕위계승 再考—『三國遺事』의 五臺山事蹟을 중심으로—」, 『西江人文論叢』 43, 2015.
———, 「熊津都督 扶餘隆의 對新羅政策에 대한 검토」, 『韓國古代史探究』 25, 2017.
———, 「新羅 中代의 동아시아 政策과 對應」, 『新羅史學報』 45, 2019.
趙二玉, 「統一新羅 景德王代 專制王權과 祿邑에 對한 再解釋」, 『東洋古典研究』 1, 1993.
주보돈, 「한국 고대사회 속 여성의 지위」, 『계명사학』 21, 2010.
채미하, 「신라 혜공왕대 오묘제의 개정」, 『韓國史研究』 108, 2000.
———, 「신라 중대 오례와 왕권—오례 수용을 중심으로—」, 『韓國思想史學』 27, 2006.
———, 「666년 고구려의 唐 封禪儀禮 참여와 그 의미」, 『동북아역사논총』 56, 2017.
蔡尙植, 「新羅史에 있어서 皇龍寺의 位相과 그 推移」, 『新羅文化祭學術論文集: 皇龍寺의 綜合的 考察』 22, 2001.
최영진, 「신라 중대 전제왕정론에 대한 비판적 검토: 역사적 허구의 해체」, 『한국정치외교사논총』 41-2, 2020.
최홍조, 「神文王代 金欽突 亂의 재검토」, 『大丘史學』 58, 1999.
최희준, 「신라 中代의 唐 사신 영접 절차와 운용」, 『韓國史研究』 153, 2011.
한영화, 「韓國 古代의 刑律 研究」, 성균관대학교 박사학위논문, 2012.
홍완표·권순형, 「고대의 혼례식과 혼인규제」, 『安城產業大學校論文集』 30-2호, 1998.

黃善榮,「新羅 武烈王家와 金庾信家의 嫡庶問題」,『釜山史學』 9, 1985.

濱田耕策,「新羅聖德王代の政治と外交」,『朝鮮歷史論文集』 上卷, 1979.
———,「新羅の聖德大王神鐘と中代の王室」,『呴沫集』 3, 1980.
新飼 早樹子,「新羅國內情勢の動向と惠恭王代派遣の新羅使」,『コリア研究』 10, 2019.
鈴木靖民,「金順貞·金邕論—新羅政治史の一考察—」,『朝鮮學報』 45, 1967.
井上秀雄,「新羅朴氏王系の成立」,『朝鮮學報』 47, 1968.
井上直樹,「八世紀中葉の新羅·唐關係—孝成王代を中心に—」,『唐代史研究』 12, 2009.
朱甫暾,「新羅骨品制社會とその變化」,『朝鮮學報』 196, 2005.

찾아보기

[ㄴ]

[ㄷ]

[ㅁ]

[ㅇ]

[ㅈ]

[ㅊ]

[ㅌ]

[ㅍ]

[ㅎ]

신라 중대 혼인 정치사

1판 1쇄 펴낸날 2022년 5월 20일

지은이 | 조범환
펴낸이 | 김시연

펴낸곳 | (주)일조각
등록 | 1953년 9월 3일 제300-1953-1호(구 : 제1-298호)
주소 | 03176 서울시 종로구 경희궁길 39
전화 | 02-734-3545 / 02-733-8811(편집부)
02-733-5430 / 02-733-5431(영업부)
팩스 | 02-735-9994(편집부) / 02-738-5857(영업부)
이메일 | ilchokak@hanmail.net
홈페이지 | www.ilchokak.co.kr

ISBN 978-89-337-0802-6 93910
값 28,000원